3D打印产业全球创新网络特征、影响因素及绩效研究

Research on the Characteristics, Influencing Factors and Performance of 3D Printing Industry Global Innovation Network

白 旭 著

中国社会科学出版社

图书在版编目（CIP）数据

3D打印产业全球创新网络特征、影响因素及绩效研究/白旭著.—北京：中国社会科学出版社，2021.7
ISBN 978-7-5203-8625-8

Ⅰ.①3… Ⅱ.①白… Ⅲ.①立体印刷—产业发展—研究—中国 Ⅳ.①F426.4

中国版本图书馆CIP数据核字（2021）第113511号

出 版 人	赵剑英
责任编辑	李庆红
责任校对	王　龙
责任印制	王　超
出　　版	中国社会科学出版社
社　　址	北京鼓楼西大街甲158号
邮　　编	100720
网　　址	http：//www.csspw.cn
发 行 部	010-84083685
门 市 部	010-84029450
经　　销	新华书店及其他书店
印　　刷	北京君升印刷有限公司
装　　订	廊坊市广阳区广增装订厂
版　　次	2021年7月第1版
印　　次	2021年7月第1次印刷
开　　本	710×1000　1/16
印　　张	20
字　　数	280千字
定　　价	109.00元

凡购买中国社会科学出版社图书，如有质量问题请与本社营销中心联系调换
电话：010-84083683
版权所有　侵权必究

出 版 说 明

为进一步加大对哲学社会科学领域青年人才扶持力度，促进优秀青年学者更快更好成长，国家社科基金2019年起设立博士论文出版项目，重点资助学术基础扎实、具有创新意识和发展潜力的青年学者。每年评选一次。2020年经组织申报、专家评审、社会公示，评选出第二批博士论文项目。按照"统一标识、统一封面、统一版式、统一标准"的总体要求，现予出版，以飨读者。

全国哲学社会科学工作办公室

2021年

摘 要

随着创新全球化的不断深入,各国创新体系之间的相互联系不断加强,从而推动了全球创新网络快速发展。企业通过融入全球创新网络可获取最新知识资源、提升创新能力。增材制造(3D 打印)技术以其与传统的去除成形和受迫成形完全不同的制造理念和技术优势迅速发展成为制造技术领域新的战略方向。我国高度重视 3D 打印产业,但尚未实现重大突破。基于以上背景,本书综合运用专利计量、社会网络分析、问卷调查、结构方程模型、面板数据回归、基于数据包络分析(DEA)的 Malmquist 指数模型等研究方法,试图回答"3D 打印产业全球创新网络是什么""发展态势如何""网络特征是怎样的""影响 3D 打印产业全球创新网络形成与演进的因素有哪些""影响机理又是什么""3D 打印产业全球创新网络是否对产业绩效起到了促进作用""哪些网络特征对产业绩效的提升作用更为显著"等问题,为我国制定 3D 打印产业全球创新战略与政策提供支持。具体研究内容如下。

(1) 3D 打印产业全球创新网络分析框架。界定 3D 打印产业全球创新网络的概念,分析 3D 打印产业全球创新网络的要素构成和特征,研究 3D 打印产业全球创新网络形成动因和影响因素;以上述研究为基础,按照解决 3D 打印产业全球创新网络是什么、表现出哪些特征、受哪些因素影响及对经济发展有哪些影响的逻辑顺序,构建创新网络特征—网络影响因素—网络对绩效影响(Characteristic – Influencing Factor – Performance,CIP)分析框架,为后续章节奠定理论基础。

（2）3D打印产业全球创新网络特征研究。基于EPO（Worldwide）3D打印专利数据，构建3D打印专利权人合作数据库。采用社会网络分析和可视化方法对3D打印全球研发合作创新网络特征进行研究。结果表明3D打印产业全球创新网络密度逐渐增大，网络主体间联系增强；网络主体直接合作广度在不断加深，间接合作广度先增强然后减弱；网络重要控制主体增多，但与其他网络主体的差距在不断缩小。采用案例分析和社会网络分析方法对3D打印全球产业链和价值链创新网络特征进行研究。将产业链和价值链创新网络发展模式分为垄断企业主导式和竞争企业共生式两种，不同发展模式的网络特征存在差异。

（3）3D打印产业全球创新网络影响因素研究。首先基于复杂系统理论等多个理论视角，对3D打印产业全球创新网络的影响因素进行识别；然后借鉴现有模型，构建3D打印产业全球创新网络影响因素理论分析模型，基于271份有效调查问卷数据，采用结构方程模型对研究假设进行验证；最后根据研究结果分析3D打印产业全球创新网络形成和演化的影响机制。研究结果表明外部环境因素是网络形成和演进的前提条件，通过影响网络主体需求和资源流动来影响3D打印企业的创新合作，进而影响了3D打印产业全球创新网络形成和演进。

（4）全球创新网络对不同经济体3D打印产业绩效影响研究。基于3D打印专利数据构建34个经济体6年间的合作创新网络，通过204组网络属性指标代表各经济体网络特征，采用面板数据模型研究全球创新网络特征与3D打印产业研发效率和产业主营业务收入之间的关系。3D打印产业研发效率的投入和产出数据来源于Wohlers Report，研发效率指标值通过基于数据包络分析的Malmquist生产力指数模型测度。研究结果表明全球创新网络中心性指标、结构洞指标和聚类系数指标与产业绩效均有显著的相关性。

（5）全球创新网络对我国3D打印企业绩效影响研究。构建3D

打印产业全球创新网络对企业绩效影响模型并提出研究假设，通过向国内 3D 打印企业发放问卷，回收有效问卷 347 份，实证研究 3D 打印产业全球创新网络结构特征、关系特征、融网意愿和融网能力对中国 3D 打印企业绩效的影响，最后通过模型检验和回归分析验证研究假设。研究结果表明全球创新网络结构特征和融网意愿与企业绩效有显著相关性。

基于上文所述的研究结论，本书提出大力推进 3D 打印产业技术创新、加快培养和引进产业研发和领军人才、提高金融服务可获性水平、加大基础研究的财政扶持力度和发挥行业组织作用等几个方面的政策建议，以期为我国 3D 打印企业更好地融入全球创新网络提供理论支撑。

关键词：产业绩效；全球创新网络；3D 打印产业；影响因素；经济计量分析

Abstract

As the globalization of innovation keeps on deepen, the interconnections between innovation systems in various countries have been strengthened, which has promoted the rapid development of global innovation networks. By integrating into the global innovation network, companies can access the latest knowledge resources and enhance their innovation capabilities. Additive manufacturing (3D printing) technology has rapidly developed into a new strategic direction in the field of manufacturing technology. China attaches great importance to the 3D printing industry, but has not yet achieved a major breakthrough. Under the above background, this dissertation comprehensively uses patent measurement, social network analysis, questionnaire survey, structural equation model, panel data regression, data envelopment analysis (DEA) based Malmquist index model and other research methods, trying to answer: What is the 3D printing global innovation network? What is the development trend? What is the network characteristic? What are the factors that influence the formation and evolution of 3D printing global innovation networks? What is the impact mechanism? Does the 3D printing global innovation network contribute to industry performance? Which network characteristics have a more significant effect on the improvement of industrial performance? And other issues, to provide support for China's development of global innovation strategies and policies. The specific research contents are as follows:

(1) The theoretical analysis framework of 3D printing global innovation network. Define the concept of 3D printing global innovation network, then analyze the elements and characteristics of 3D printing global innovation network, and study the motivation and influencing factors of 3D printing global innovation network. Based on the above research, build the Innovative Network Feature—Network Influencing Factors—Network Impact on Performance (CIP) theoretical analysis framework and lay the theoretical foundation for subsequent chapters.

(2) Research on the 3D printing global innovation network characteristics. Based on EPO (Worldwide) 3D printing patent data, a 3D printing patentee cooperation database is constructed. The social network analysis and visualization research methods are used to study the characteristics of 3D printing global R&D cooperation innovation network. The research results show that the density of global innovation network in 3D printing is gradually increasing, and the connection between network entities is enhanced. The breadth of direct cooperation of network entities is deepening, the breadth of indirect cooperation is first enhanced and then weakened; the number of important control entities of the network increases, but the gap with other network entities is keeping shrinking. Case study and social network analysis methods are used to study the characteristics of 3D printing global industry chain and value chain innovation network. The development model of industry chain and value chain innovation network is divided into two types: monopolistic enterprise dominant and competitive enterprise symbiosis. The network characteristics of different development models are different.

(3) Research on the influencing factors of 3D printing global innovation network. Firstly, based on multiple theoretical perspectives such as complex system theory, the influencing factors of 3D printing global innovation network are identified. Then, based on the existing model, the

theoretical analysis model of 3D printing global innovation network influencing factors is constructed. Based on 271 valid questionnaire data, the structural equation model verifies the research hypothesis. Finally, according to the research results, the influence mechanism of 3D printing global innovation network formation and evolution is analyzed. The research results show that external environmental factors are the preconditions for network formation and evolution. They affect the innovation cooperation of 3D printing enterprises by affecting the network main body demand and resource flow, which in turn affects the formation and evolution of 3D printing global innovation network.

(4) Research on the impact of 3D printing industry performance. Based on 3D printing patent data, a cooperative innovation network of 34 economies is established. The network attribute indicators of 204 groups represented the characteristics of each economy network, and the panel data model is used to study the relationship between global innovation network characteristics and the research and development efficiency of the 3D printing industry and the income of the main business of the industry. The R&D efficiency indicator values are measured by the Malmquist Productivity Index model based on data envelopment analysis. The results show that the global innovation network central indicators, structural hole indicators and clustering coefficient indicators have significant correlation with industrial performance.

(5) Research on the impact of China's 3D enterprise performance. Build a 3D printing global innovation network impact model on corporate performance and propose research hypotheses. By issuing questionnaires to domestic 3D printing companies, 347 valid questionnaires are collected. By empirical research on the impact of Chinese 3D printing enterprise performance, the research hypotheses are verified through model testing and regression analysis. The research results show that the global innovation

network structure characteristics and the willingness to integrate the network have a significant correlation with the performance of enterprises.

Based on the above research conclusions, this dissertation proposes policy recommendations in order to provide theoretical support for China's 3D printing companies to better integrate into the global innovation network as follows: strengthening basic research and key common technology research and development, accelerating the cultivation and introduction of industrial R&D personnel and innovation leading talents, promoting the participation of financial institutions and intermediary institutions, increasing fiscal and tax support, and playing the role of industry organization.

Keywords: Industrial Performance; Global Innovation Network; 3D Printing Industry; Influencing Factor; Econometric Analysis

目　　录

第一章　绪论 ……………………………………………………（1）
　第一节　研究背景 ……………………………………………（1）
　第二节　研究意义 ……………………………………………（5）
　第三节　国内外研究综述 ……………………………………（7）
　第四节　研究内容与技术路线 ………………………………（28）
　第五节　研究的主要创新点 …………………………………（31）

**第二章　3D打印产业全球创新网络的理论基础及分析
　　　　　框架** ……………………………………………………（34）
　第一节　理论基础 ……………………………………………（34）
　第二节　3D打印产业全球创新网络的相关研究方法 ………（40）
　第三节　3D打印产业全球创新网络的分析框架 ……………（51）
　第四节　本章小结 ……………………………………………（63）

第三章　3D打印产业全球创新网络特征研究 ………………（66）
　第一节　数据说明 ……………………………………………（67）
　第二节　3D打印产业全球发展现状 …………………………（70）
　第三节　3D打印全球研发合作创新网络特征分析 …………（83）
　第四节　3D打印全球产业链和价值链创新网络特征
　　　　　分析 …………………………………………………（105）
　第五节　本章小结 ……………………………………………（118）

第四章 3D 打印产业全球创新网络影响因素研究…………（120）
  第一节 影响因素识别和理论模型构建 ………………（121）
  第二节 数据来源 …………………………………………（142）
  第三节 信度和效度检验 …………………………………（146）
  第四节 假设检验与结果分析 ……………………………（157）
  第五节 3D 打印产业全球创新网络影响机制分析………（164）
  第六节 本章小结 …………………………………………（168）

第五章 全球创新网络对不同经济体 3D 打印产业绩效影响研究…………………………………………………（170）
  第一节 研究假设和模型构建 ……………………………（170）
  第二节 数据来源和变量选取 ……………………………（178）
  第三节 回归结果和稳健性分析 …………………………（188）
  第四节 实证研究结果分析 ………………………………（200）
  第五节 本章小结 …………………………………………（203）

第六章 全球创新网络对我国 3D 打印企业绩效影响研究……………………………………………………（204）
  第一节 研究假设和模型构建 ……………………………（205）
  第二节 问卷设计及问卷实施 ……………………………（214）
  第三节 模型检验与回归分析 ……………………………（217）
  第四节 实证研究结果分析 ………………………………（229）
  第五节 本章小结 …………………………………………（234）

第七章 推进我国 3D 打印企业融入全球创新网络对策建议 ………………………………………………………（235）
  第一节 我国 3D 打印企业融入全球创新网络进程中存在的主要问题 ……………………………………（236）

第二节　推进我国3D打印企业融入全球创新网络
　　　　对策建议 ………………………………………（239）

结论与展望 ……………………………………………（250）

附　录 …………………………………………………（258）

参考文献 ………………………………………………（273）

索　引 …………………………………………………（296）

致　谢 …………………………………………………（300）

Contents

Chapter 1 Introduction .... (1)
   Section 1 Research Background .... (1)
   Section 2 Research Significance .... (5)
   Section 3 Research Summary .... (7)
   Section 4 Research Content and Technical Route .... (28)
   Section 5 The Main Innovations of the Research .... (31)

Chapter 2 The Theoretical Basis and Analysis Framework of the Global Innovation Network of the 3D Printing Industry .... (34)
   Section 1 Theoretical Basis .... (34)
   Section 2 Related Research Methods of the Global Innovation Network of the 3D Printing Industry .... (40)
   Section 3 Analysis Framework of the Global Innovation Network of the 3D Printing Industry .... (51)
   Section 4 Summary of this Chapter .... (63)

Chapter 3 Research on Characteristics of Global Innovation Network of 3D Printing Industry .... (66)
   Section 1 Data Source .... (67)
   Section 2 Global Development Status of 3D Printing

	Industry	(70)
Section 3	3D Printing Global R&D Cooperation Innovation Network Characteristics Analysis	(83)
Section 4	3D Printing Global Industrial Chain and Value Chain Innovation Network Characteristics Analysis	(105)
Section 5	Summary Of This Chapter	(118)

Chapter 4 Research on Influencing Factors of 3D Printing Industry Global Innovation Network (120)

Section 1	Identification of Influencing Factors and Theoretical Model Construction	(121)
Section 2	Data Source	(142)
Section 3	Reliability and Validity Test	(146)
Section 4	Hypothesis Testing and Results Analysis	(157)
Section 5	Analysis of the Impact Mechanism of the Global Innovation Network of the 3D Printing Industry	(164)
Section 6	Summary of this Chapter	(168)

Chapter 5 Research on the Impact of global Innovation Networks on the Performance of the 3D Printing Industry in Different Economies (170)

Section 1	Research Hypothesis and Model Construction	(170)
Section 2	Data Source and Variable Selection	(178)
Section 3	Regression Results and Robustness Analysis	(188)
Section 4	Analysis of Empirical Research Results	(200)
Section 5	Summary of This Chapter	(203)

Chapter 6 Research on the Impact of Global Innovation Network on the Performance of my country's 3D Printing

                            Enterprises ·· (204)
    Section 1   Research Hypothesis and Model Construction ······ (205)
    Section 2   Questionnaire Design and Implementation ············ (214)
    Section 3   Model Test and Regression Analysis ··················· (217)
    Section 4   Analysis of Empirical Research Results ············ (229)
    Section 5   Summary of this Chapter ······························· (234)

**Chapter 7   Promoting our Country's 3D Printing Companies to
              integrate into the global Innovation Network
              Countermeasures and Suggestions** ··················· (235)
    Section 1   The Main Problems Existing in the Process of My
                 Country's 3D Printing Companies Integrating into the
                 Global Innovation Network ······························ (236)
    Section 2   Promoting our Country's 3D Printing Companies to
                 Integrate into the Global Innovation Network
                 Countermeasures and Suggestions ···················· (239)

Conclusion and Outlook ·· (250)

Appendix ·· (258)

References ··· (273)

Indexes ··· (296)

Acknowledge ·· (300)

第 一 章

绪　　论

第一节　研究背景

近年来,随着全球化进程不断加速,国家竞争日益激烈,技术复杂程度不断提高,单个企业内部进行创新已经完全不能适应现实的需求。[①] 因此,企业创新的形式从企业的内部扩展到企业外部的合作网络,从国内扩展到国外,竞争的核心也从企业间竞争转变为企业网络间的竞争。越来越多的企业正在通过低投入的方式获取全球最新知识资源为己所用,全球学习与知识共享成为企业获取竞争优势的重要途径之一。[②]

1. 我国企业创新的国内外环境和面临的挑战

当前和未来一段时期,蓬勃兴起的新一轮科技革命和产业变革正在催生新兴技术和驱动新兴产业发展,创新模式也在发生深刻变化,大国之间的博弈更加激烈,中国企业的创新发展面临重大

[①] Guan J C, Zuo K R, Chen K H, "Does Country‑level R&D Efficiency Benefit from the Collaboration Network Structure?" *Research Policy*, Vol. 45, No. 4, 2016.

[②] Guan J, Zhang J, Yan Y, "The Impact of Multilevel Networks on Innovation", *Research Policy*, Vol. 44, No. 3, 2015.

挑战。

从国际环境来看，主要面临的挑战包括：一是"中国威胁论"阻碍对华合作的深入开展，主要发达国家在战略性新兴产业以及高科技领域（如核能、航天、高端器件、精密加工等）对与中国的研发和创新合作设置障碍或严格禁止[①]；二是有关家和区域组织相关贸易、投资政策的调整（如近期美国对华经贸政策调整掀起的中美贸易战）对中国开展国际科技合作可能产生的不利影响；三是涉及知识产权、采购、环保、标准等国际规则的调整以及大国利益博弈（如泛太平洋经济战略伙伴协定）对中国创新国际化的影响[②]。

从国内环境来看，主要面临的挑战包括：一是对科技与创新国际化的认识不能够适应新形势的需要。在观念认识上，更多地将其视为科技、外交以及经济社会发展的支撑服务手段，而非科技与创新战略的重要组成；在自身定位上，更多地将我国视为全球知识与创新成果的学习者、分享者，而非创造者、贡献者，即尚未深入地融入全球创新网络中。二是科技与创新国际化的特性和重要性没有充分体现出来，一些重要政策缺失或流于形式。三是国际科技合作投入不足。国际科技合作长期性、战略性投入不足，科研经费海外使用存在障碍；微观主体层面，除极个别外，高校、科研机构和企业普遍缺乏国际化视野与国际化意识。四是缺乏整体的创新国际化战略和部门协调。科技、经济、贸易、外交等相关部门之间缺乏统筹协调，科技援外工作未得到应有重视，与我国科技发展需求以及日益强大的大国地位不相适应。五是管理体制和机制不适。宏观层面上，国际科技合作管理体制改革迟缓，

---

① Ernst D, "Innovation Offshoring: Asia's Emerging Role in Global Innovation Networks", *Economics Study Area Special Reports*, Vol. 10, No. 7, 2016.

② Ernst D, "Innovation Offshoring and Asia's Electronics Industry: The New Dynamics of Global Networks", *International Journal of Technological Learning Innovation & Development*, Vol. 1, No. 4, 2009.

参加国际科技合作或举办国际科技交流活动审批程序烦琐，管理措施老旧，远远不能适应当前形势发展的需要。六是科技创新国际化能力建设薄弱，缺乏创新国际化人才，制约了我国科技与创新国际化发展。

近年来，逆全球化的倾向暴露了发达国家主导下传统全球化的诸多弊端。作为世界第二大经济体、第一大贸易国，中国应继续为世界做出理念贡献、机会贡献、制度贡献，成为推动实现创新全球化的先行者、实践者、引领者。因此，我国应以全球视野谋划实施创新驱动发展战略，更加深入地融入全球创新网络，巩固和扩大创新合作伙伴关系，加快创新要素流动和创新主体间的互动，充分利用全球资源，在更高起点上提升我国的自主创新能力，服务国家战略目标。

2. 我国3D打印产业发展现状

科技的飞速发展使人类不断改变传统的生产和生活方式，3D打印产业有许多优势之处，与传统制造业为相互补充、相辅相成的关系，而不是替代关系。[①] 根据2017年《福布斯》杂志报道，全球范围内制造业企业中有57%大幅增加了在3D打印方面的研发投入，95%的制造业企业视3D打印技术为企业在市场竞争中的重要优势，47%的3D打印企业投资回报率较以前有所增加。[②]

我国高度重视3D打印产业，多次将其列入国家重要发展规划中，如2015年3月5日在政府工作报告中提出的《中国制造2025》和2016年国务院印发的《"十三五"国家科技创新规划》中都多次提及3D打印，2015年工业和信息化部、发展改革委、财政部联合发布了《国家增材制造产业发展推进计划（2015—2016年）》，2017

---

① Bai X, Liu Y, "Exploring the Asian Innovation Networks (AINs) Characteristics", *Information Development*, No. 3, 2017.

② Bai X, Liu Y, "International Collaboration Patterns and Effecting Factors of Emerging Technologies", *PloS One*, Vol. 11, No. 12, 2016.

年工业和信息化部联合 11 部门印发《增材制造产业发展行动计划（2017—2020 年）》。① 近年来，我国 3D 打印产业快速发展，不断突破关键技术、显著提升了装备的性能、日益拓展了产品的应用范围。3D 打印产业在快速发展过程中形成了产业集聚区，不断涌现出具有竞争力的骨干企业。但与 3D 打印产业发达国家相比，我国仍存在创新能力不足的问题，如关键技术滞后、高端装备可靠性不够、应用的广度和深度有待提升等。②

综上所述，由于我国 3D 打印技术创新能力不足，产业绩效也不尽如人意。同时，从技术特性来看，3D 打印技术是涉及众多学科领域的复杂技术，需要应用到机械、力学、电子、材料等广泛工程技术领域的知识、理论、方法。可见 3D 打印技术需要的知识复杂，研发成本相对较高，往往在合作中可以更有效地取得创新成果提升产业绩效。全球创新网络为世界范围内的 3D 打印企业进行研发合作搭建了一个平台。因此，对于融入全球创新网络是否能成为我国 3D 打印企业有效开展研发合作、提升技术创新能力进而提高整个 3D 打印产业绩效的有效途径的问题十分值得探讨。

3. 研究问题的提出

在理论界中，国内外相关学者将企业成长及关系网络、产业集聚和产业网络组织等问题作为现代产业经济学的前沿问题进行研究。③ 3D 打印产业全球创新网络在产业界中实践已久，而在理论界中，对其内涵界定、特征刻画、形成和演进的影响因素的研究尚处

---

① Bai X, Liu Y, et al, "The Pattern of Technological Accumulation: The Comparative Advantage and Relative Impact of 3D Printing Technology", *Journal of Manufacturing Technology Management*, Vol. 28, No. 11, 2017.

② Bai X, Liu Y, "Technology Resources Distribution Characteristics of 3D Printing: Based on Patent Bibliometric Analysis", *International Journal of Technology Transfer and Commercialisation*, Vol. 14, No. 2, 2016.

③ 臧旭恒、林平：《现代产业经济学前沿问题研究》，经济科学出版社 2006 年版。

于初级阶段。[①] 因此，现阶段3D打印产业全球创新网络特征如何，受到哪些因素影响，对产业绩效的提升是否有促进作用，企业如何将融入全球创新网络作为提升创新能力的重要载体并有效提高企业绩效等问题，不仅成为新兴产业全球研发与创新活动的关注热点，也是现代产业经济学和创新经济学领域的国际前沿性问题。更为重要的是，通过对以上问题的分析，本书旨在发现我国3D打印产业创新在全球化过程中遇到的问题并提出解决思路和路径。基于此，本书对3D打印产业全球创新网络特征、影响因素及绩效进行研究，试图回答以下问题：

第一，3D打印产业全球创新网络是什么，其内涵和外延又该如何界定？

第二，3D打印产业全球创新网络有哪些分类？不同类型的3D打印产业全球创新网络特征有哪些？又是如何演化的？

第三，影响3D打印产业全球创新网络形成与演进的因素有哪些？影响机理又是什么？

第四，全球创新网络是否对不同经济体3D打印产业绩效起到了促进作用？哪些网络特征对产业绩效的提升作用更为显著？

第五，我国3D打印企业绩效是否受到全球创新网络的影响？受到哪些因素影响，以及影响程度如何？

基于以上问题的研究结果，因地制宜地提出促进我国3D打印企业融入全球创新网络的对策建议。

第二节　研究意义

本书对3D打印产业全球创新网络特征、影响因素及绩效开展相

[①] Danning T, "Study on the Organization Framework of Typical Industrial Network", *Review of Industrial Economics*, Vol. 10, No. 3, 2008.

关理论和实证分析,具有以下的理论意义和现实意义。

1. 理论意义

全球创新网络在产业界实践已久,但相关的规范研究仍较少,现有研究在一定程度上涉及全球创新网络视角,对于全球创新网络的理论研究尤其是针对某一具体产业全球创新网络的探索仅仅处于起步阶段。本研究丰富了新兴产业全球创新网络相关理论,以3D打印产业为例,明确界定了3D打印产业全球创新网络内涵,系统研究了3D打印产业全球创新网络的构成要素、特征、形成动因和影响因素,并构建了3D打印产业全球创新网络分析框架;对3D打印产业全球创新网络形成和演化的影响机制进行详尽解析,揭示了3D打印企业创新发展与融入全球创新网络的内在联系,为我国制定3D打印产业全球创新战略与政策提供了理论基础。

2. 现实意义

在现有背景下,开展3D打印产业全球创新网络特征、全球创新网络对不同经济体产业绩效影响和对我国企业绩效影响的实证研究工作具有非常重要的现实意义。首先,可以廓清3D打印产业全球创新网络的发展演化脉络,把握我国3D打印企业在全球创新网络中所处的位置;其次,明确了融入全球创新网络对我国3D打印产业绩效的提升具有显著正向影响,并厘清了影响我国3D打印产业绩效提高的其他因素。通过以上实证研究工作,本书发现了我国3D打印企业在融入全球创新网络进程中存在的问题,因地制宜地提出相应的对策建议,能够帮助我国3D打印企业充分利用全球创新资源,融入和建立全球创新网络,依靠我国庞大的技术队伍和科技投入,占据产业前沿,提高自主创新能力,从而快速追赶发达国家,为制造强国建设提供有力支撑,为经济发展注入新动能,实现从"中国制造"向"中国创造"的转变。总之,本书的实证研究对及时把握新一轮科技革命新机遇、发现我国3D打印企业融入全球创新网络中的薄弱环节、制定和完善相关政策具有十分重要的现实意义。

第三节 国内外研究综述

本节对研究全球创新网络和3D打印产业的相关文献进行综述，在综述中，按照全球创新网络概念、全球创新网络主体及要素研究进展、全球创新网络对主要国家产业绩效影响以及3D打印全球创新网络发展现状研究四个方面进行综述，并对以上研究进展进行述评。

一 关于全球创新网络概念的相关研究

现阶段对于全球创新网络概念的相关研究主要包括概念界定、构成、分类、特征、演化过程五个方面。

1. 全球创新网络概念界定

全球创新网络是创新研究领域的最新研究进展，是开放式创新在全球范围内应用的一种形式，多个学者尝试对创新网络进行了概念界定方面的研究（Ernst，2002，2006，2009，2016；Luo et al.，2017；Camagni，2017；Rijswijk et al.，2017；Xu，2018）。从国外学者关于全球创新网络的研究来看，首先针对开放式创新开展研究，Ale 在"Open Innovation：A Bibliometric Study"一文中提出，开放式创新是相对于"封闭式创新"而言，孕育开放式创新的社会环境主要包括三种情形：一是知识更新换代飞速；二是知识分布范围广泛；三是跨地域合作日益明显。Vanhaverbeke 等（2017）认为，开放式创新就是企业内部的产品研发过程中并不局限于企业内部人员参与，企业外部能够开发出有价值的技术或产品同样可以为己所用，同理，企业的销售渠道扩展也并不局限于企业内部的销售人员，凡是可以打开市场、为市场盈利的人员对企业同样重要。《欧洲政策简报》（*European Policy Brief*）将全球范围的不同组织为了同一研发任务，在不同的研发人员间开展的相互协作的创新活动定义为全球创新网络。Ernst（2009）在其专著中指出，当企业试图利用世界各国的资源来多样化和优化自身的人力资本组合时，全球创新网络就是他们赖以运行的一种机制。Cano-Kollmann（2017）等在文中分析指出，全球创新网络是在经济全球化背景下，企业由封闭式创新转向开放式创新后的一种创新模式。Cooke（2017）在其文章中将全球创新网络与全球创新系统进行了对比和分析，并且在文中指出，全球创新网络并不是一般的虚拟网络，在这个特殊的结构组织中同样包含如产业链中所包含的供应商、企业及其竞争者等。国内关于全球创新网络的研究以马琳和吴金希（2011）的研究成果较为突出，两位学者通过将与全球创新网络相关的四个概念进行类比，给出了全球创新网络的定义，他们认为全球创新网络是一种开放的创新模式，这种创新过程所利用的知识和信息等资源是全球范围内的。李健和屠启宇（2016）则定义全球创新网络为经济全球化背景下，企业研发创新由封闭式发展转向开放式发展之后新的生产组织模式。此外，张续英（2013）在对生物医药产业及集群相关研究回顾总结基础上，对与创新理论和创新网络相关的理论进行分析，在对张江生物医药产业进行调研后，探讨了全球生物医药创新网络的发展问题。张鑫和王一鸣（2014）在整理国外有关全球价值链、全球生产网络和全球创新网络方面最新研究成果的基础上，通过不同角度类比了以上三个概念的相同与不同之处，并以医药和生物产业为例，分析了以上两个产业全球创新网络的形成机制。Malecki（2017）在研究中强调，全球创新网络是全球化过程中产生的一种创新思维，借鉴了众多创新网络理论，在内涵上突破了一般的产业全球网络、全球创新系统、国家创新系统、全球价值链等对于空间的限定，连接了地方和全球尺度的概念，既包括企业与外部企业、机构建立外向型战略性合作关系，也有基于社会关系而形成的非正式网络。应瑛等（2018）认为构建全球创新网络是指技术落后的后发企业与国际领先企业建立连接以获取知识。

通过对以上文献进行总结，本书发现2006年以前国际上关于全球创新网络的研究比较少，且多数将其看作环境状态，近年来关于全球创新网络的文献主要包括三种研究路径。第一种路径是延续全球生产网络研究路径，从价值链角度探讨全球创新网络不同生产环节包括知识生产、技术研发以及支撑创新服务的价值生产、获得与再分配能力，地方与网络的镶嵌及网络组织的权力关系等。第二种路径是将全球创新网络概念予以拆解，分析不同企业的全球性、网络性及创新性特征，把握企业所表现出的各种发展特征和影响因素，特别是企业之间、企业与政府、企业与科研机构等活动者之间的互动关系。第三种路径是将全球创新网络的内涵予以剖析，按照创新发展的不同阶段和层次分解为知识、科技和创业三个子网络，探讨不同子网络的组织特征和影响因素，每个子网络代表着全球创新网络的不同核心内容。

2. 全球创新网络构成要素

本书对现有研究中全球创新网络的构成要素及其相互联系进行归纳总结，通过明确全球创新网络的构成要素，才能更深刻地了解全球创新网络的内涵。

Ernst（2016）在研究中指出，随着全球创新网络的出现，产品的设计、开发及基础研究发生了改变。马琳、吴金希（2011）对全球创新网络构成要素的分析，全球创新网络构成要素主要包括核心企业、供应商、竞争者、客户、大学等研究机构、中介机构、咨询公司和非政府组织等。核心企业保持着高度开放的状态，并将网络中的其他成员作为创新资源，而中介机构、咨询公司和非政府组织在网络中担任着创新环境的角色。由于这种创新模式是在全球范围内进行的，各国的创新环境均存在一定的差异性，所以创新的过程更为复杂。

从图1-1可以看出，全球创新网络不但在本国内形成了创新网络，既利用本国资源，也利用国外资源，与国外企业形成创新网络。核心企业与本国及国外的供应商、用户、同行和科研机构形成正式或非正式的网络。与此同时，与国外的企业或机构共享资源。全球创新网络也受到市场环境的变化，这些市场环境主要包括政府主导的关键技术平台、融资平台、产权市场和人才市场等环境,全球创新网络会随时调整网络成员,保持网络的高度开放性。

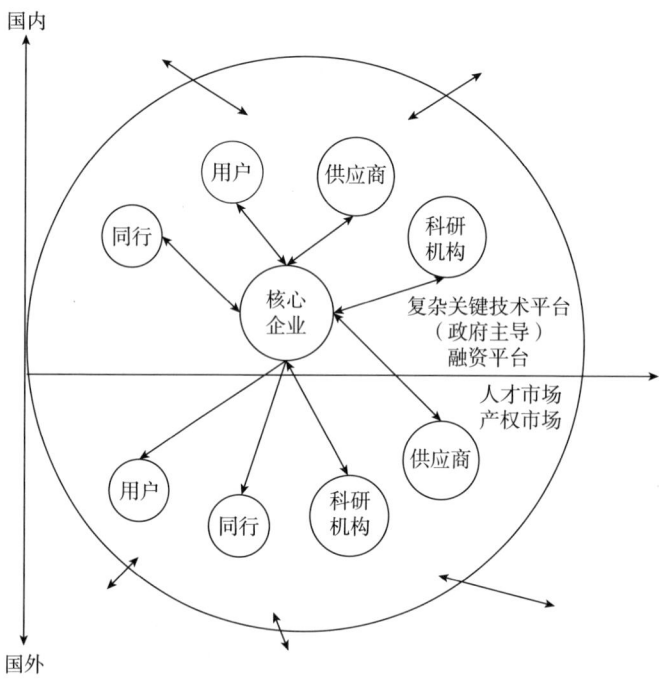

图 1-1　全球创新网络构成要素

资料来源:马琳、吴金希:《全球创新网络相关理论回顾及研究前瞻》,《自然辩证法研究》2011 年第 1 期。

全球创新网络所包含的网络主体十分广泛,跨越多个空间,不仅包括不同的企业,也可以包括不同城市、区域,甚至包括不同国家;这些网络主体地理位置可以相去较远,因为共同的利益形成了复杂的网络结构;在网络中存在多种复杂的利益关系,既包括合作关系,又包括竞争关系。

3. 全球创新网络分类

国外关于全球创新网络的研究以美国夏威夷大学东西方研究中心 Ernst 教授的研究成果较为突出,Ernst(2002)将创新分为四类:

渐进式、模块式、激进式和架构式，这几种创新模式的提出主要基于对不同企业或产业成功经验的研究。通过对戴尔集团销售模式的研究总结出渐进式的创新模式；通过对显示器产业发展模式的研究总结出模块式的创新模式；通过对新品种药类开发模式的研究总结出激进式的创新模式；通过对美国苹果公司不同类别产品研发模式的总结，提出了架构式创新。Ernst（2006）研究高技术领域集成电路（ICT）产业在全球范围内的技术发展模式，在研究过程中发现，技术的研发过程不仅局限于企业及其供应商，在大学科研机构等组织也发生了知识资源的收集和利用，发展过程中不仅与不同企业建立了一定的长期合作关系，也与不同组织建立了非正式合作的网络关系，这个网络关系极大地推动了该产业的发展。通过对该产业发展过程的研究，发现已形成的全球创新网络并不是话语权或利益对等的，网络中占有中心地位的企业可以决定网络的规模、哪些组织可以参与以及不同机构利益分配，等等。随后，Ernst（2009）提出了对全球创新网络进行分类，分类的标准是根据全球创新网络中节点城市承担的不同创新功能，具有较强的政策指导性。瑞典德隆大学的学者Chaminade等（2013）通过探讨两家不同行业且拥有不同知识基础的跨国公司的全球创新网络的地理和结构，确定了两种不同形式的全球创新网络，即全球组织模型和区域组织模型，研究还发现知识库不仅影响全球创新网络的地理分布，也影响了它的组织方式。

本书对现有文献进行总结归纳，按照主体维度、要素维度以及制度维度对全球创新网络进行分类。按主体维度将全球创新网络分为全球研发与创新合作网络、全球产业链和价值链网络；按要素维度将全球创新网络分为全球创新资源流动网络和全球创新资源集聚网络；按制度维度将全球创新网络分为全球科技创新治理网络。具体如表1-1所示。

从主体维度出发，全球创新网络分为全球研发与创新合作网络、全球产业链和价值链网络。全球研发与创新合作网络行为主体主要包括企业、大学及科研院所、非政府组织、中介机构以及金融机构等，网络中所进行的活动主要包括行为主体所进行的技术交流、资源共享、知识传递、组织内外部交易以及利益分配活动，等等。全球产业链和价值链网络是以某一产业为研究背景，网络构成要素是由在某一产业中具有较强创新能力的上中下游的企业作为网络主体，与这些企业相关的组织作为辅助机构，按照一定的价值关系组合构成，网络中所进行的活动主要包括开发、分享和转移与该产业链相关的关键、核心技术，提升产业链价值，增强产业链竞争力。该网络的形成不仅能有效地提高产业经济发展水平，更能提升国家产业竞争力。

表1-1　　　　　　　　　　全球创新网络分类

维度	分类
主体维度	全球研发与创新合作网络、全球产业链和价值链网络
要素维度	全球创新资源流动网络、全球创新资源集聚网络
制度维度	全球科技创新治理网络

从要素维度出发，全球创新网络可以分为全球创新资源流动网络与全球创新资源集聚网络。全球创新资源流动网络是在多重时空内（企业价值创造的过程中），不同企业间通过合作将有形的物质资源创造为无形的知识资源，经营过程也从实体销售拓展为虚拟经营，不同网络主体伴随创新资源的变化，一直维系多向立体式合作关系所形成的创新网络。全球创新资源集聚网络是指在特定的地理空间里，基于专业化分工运用地域所集聚的生产要素形成的以满足市场需求为导向的创新集群。在网络运行过程中，不同的网络主体不仅存在一定的合作关系，而且存在一定的竞争关系。处于网络中心位置的企业数量有限，但这些企业占有整个网络较多的资源和信息量，而大多数的企业需要依附于这些占据网络中心位置的企业发展。

从制度维度来看，主要指全球科技创新治理网络。创新驱动发展是各国推动经济持续增长的共同选择。创新作为经济发展的第一要素,伴随经济全球化的快速发展,各国对创新的治理日益发展为全球创新治理。从创新要素来看,人才、资金和知识在全球加速流动;从创新主体来看,不同国家因为不同的利益逐渐构成不同的创新生态系统。全球科技创新治理网络的主要内容十分广泛,不仅包括各国间的科技合作,更包括含有科技创新元素的金融、投资和贸易等领域;另外近年来全球科技创新治理网络也逐渐囊括发展中国家和不发达国家,因此全球科技创新治理网络的主要内容也包括发达国家对发展中国家和不发达国家进行的科技援助。

4. 全球创新网络特征

从国内外学者的相关研究来看,关于全球创新网络特征的研究不多。相关研究中全球创新网络主要包括六个方面特征(Ernst,2009):一是世界各国参与的创新活动,包括发展中国家;二是广泛的参与者,包括本地企业、跨国公司及其子公司和代理机构、高校、研发中心等;三是内外部网络整合;四是高度功能集成;五是创造新知识;六是旨在创新。

相关学者对全球制造网络与全球创新网络的特征进行了对比分析(Chaminade et al., 2012;De Fuentes et al., 2012;Mikhaylova et al., 2014),如表1-2所示。

表1-2 全球制造网络与全球创新网络特征对比

	特征	概述
共同特征	不对称的战略管理	网络参与者不平等的战略决策。通常情况下,大的跨国公司是网络的核心,以其为中心形成组织结构,影响着联盟的其他成员、确定战略方向、监管网络资源以及协调知识流动几个方面
	多样化的制度结构	全球制造网络和全球创新网络都具有正式和非正式的网络形式,由参与者不同的交互目的引起,产生多种多样的组织和管理形式
	知识的连续交换	全球制造网络和全球创新网络都是以连续循环的知识和创新流动为特征,这是网络自身发展和扩张的基础

续表

特征		概述
不同特征	创新能力	全球制造网络中的创新是附赠的，因并购产生；而全球创新网络中的创新是目的，是结果
	参与者	全球创新网络的参与者是高异质性的
	关联性	全球创新网络中的信息流动分布不均，存在不平等合作
	参与者的集中度	全球创新网络的参与者高度集中

5. 全球创新网络演化过程

在全球贸易增加、资本流动加速的时代，知识转移和创新扩散过程更加复杂，各创新主体很难简单复制先进的技术知识和宝贵经营理念，而全球创新网络则成为不同主体间知识转移和创新扩散的有效发展模式。网络主体通过研发合作与知识共享不断驱动全球创新网络的发展，创新网络的其他构成要素，如中介机构、金融机构和非政府组织则保证了全球创新网络主体间的有效合作，创新网络的外部环境也在一定程度上影响了全球创新网络的健康运行。

全球创新网络的起点要追溯到1991年，国际创新领域权威杂志 *Research Policy* 刊出了有关"创新者网络"（Networks of Innovations）的研究专集（第20卷第5期）。在该专集中主要有两篇比较经典的文章：其中一篇就是Freeman的"Networks of Innovations: A Synthesis of Research Issues"，Freeman认为创新网络是组织进行创新的一种基本形式，不同网络主体间的合作关系是维系网络运行的纽带。同时文中系统地阐明了创新网络研究的主要议题。Freeman对创新网络进行分类，主要包括合资企业、技术交流、供应商联盟等。以上的分类标准主要考虑正式参与网络的组织，并没有把一些非正式的组织纳入网络中，因此这种分类标准具有一定的时代局限性。另一篇就是Bresson和Amesse的"Networks of Innovators: A Review and Introduction to the Issues"，Bresson和Amesse对研究创新网络的文章进行总结归纳，发现网络理论对于创新领域的研究具有一定的协同作用，同时也发现了一系列的弊端，进而提出了区域层面和跨国层面创新网络的重要性。在此基础上，国内外学者基于不同的视角对创新网络进行了相关研究。从20世纪90年代起，以跨国公司为主导的全球化创新活动迅速升温，使研发国际化成为学者们研究的热点。对于研发国际化的定义，不同学者也提出了不同的见解。总体上，研发国际化的含义是指企业在全球范围内设置研发机构，通过不同地域研发机构的通力合作实现知识共享、降低成本和提高研发效率的目标。国内外学者对跨国公司研发国际化的研究主要涉及动因、研发网络节点间的互动、研发人员国际流动、研发网络内部知识流动与整合以及技术转移和吸收等重大问题。研究总结如表1-3所示。

表1-3　　　　　　　　研发国际化相关研究总结

研究内容	相关学者
研发国际化动因	Kleinknecht 和 Reijinen，1992；杨震宁等，2010；吴冰等，2016
研发区位决策	Kumar，1996；吕萍等，2008；刘凤朝等，2015
研发网络节点互动	Zedtwitz 和 Gassmann，2002；杜德斌等，2006；潘秋玥等，2016
研发人员国际流动	Todo 等，2009；阎帅，2013；许晖等，2017
研发网络内部知识流动与整合	陈劲等，2003；屈韬，2009；Singh，2008；贾卫峰等，2017
技术转移和吸收	Tsai，2001；姜黎辉等，2004；段德忠等，2018

随后，由于科技快速发展影响国家创新体系结构发生变化，以及全球"卓越中心"（Excellence Centers）的多中心模型分布格局开始形成，世界范围内的研发国际化逐渐向创新全球化转变。陈劲等（2003）指出，创新全球化正是随着跨国公司的国际化生产经营发展而逐渐发展起来的。Archibugi等（1999）最早从全球化的角度探讨创新活动，他们对创新全球化的概念进行了界定，认为其包括三种类型，如表1-4所示。从创新全球化的三个类别的主体和形式可知这三类创新全球化是互补的；它们可以是企业层次，也可以是国家层次。此后，国内外学者开始对创新全球化专题进行专门的探讨和

研究，这也为全球创新网络的研究奠定了基础。

表1-4　　　　　　　按创新主体不同对创新全球化分类

分类	主体	形式
一国生产的技术在全球范围内的利用	追求利润的企业或个人	创新产品出口； 技术和专利的许可转让； 创新产品的国外生产（合资企业等）
跨国公司的全球创新	跨国公司	在国内和全球范围内进行研发活动（研发国际化）
全球科技合作	大学科研机构，企业及跨国公司	合作高新技术科研项目

国内对全球研发网络的研究最为突出的是上海华东师范大学杜德斌教授团队，杜德斌教授在20世纪90年代就开始对跨国公司研发全球化开始研究，2001年出版的《跨国公司R&D全球化的区位模式》一书是国内较早系统研究跨国公司研发全球化空间过程和区位选择问题的成果，随后其团队的硕士和博士便延续该研究方向不断开展对全球研发网络的研究。最具代表性的是2005年祝影的博士学位论文《全球研发网络：跨国公司研发全球化的空间结构研究》首先对全球研发网络的概念进行界定，然后分析了跨国公司研发全球化的空间结构，由一而多，由点而网，由静而动，由实而虚。而后张战仁等（2016）对东道国在全球研发网络内部可能遇到的嵌入障碍开展研究。其他学者如暨南大学的范兆斌博士等（2008）以发展吸收能力作为出发点，研究了全球研发网络对国内创新价值链升级的影响。

近年来，由于新兴技术与创新的高度融合驱动全球科技革命、产业变革和企业商业模式革新，国内外学者对全球创新网络的研究日益增加（Ernst，2009；马琳、吴金希，2011；李健、屠启宇，2016）。目前，全球创新网络的地理范围正日益扩大，其发展也体现在全球生产网络的知识强度不断升级。Chaminade 和 Liu（2012）认为全球创新网络是在全球制造网络（Global Production Network，GPN）知识共享过程当中由于质变的发生而产生的，是一个内部相互关联的复杂系统，意在对产品和服务进行生产和分配。跨国公司希望能通过提升专业能力来增加自身的竞争力，并通过减少在生产过程中的时间和成本，促进全球生产体系中知识的扩散以及向全球创新体系的转化。跨国公司越多地参与到全球创新网络当中，就越能减少研发成本，越能接触到创新资源并减少内部研究所产生的风险。

从国家的角度而言，全球创新网络的出现为区域经济的发展提供了一个快速有效的方式，发展中国家能够快速而低成本地完成复杂创新，实现战略意图（如中国、印度等开始从低成本的"世界工厂"定位转型到"创新发展"）。从企业角度而言，全球创新网络的出现为资金单薄、技术较落后和研发人员匮乏的中小企业提供快速有效发展的捷径，中小企业可以通过融入全球创新网络，共享知识和信息资源，低成本地提高研发效率，进而提高盈利能力（如思科、华为等）。综上可知，全球创新网络理论具有深厚的研究基础，其演化脉络清晰。

基于以上文献综述，笔者认为创新网络（包括区域创新网络和产业创新网络等）可视为全球创新网络的萌芽期，主要的演化过程是由研发国际化发展至创新全球化再通过全球研发网络和全球制造网络不断演化为全球创新网络。全球创新网络演化过程如图1-2所示。

二 关于全球创新网络主体及要素的相关研究

（一）全球创新网络主体交互研究进展

从全球创新网络的创新主体交互和创新要素流动相关研究来看，以跨国公司、科研机构、高等院校为代表的创新主体是全球创新网络的重要组成部分，它们之间的交互是全球创新网络形成的重要基础。关于创新主体交互的研究，主要涉及以下三个方面：一是跨国公司研发国际化的目标及任务、合作模式、研发成果等；二是多源创新主体的合作领域及研发成果等；三是创新主体交互的重要地理载体全球创新中心的相关研究。

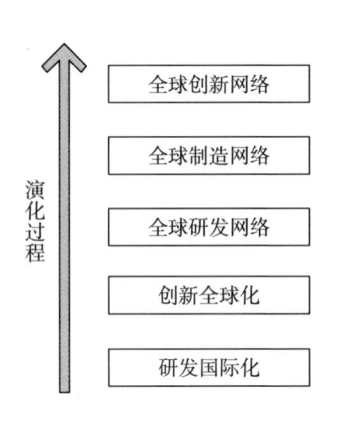

图 1-2　全球创新网络演化过程

1. 跨国公司研发全球布局

通过跨国公司进行交流是全球创新网络主体重要的互动方式，各国学者从几个方面对跨国公司研发全球布局进行了研究，主要包括：合作任务及目标、合作模式、合作效果及作用、新兴地区的机会等。

Wang 等（2014）将企业研发全球化的中心任务归纳为：对研发单元进行区分，利用多个地点的特定资源，整合研发工作，以实现整个公司的目标。Awate 等（2015）研究发现对于国际化研发活动，发达经济体跨国公司主要基于能力开发和能力创造的双重战略，新兴经济体跨国公司更着重于跟随及整体追赶战略。Jin（2012）提出了研发国际化活动的三种模式：发达经济体跨国公司独资研发、新兴经济体跨国公司独资研发和发达经济体跨国公司与新兴经济体跨国公司合资研发，并在国家层面从以上三种模式的角度对一个发展中国家（以中国为例）达到全球创新阶段的路径进行了描述。Kwon

等（2012）跟踪了韩国的大学、政府和企业研究人员与它们的国际合作伙伴之间的合作结构模式，发现国际合作关系随着时代发展与政策变动发生了很大的变化。Gerybadze 等（2014）分析了东道国对新兴国家在提高跨国公司的创新能力和性能方面的作用。Hsu 等（2015）研究发现如果研发国际化的强度和多样性超过了阈值，研发国际化的收益会大于它的成本，一个公司在国外扩张的经历可能对其研发国际化和企业绩效之间的关系有积极的影响。IRImes（2015）等分析了在市场快速发展的新兴地区中建立研发中心的早期阶段的挑战和机会，从更加精细的角度对新兴经济体的研发国际化展开研究。张毅等（2017）揭示了跨国公司 R&D 投资与东道国企业建立前向关联的内在机理。

2. 国家（地区）间的国际科技合作

国际科技合作是全球创新网络主体互动的重要组成部分，本研究从合作领域与地域分布、特定区域的国际合作，以及合作绩效的评价等方面进行归纳梳理。

Zhou 等（2013）从出版物产出的角度，分析了中国与英国在农业与食品领域的国际合作情况。Chen 等（2013）研究了区域科学合作网络演化，分析了新兴纳米科学领域活跃的中欧合作网络及其演进过程。Zhou 等（2015）探讨了中国—德国在物理学领域合作的分布情况。Liu 等（2015）发现与中国相关研究的焦点逐渐从社会科学转向自然科学，尤其聚焦于中国的环境问题、公共卫生和经济，聚焦于中国崛起的实质性研究主要限于富裕地区和一些地理上与中国最接近的邻居。Bouabid 等（2016）分析了"金砖五国"和 G7 国家的国际科技合作，研究结果表明 G7 国家一直处于"金砖五国"科研协作网络的核心，金砖国家科技合作与技术交流的力度始终不足。Finardi 等（2016）分析了金砖国家合作论文作者的科研合作成果。Niu 等（2014）揭示了中国国际合作研究（IRC）的成长和分布情况、国家和领域的合作网络。Finardi（2015）用 Gross 计数、Salton 指标和 Jaccard 系数、概率的亲和指数（PAI）的计算来突出"金砖五国"内部合作的不同维度之间的关系,以及它们的演化过程。Han 等(2016)以中韩两国的政府激励计划为例,研究合作网络中评价的规范化问题。Ventura 等(2016)对开发创新和探索创新在知识网络和合作网络进行了比较分析。Schøtt 等(2016)从国家与企业效应全球分析的角度,研究合作网络与制度支持下的企业创新,企业的创新合作网络嵌入在社会机构中,国家政策越来越多地设计为企业的合作网络提供制度支持,从而有利于创新。

3. 全球科技创新中心

"全球科技创新中心"的提出可追溯到英国学者贝尔纳的"世界科学活动中心"(Bernal, 1959)。国内外许多学者对提出概念的学者贝尔纳和对该领域具有较高研究造诣的汤浅光朝所提出的概念进行研究并加以扩展,分别提出了世界科学中心、世界研发中心、世界创造中心、世界科技中心等相近概念(刘鹤玲,1998;冯烨等,2000;黄新亮,2006)。从本质来看,这些概念集中在科技领域,强调科学交叉对于组织、区域及国家科技发展的重要作用。

在国际上,*Online* 杂志在 2000 年最早提出了"全球技术创新中心"(Global Hubs of Technological Innovation)的概念,在国内,一些学者提出过国际研发中心(黄鲁成等,2004)、国际产业研发中心(杜德斌等,2005)、创新枢纽城市(王铮等,2007)、科技创新城市(胡晓辉等,2011)、国际研发城市(黄亮等,2014)等概念。从本质来看,以上概念主要是研究技术创新网络与产业研发成果间的关系。杜德斌等(2016)首先对"全球科技创新中心"的内涵进行解释,然后概括了其具体特征和构成等。张莲(2018)对全球科技创新中心的基本情况进行了介绍,认为形成全球科技创新中心的核心要素是人才。

(二)全球创新网络要素流动研究进展

关于创新要素流动的研究,主要通过知识流动、技术扩散与转移和人才流动几个方面展开。

1. 知识流动

Guan 等（2012）分析了不同时间段 OECD 国家和非 OECD 国家的专利合作情况，研究表明，知识流动主要集中在 OECD 国家之间，并且文章认为广泛而深入的国际合作对经济增长有重要影响。Hassan 等（2014，2015）展示了国家间的知识流动，分析了论文产出与国际影响力的相关性，研究结果表明两者不一定相关，同时文章中比较了日本和中国引用美国科学论文后发表论文的主题差异，说明存在知识跨国流动的动态差异。Zhao 等（2015）研究表明，战略联盟下知识流动形成的合作网络具有路径突变、偏好性和非对称性，关系导向和知识嵌入下的资源分配模式在网络演化中保持稳定。Ai 等（2016）认为不同维度的知识流动影响企业的贸易活动和创新类型，跨国知识流动与企业贸易的联系有助于企业的探索性创新；跨区域知识流动与企业贸易和非贸易的联系有助于企业的开发性和探索性创新；区域内部知识流动与非贸易的联系有助于企业的开发性创新。Binz 等（2014）研究结果显示，知识创造过程中的空间合作网络特征在较短时间内就发生了较大变化，因此，必须突破原有的以国家为单位来分析知识流动的方式。Ma 等（2015）基于专利合作数据分析了知识流动下的中国城市合作网络，研究结果表明技术的空间分布格局呈现钻石结构，武汉处于结构中心，北京、上海和珠三角地区有强大的技术传播和控制能力。苗红等（2018）对无人机领域的知识流动网络进行构建。

2. 技术扩散和转移

由于不同国家、地区和组织间在技术水平、科技实力等方面存在一定的技术势差，所以国际、地区和组织间存在技术转移，发生在不同国家间即为国际技术转移。国际技术转移研究的焦点始终停留在发达国家向发展中国家进行技术输出上。近年来，我国虽然在新兴技术领域方面取得了较大成就，但学者们对于国际技术转移的研究仍然围绕着发达国家的技术转移、我国技术引进以及发生技术转移对产业绩效的影响。具体来看，崔新健等（2014）通过对 20 个发达国家与10个发展中国家间的技术转移与产业绩效关系进行实证分析，得到了两者间存在一定的因果关系。陈武等（2015）对金砖国家技术引进与国家产业绩效关系进行了实证分析，认为通过技术引进可以有效提高产业绩效。

在跨国技术转移和扩散评价分析方面，Wang等（2013）基于"共引聚类分析"提出了可适用于任何技术领域的知识转移分析模型，分析了知识转移的全景图，探究了科学知识资源和技术足迹之间的路径和强度。Wang等（2014）在研究中发现，在时间维度上，专利的平均技术许可时间会越来越低，平均地理许可距离也越来越短，两者表现出相近的规律。成祖松（2018）分析了中国高技术产业在东部、中部、西部和东北四大区域的技术转移过程。

3. 人才流动

Kenney等（2013）研究结果表明，回流人才在本国信息与通信技术产业的奠基阶段作用不显著，在迅速发展阶段发挥了积极作用。陈怡安（2014）通过对国内不同技术领域的"海归"回国数量进行了统计，发现了在某些高技术领域"海归"回流较少。陈波（2015）对不同国家技术移民数量进行了讨论，研究发现移民的现象不仅不会造成输出国的损失，相反会有所收益。魏浩等（2015）通过实证研究不同国家人才流动和国际贸易间的关系，发现国际人才流动会对政府采购先进技术产品有一定的影响。徐红彦等（2015）研究发现临时技术劳工计划改变了外来移民入境美国的方式，对美国的发展做出了重要贡献，而且对战后跨国流动劳工的规模、技术构成和学术界的移民理论研究产生了重要影响。Furukawa等（2012）研究发现，美国、中国和印度是研究人员流动数量最多的国家，新加坡和中国香港吸引了大量的国外研究人员，基于机构间的人员流动结果表明，新加坡和美国吸引了同样多的国外研究人员。Markova等（2016）以俄罗斯为例，阐述了该国在全球科学体系中的地位，并指出科研人员国际科学流动取决于东道国和母国之间科学发展水平的差异。王全纲等（2017）分析了影响全球高端人才流动的关键因素。

三 关于全球创新网络对产业绩效影响的相关研究

总结现有研究成果,全球创新网络与国家产业绩效之间的关系研究还不深入,总体处于起步阶段,研究方向集中在产业创新网络国际化与技术创新的关系、区域创新网络特征与创新成果的关系、国家创新网络特征与产业绩效间关系等方面。

1. 产业创新网络国际化与技术创新的关系研究

Chetty 等(2010)指出技术创新国际化对于那些经济总量小且开放的体系十分重要。Breschi 等(2016)在其最新研究中表明聚集企业应该与外部企业和高校科研院所等组织进行合作以获得企业外部信息和知识来发展企业。相应地,相关学者进行了大量的实证研究对模型进行证实,如 Scott(2012)通过对娱乐产业集群进行相关研究,得到了类似的结论。Maskell 等(2013)首次提出了临时性集群的概念(Temporary Cluster)。Giuliani 等(2015)提出智利制酒产业集群中区域创新网络内部的不均匀性和选择性非常明显。Koch 等(2016)发现,波士顿生物技术企业主要的知识更新渠道是通过与国际知名企业进行合作。国内对于创新网络特征与产业绩效的关系研究成果较少,王方红(2008)研究了高新技术产业形成跨国创新网络的两种主要形式,分别是业务联动形成的研发合作网络和技术标准统一所形成的交流合作网络。卢艳秋等(2010)通过对我国两个重要的行业,分别是通信行业和金融行业进行数据分析后得出国际合作的创新网络能够提高产业绩效。曾刚等(2014)发现跨国公司企业更容易发生技术转移和技术共享。赵婷婷(2015)研究表明研发国际化和产业绩效总体呈现 U 形曲线的关系。郑胜华等(2017)对产业创新网络国际化与技术创新的关系进行了研究。

2. 区域创新网络特征与创新成果的关系研究

郑小勇(2014)提出了具有高中心性网络的城市拥有更多的权利,可以吸引围绕它的城市,由于合作、沟通等成本收益比较高,社会资本更加青睐这类城市。田钢和张永安（2008）认为协作网络中填充结构洞的城市具有更多的信息效益，并在决策制定中享有更多的自主性。杨春白雪等（2018）在其研究中表明高中心性的城市具有丰富的信息资源，作为信息和知识的枢纽，在所属的网络中具有更强的控制力。Gilsing 等（2015）提出高中心性的城市在创新产出方面具有更多的优势。随后，Peteraf（2016）提出跨越更多结构洞的城市具有明显的竞争优势。Ahuja（2016）认为高中心性城市具有更大承受风险和达到高地位和高威望的能力。Etzkowitz 等（2016）指出创新型城市可能会有更多创新型企业，在信息和控制方面都有很大的优势。其他学者通过探讨区域间的知识、创新合作，进而考察网络的空间特征及其对创新产出的影响。魏心镇等（1992）在其研究中表明中国城市可以根据科技水平分为不同级别的创新源，最终构成中国创新城市网络。吴煜等（2003）通过研究城市级别的创新网络，根据不同城市在组建的城市创新网络中所处地位的不同进行功能划分。曾德明等（2014）比较了设立国外研发机构的中国企业和未设立国外研发机构的中国企业绩效高低，研究结果表明国外研发机构有助于提升中国企业的产业绩效。汤云刚（2016）对区域创新网络与产业绩效关系中创新环境作用的路径模型进行了研究。

3. 国家创新网络特征与产业绩效间关系研究

王梓薇等（2006）通过对发展中国家企业进行研究，发现参与跨国创新研发网络的企业效益及增长率高于其他企业。Tsai 等（2013）提出国家产业绩效受到国家共享规范和信任的积极影响，同时，产业绩效也受到社会互动和共同规范的影响。林润辉等（2014）探讨了国内协同创新网络规模、国际协同创新网络规模以及两者之间的平衡度对产业绩效的影响。Khayyat 等（2015）开发了一个国家创新国际化指数作为分析发展中国家产业绩效的新的测量工具。Guan 等（2015）探讨了多层次网络对创新的影响，认为国家间协作网络特征调节了城市间协作网络特征与产业绩效之间的关系。Scherngell 等（2015）应用科学论文合作数据对欧盟国家形成的科研网络进行分析,主要分析了网络合作特征等。Hoekman 等(2015)通过对欧盟国家的合作网络对产业绩效进行分析,分析过程主要是对科学论文合作者的信息进行匹配,发现知识合作能够有效形成规模效应、推动科技发展。Fischer 等(2016)分析了欧盟国家的合作网络特征对产业绩效的影响,主要的数据采取欧盟国家合作专利等相关数据。周灿等(2017)对中国电子信息产业创新网络与产业绩效关系进行了研究。

四 关于 3D 打印产业全球创新网络的相关研究

本节首先对 3D 打印技术发展与演进过程的研究文献进行了梳理,然后对 3D 打印产业全球创新网络的相关研究进行综述。

3D 打印在技术上与其他制造方法不同,是通过材料逐层加入而不是减去(Karapatis et al., 1998; Mortara et al., 2009)。3D 打印技术的第一阶段采用选择性激光烧结、立体光刻、层压对象制造和熔融沉积技术等。过去进行 3D 打印的主要材料是塑料,因此第一个程序是快速建立塑料模型的物体。3D 扫描仪可用于自动创建具有低质量水平的现有对象的模型。在 20 世纪 90 年代初,发明了新型 3D 打印机,即使用耐热聚合物和金属合金的机器,它的出现推动了快速加工产业。传统的模具是用钢或铝制成的,花费相当长的时间。而通过 3D 打印技术生产的模具通常花费几个小时(Zonder et al., 2013),从而显著节省了模具的制造时间。在 20 世纪 90 年代后期,第三代技术发展来自直接使用数字模型和 3D 打印机制造,无需模具、铸件或机械加工。如今,我们可以在 3D 打印中使用众多材料如塑料、金属合金、陶瓷、木材颗粒、盐、糖和巧克力等(井乐刚等,2016)。几台打印机可以同时打印多种材料,零件、模具、工具、器官、假肢、玩具、艺术品、食品、乐器、家具、衣服、车辆、房屋等都可以用 3D 打印机进行打印(臧海波,2017)。

国外学者对 3D 打印产业的研究集中在演化趋势和商业模式等。Wright(2000)认为 3D 打印产业的发展是不可阻挡的,它的增长率是非常惊人的。Morales 等（2012）从价值链的角度分析了 3D 打印是否能够实现大规模定制和大规模生产。Jeong 等（2014）分析了全球 3D 打印产业的技术趋势和市场趋势，指出 3D 打印技术有原材料消耗少、供应链短、减少化石燃料的使用等优势。Bala Subramanian（2015）认为 3D 打印产业已被证明有可能彻底改变生产过程，是 21 世纪最具有战略性的技术创新。Holzmann 等（2015）认为 3D 打印产业商业模式存在已经建立和尚未发展两种情况。Deaky 等（2017）基于 ABC 成本核算法对 3D 打印产业进行建模分析，识别出影响设施产出的成本动因。

国内学者对 3D 打印产业的研究主要包括 3D 打印产业的发展现状、存在问题及解决方案。王忠宏等（2013）、陈燕和（2013）、倪斌（2015）等学者均认为我国 3D 打印产业处于起步阶段，还存在资金投入不足等问题。在认识到产业发展问题的基础上，邓丹（2014）、李陶（2015）等学者提出了促进 3D 打印产业与传统制造业融合发展、加强自主创新实现技术突破、制定扶持政策等建议。其他学者如徐荣健等（2016）研究了国内外 3D 打印产业的规模及其产业分布，分析了 3D 打印技术发展趋势。金玉然等（2016）对 3D 打印产业基地发展环境与对策进行了理论研究。袁锋等（2017）分析了 3D 打印产业融合成长的低成本创新驱动模式。纪晓丽（2017）探讨了我国 3D 打印产业的制约因素分析及应对策略。马玥（2018）简述了中美两国 3D 打印产业市场概况，并比较了中美两国在发展 3D 打印产业方面所出台的相关政策。

国内外学者对 3D 打印产业全球创新网络的研究仍处在较为初级的阶段。Gasparin 等（2015）研究发现 3D 打印产业的商业创新系统因新技术的快速发展、社交网络的传播和互联网连接的普及而得到广泛重塑。Bai 等（2017）探讨了 3D 打印产业、大数据产业、集成电路产业以及碳纳米管和石墨烯产业亚洲创新网络的主要特征。Xu 等（2017）通过构建涉及科学、技术和商业次生态系统的多层次创新生态系统的创新能力框架，研究了中国的 3D 打印创新生态系统。

五 研究述评

根据上文对全球创新网络相关文献的梳理，研究述评如下。

（1）从全球创新网络概念的相关研究来看，国内外学者针对全球创新网络的内涵、构成、分类、特征和演化过程均有不同程度的研究，这些研究大部分以全球创新网络作为一种创新模式进行概念研究，而具体深入某一产业进行产业全球创新网络的研究较为薄弱，尤其是对新兴产业全球创新网络的理论研究成果并不丰富。

（2）从全球创新网络的创新主体及要素的相关研究来看，创新主体主要包括跨国公司、科研机构、高等院校等，他们之间的交互是全球创新网络形成的重要基础。创新要素流动的研究，主要通过知识流动、技术扩散与转移和人才流动展开。总体而言，目前的研究已经对全球创新网络视角下的创新主体交互过程及创新要素流动过程进行了分析，对于全球创新网络特征的刻画，大部分研究者仅对全球研发合作网络采用专利数据进行分析，但针对全球产业链和价值链等其他类型的全球创新网络特征的刻画仍有待进一步开展。

（3）从全球创新网络对产业创新绩效的影响相关研究来看，国内外学者主要从三个方面开展研究：一是产业创新网络国际化对于新兴技术创新所产生的影响；二是城市或区域的创新网络特征对产业绩效的影响；三是国家创新网络特征对产业绩效的影响。现有研究大部分针对创新网络特征与产业创新绩效关系开展研究，但全球创新网络特征与产业经济绩效之间有何关系，如何相互影响的研究成果并不丰富。

（4）从3D打印产业全球创新网络相关研究来看，国内外学者对3D打印产业发展状况、技术发展趋势、竞争策略、产业生态系统和商业发展模式等方面进行了研究，而针对3D打印产业全球创新网络的研究，如3D打印产业全球创新网络形成和演进的影响因素及影响机理等方面的研究还相对薄弱。

综上所述，对于3D打印产业全球创新网络的特征、3D打印产业全球创新网络形成与演进影响因素、3D 打印产业全球创新网络对主要国家产业绩效的影响和对我国 3D 打印企业绩效影响的研究是未来应该关注的研究方向。

第四节　研究内容与技术路线

本书首先对国内外全球创新网络的理论研究进行梳理,通过对 3D 打印产业全球创新网络进行概念界定,研究其要素构成、特征、形成动因和影响因素,以此为基础构建 3D 打印产业全球创新网络分析框架;以 EPO（Worldwide）数据库 3D 打印专利数据为研究对象,采用专利计量方法分析 3D 打印产业发展现状,采用社会网络和可视化方法研究 3D 打印产业全球创新网络特征;借鉴现有模型,构建 3D 打印产业全球创新网络影响因素理论分析模型,采用结构方程模型对研究假设进行验证;通过基于数据包络分析（DEA）的 Malmquist 指数模型测度不同经济体 3D 打印产业研发效率,采用面板数据模型研究全球创新网络特征与 3D 打印产业研发效率和产业主营业务收入之间的关系;通过对融入全球创新网络的国内 3D 打印企业发放调查问卷,探讨 3D 打印产业全球创新网络特征对我国企业绩效的影响。在前述研究的基础之上,提出推进我国企业融入 3D 打印产业全球创新网络的对策及建议。

本书结构为:第一章为绪论,第二章到第七章为主体研究内容,最后总结研究结论并提出研究展望。具体来看,主体研究内容包括:

（1）3D 打印产业全球创新网络的理论基础及分析框架

首先对 3D 打印产业全球创新网络概念进行界定,同时,基于创新生态系统和创新网络等理论,分析了 3D 打印产业全球创新网络的要素构成、特征、形成动因和影响因素;以此为基础构建了 3D 打印产业全球创新网络的"网络特征—网络影响因素—网络对绩效的影响"（Characteristic - Influencing Factor - Performance，CIP）分析框架，为后续实证研究提供理论支撑。

(2) 3D 打印产业全球创新网络特征研究

基于 EPO（Worldwide）3D 打印专利数据，构建 3D 打印专利权人合作数据库。采用社会网络分析和可视化研究方法对 3D 打印全球研发合作创新网络特征进行研究。研究结果表明，3D 打印产业全球创新网络密度逐渐增大，网络主体间联系增强；网络主体直接合作广度在不断加深，间接合作广度先增强后减弱；网络重要控制主体增多，但与其他网络主体的差距在不断缩小。采用案例分析和社会网络分析方法对 3D 打印全球产业链和价值链创新网络特征进行研究。研究将发展模式分为垄断企业主导式和竞争企业共生式两种，不同发展模式的网络特征存在差异。对产业链不同环节（上、中、下游）的网络特征进行分析，把握不同国家在产业链上中下游网络中的位置。

(3) 3D 打印产业全球创新网络影响因素研究

首先基于复杂系统理论等多个理论视角，对 3D 打印产业全球创新网络的影响因素进行识别；然后借鉴现有模型，构建 3D 打印产业全球创新网络影响因素理论分析模型，基于 271 份有效调查问卷数据，采用结构方程模型对研究假设进行验证；最后根据研究结果分析 3D 打印产业全球创新网络形成和演化的影响机制。研究结果表明外部环境因素是网络形成和演进的前提条件，通过影响网络主体需求和资源流动来影响 3D 打印企业的创新合作，进而影响了 3D 打印产业全球创新网络的形成和演进。

(4) 全球创新网络对不同经济体 3D 打印产业绩效的影响研究

基于 3D 打印专利数据构建 34 个经济体 6 年间的合作创新网络，通过 204 组网络属性指标代表各经济体网络特征，采用面板数据模型研究全球创新网络特征与 3D 打印产业研发效率和产业主营业务收入之间的关系。3D 打印产业研发效率投入产出数据来自 Wohlers Report，基于数据包络分析的 Malmquist 生产力指数模型进行测算。实证研究结果验证了研究假设，研究结果表明，全球创新网络特征度数中心性、中介中心性、结构洞特性和聚类系数与产业绩效均有显著的相关性。

（5）全球创新网络对我国 3D 打印企业绩效的影响研究

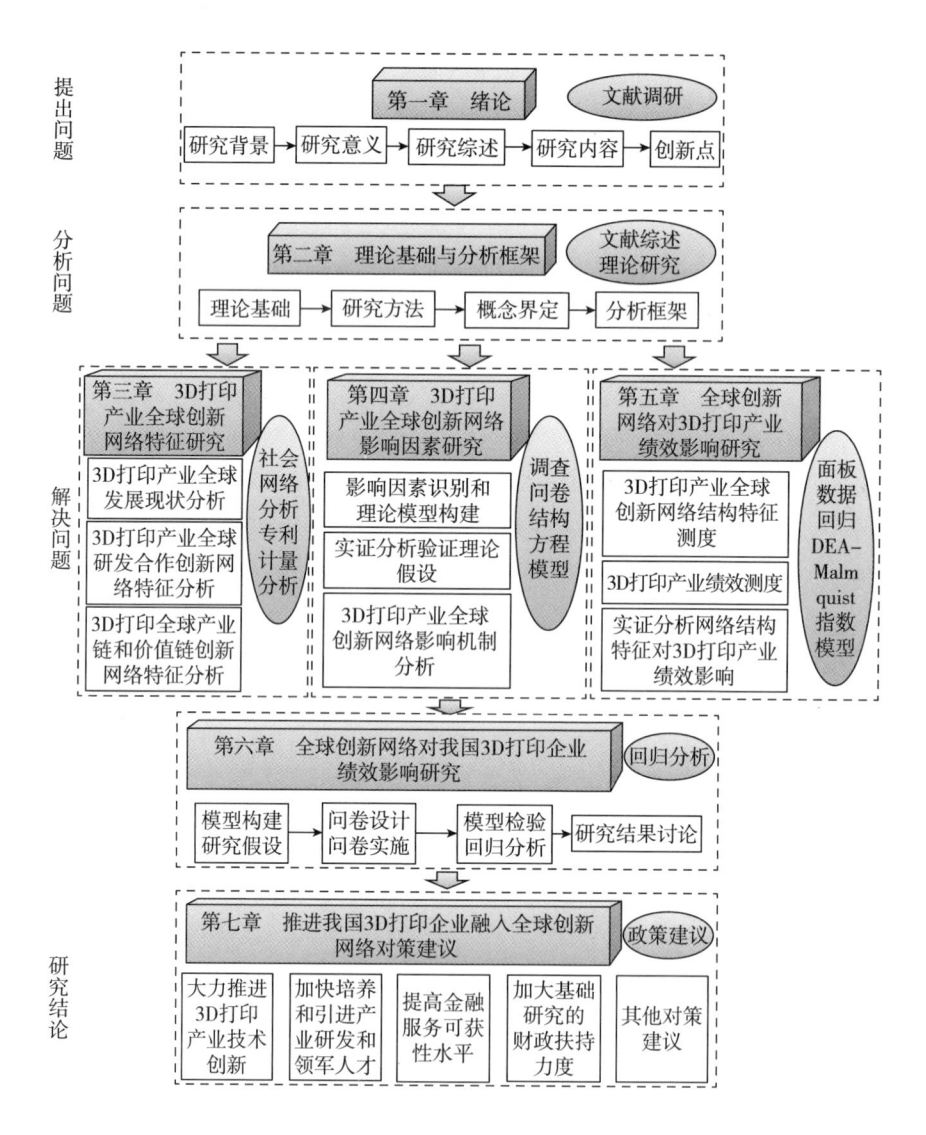

图 1-3 本研究技术路线

构建全球创新网络对我国 3D 打印企业影响理论模型并提出研究

假设,通过向融入全球创新网络的国内3D打印企业发放问卷收集数据(共发放调查问卷1919份,整理后的有效调查问卷347份),实证研究3D打印产业全球创新网络结构特征、关系特征、融网意愿和融网能力对我国3D打印企业绩效的影响,最后通过模型检验和回归分析验证研究假设,研究结果表明全球创新网络结构特征和融网意愿与企业绩效有显著相关性。

基于以上分析,本书提出了推进我国3D打印企业融入全球创新网络的对策及建议。本书研究结论有利于我国新兴产业依靠庞大的技术队伍和科技投入,占据产业前沿并快速追赶发达经济体;为中国更好地融入和引领全球创新网络的发展路径选择提供依据,为中国制定全球创新战略与政策提供支持。本书技术路线如图1-3所示。

第五节 研究的主要创新点

本书基于产业组织、创新生态系统、创新网络及创新经济学等相关理论,综合运用专利计量方法、社会网络分析和可视化方法、问卷调查、案例分析、结构方程模型、面板回归模型、基于数据包络分析(DEA)的Malmquist指数模型等研究方法对3D打印产业全球创新网络特征、3D打印产业全球创新网络形成与演进影响因素及3D打印产业全球创新网络对产业绩效的影响进行研究,主要创新点如下。

(1)构建了3D打印产业全球创新网络的分析框架,采用社会网络分析和可视化方法系统地揭示了3D打印产业全球创新网络特征。本书按照解决3D打印产业全球创新网络是什么、表现出哪些特征、受哪些因素影响及对经济发展有哪些影响的逻辑顺序,构建创新网络的"网络特征—网络影响因素—网络对绩效的影响"(Characteristic - Influencing Factor - Performance,CIP)分析框架,具有较强的系统性,为后续研究奠定了坚实的理论基础。同时，以往研究对全球创新网络的刻画主要对研发合作网络进行分析，本书增加了对产业链和价值链创新网络的特征分析，弥补了以往研究缺乏对3D打印全球产业链和价值链网络特征的把握。在研究3D打印全球研发与创新合作网络时，运用社会网络分析和可视化研究方法从整体网络特征、各网络主体网络地位分析、核心网络主体网络地位分析三个方面对3D打印产业全球创新网络特征进行研究，全面、系统地揭示了全球创新网络的整体网络特征和个体网络位置。在研究3D打印全球研发与创新合作网络时，将产业链和价值链创新网络发展模式分为垄断企业主导式和竞争企业共生式两种，研究发现不同发展模式的网络特征存在差异。

（2）识别出3D打印产业全球创新网络影响因素，构建3D打印产业全球创新网络影响因素理论分析模型，揭示3D打印产业全球创新网络形成与演进的影响机制。本书基于复杂系统、资源观、自组织等理论研究视角，结合预调研结果，识别出影响3D打印产业全球创新网络形成和发展的八个主要因素；构建了3D打印产业全球创新网络影响因素理论分析模型，探究三个主要变量各构成维度对创新合作的影响作用关系，创新合作在三个主要变量的各构成维度与3D打印产业全球创新网络之间的中介作用以及三个主要变量各构成维度对3D打印产业全球创新网络的直接影响关系；揭示3D打印产业全球创新网络形成与演进影响因素的作用机理：外部环境因素是网络形成和演进的前提条件，通过影响网络主体需求和资源流动来影响3D打印企业的创新合作，进而影响3D打印企业间的创新合作关系，最终促使具有不同形态特性的3D打印全球创新网络形成。

（3）构建了3D打印全球创新网络产业绩效模型，定量揭示3D打印全球创新网络特征对各经济体产业绩效的影响。本书提出高技术产业绩效通过经济绩效和创新绩效两个方面的指标进行测度，书中分别选取产业主营业务收入和产业研发效率作为测度指标，两个维度的绩效指标可以更为全面地衡量产业绩效，丰富了高技术产业绩效的测度指标。同时，本研究通过构建 3D 打印全球创新网络产业绩效模型，基于 3D 打印专利数据构建 34 个经济体 6 年间的合作创新网络，通过 204 组网络属性指标代表各经济体网络特征，采用面板数据模型来研究全球创新网络特征与 3D 打印产业研发效率和产业主营业务收入之间的关系，定量揭示了 3D 打印全球创新网络特征对各经济体产业绩效影响。

（4）构建了 3D 打印全球创新网络企业绩效模型，揭示了网络结构特征、网络关系特征、融网意愿和融网能力四要素对我国 3D 打印企业绩效的影响效应。本书基于 347 份我国 3D 打印企业调查问卷，从 3D 打印全球创新网络特征和中国 3D 打印企业自身因素两个视角识别出网络结构特征、网络关系特征、融网意愿和融网能力四个影响要素，实证研究四要素对企业绩效的影响程度，研究发现网络结构特征和融网意愿对于提升企业绩效有显著影响，该结论对我国企业融入 3D 打印全球创新网络有重要参考意义。

第二章

3D打印产业全球创新网络的理论基础及分析框架

在第四次工业革命前夜，创新要素和创新环境不断发生变化，而现阶段国内外对于全球创新网络的理论研究并不丰富。本章首先对支撑本研究的理论基础进行分析，主要包括产业组织理论、创新经济学理论、创新生态系统理论以及创新网络理论。然后对3D打印产业全球创新网络的相关研究方法进行论述。最后界定了3D打印产业全球创新网络的概念，分析了3D打印产业全球创新网络的构成要素、特征，研究3D打印产业全球创新网络形成动因和影响因素。以此为基础，构建3D打印产业全球创新网络分析框架。

第一节 理论基础

一 产业组织理论

产业组织理论在西方国家又被称作产业经济学。按照权威的《新帕尔格雷夫经济学大辞典》的定义，产业组织学是脱离书籍中的经济模型,直接与市场厂商客户联系最为紧密的学科。① 阿宁德亚认为"产业组织学的定义可以较为宽泛,包括企业理论、规制、合同理论以及组织理论的某些内容"②。

产业组织学以特定产业为研究对象,研究企业组织结构、形式及不同的组织结构或形式对市场绩效产生什么样的影响,等等。③ 贝恩是传统的产业组织理论的主要代表人物,创造性地提出"结构—行为—绩效"(S-C-P)即三分法对市场进行分析。④ 新产业组织理论则出现在19世纪70年代后期,该理论大量引入了新的分析方法,包括可竞争市场理论、博弈论、信息理论,等等。⑤

随着高新技术产业的蓬勃发展,高新技术产业组织理论也不断推进,逐渐聚焦为高新技术产业组织和高新技术企业的市场竞争策略研究、高新技术产业研发组织形式研究以及高新技术产业集群/网络的发展模式研究。⑥ 其中高新技术产业集群/网络的发展模式研究主要包括高新技术产业集群/网络的形成与演化影响因素和作用机理研究、高新技术产业集群/网络与产业绩效研究以及高新技术产业集群发展模式的国际比较,等等。⑦

本书基于高新技术产业组织理论,重点阐述了3D打印产业全球创新网络影响因素,即研究哪些因素影响了3D打印产业全球创新网

---

① [英]约翰. 伊特韦尔默里·米尔盖特、彼得. 纽曼等编:《新帕尔格雷夫经济学大辞典》第一卷(A-D),陈岱孙等译,经济科学出版社1996年版。

② 金碚:《产业组织经济学》,经济管理出版社1999年版。

③ Stigler、George Joseph、潘振民:《产业组织和政府管制》,上海人民出版社1996年版,第88页。

④ Moore J F, "Predators and Prey: A New Ecology of Competition", *Harvard Business Review*, Vol. 71, No. 3, 1993.

⑤ Granstrand O, "The Shift towards Intellectual Capitalism – The Role of Infocom Technologies", *Research Policy*, Vol. 29, No. 9, 2000.

⑥ [美]理查德·R. 尼尔森编著:《国家(地区)创新体系:比较分析》,曾国屏等译,知识产权出版社2012年版。

⑦ Iansiti M, Levien R, "Strategy as Ecology", *Harvard Business Review*, 2004, 34 (3): 68-78.

络的形成和演进，使网络特征发生变化，如密度和规模增大，网络关系增强等，并根据研究结果分析3D打印产业全球创新网络形成和演化的影响机制。同时，本书还着重分析了全球创新网络与不同经济体3D打印产业绩效的关系和全球创新网络与我国3D打印企业绩效的关系。

与产业组织理论密不可分的两个概念是产业链和价值链。产业链是产业经济学中的一个概念。产业链的本质是用于描述一个具有某种内在联系的企业群结构。产业链中不同的主体存在着交互信息、产品或服务等上下游关系。价值链的概念是由美国Michael E. Porter于1985年在其所著的《竞争优势》一书中首先提出的。[1] 他认为："每一个企业都是用来进行设计、生产、营销、交货等过程及对产品起辅助作用的各种相互分离的活动的集合。"[2]

基于产业链和价值链理论，本书将重点关注3D打印全球产业链和价值链创新网络，通过案例分析、中心性分析和引证分析揭示不同网络模式的3D打印全球产业链和价值链的网络发展模式、网络特征等。

二 创新网络理论

在20世纪初期，熊彼特提出技术创新的思想，自创新的概念被系统地提出后，国内外对创新过程模型的研究经历了五个阶段：20世纪50年代至60年代，线性技术推动模型；60年代中期至70年代初期，市场拉动模型；70年代初到80年代中期，创新的交互作用模型；80年代初至90年代初，一体化及并行发展模型；最新的研究模型是创新的战略集成与网络模型（Strategy and Innovation Network，SIN）。近年来，创新网络的研究日益发展为研究热点（肖刚等，

---

[1] Porter M E, "Technology and Competitive Advantage", *Journal of Business Strategy*, Vol. 5, No. 3, 1985.

[2] Adner R, Kapoor R, "Value Creation in Innovation Ecosystems: How the Structure of Technological Interdependence Affects Firm Performance in New Technology Generations", *Strategic Management Journal*, Vol. 31, No. 3, 2010.

2016)。创新网络的研究主要在以下两个方面,一方面是对创新理论的研究;另一方面是对产业集群的研究。

Freeman(1991)首次提出创新网络概念,即服务系统性创新的一种基本制度安排,包含了非正式和隐含特征的联系。关于创新网络的构成,格姆登、里特尔和黑德布勒克从企业技术创新的角度提出了企业技术网络的组成、配置及各合作者的角色,核心企业是创新的主体,为了获取创新所需要的外部资源,与一些协作单位建立了有价值且需付出成本的联系。这是从企业的层次来考察企业技术创新网络的构成。从区域层次来考察区域创新网络的构成,Gao等(2016)等学者提出区域创新网络中存在企业、中介机构、大学、政府、风险资本等角色。

关于创新网络的产生动因,德布雷森在其文章中进行了阐述,主要是从促使企业进入网络的外部条件来进行研究的。[①] 创新网络产生动因包括:①强烈的技术与市场的不确定性;②资源与技术互补性;③收益和技术成果共享。国内学者也从不同的角度提出了自己的看法,刘丽莉提出了路径依赖的观点,借助新经济社会学关于社会网络的理论,考差了硅谷形成历史,阐明硅谷是如何在一系列的路径选择过程中形成了与众不同的、具有创新优势的网络环境(刘丽莉等,2012)。丘海雄和徐建牛(2004)提出,创新网络的形成体现了我国渐进式的制度变迁的特点,由于制度环境对创新网络中各个阶段的动机、行动选择的影响导致创新集群网络中技术创新的过程也受到了影响。

关于创新网络的影响因素,主要指其形成和演化的影响因素,蒋翠清等(2014)等分析了美国、意大利、日本等发达国家企业知识创新网络的连接机制,并探讨了企业知识创新网络的形成机理。郑小勇等(2014)构建了产业创新网络的理论模型,提出产业创新

---

① [加拿大] C. 德布雷森:《技术创新经济分析》,王忆译,辽宁人民出版社1998年版,第12页。

环境因素通过影响产业创新主体因素中的经济理性动因和企业家动因进而影响其创新合作行为，从而导致不同形态特征的产业创新网络形成。田钢和张永安（2008）依据霍兰的复杂适应系统理论，运用刺激—反应模型和回声模型对集群创新网络形成的影响因素、合作机制进行了深入的阐释。

关于创新网络的作用，德布雷森和厄梅斯在其文章中总结了创新网络的功能包括：①网络能充当搜寻和评价不同可能组合的程序；②网络可以大大减小不确定性和风险性；③大量的创新网络参与标准、规范、规则、系统与界面规范的制定；④隶属于创新网络不仅能减少信息成本，而且能避免随后受制于被排斥和进入障碍；⑤网络的方式除了能分担不确定性、风险和成本外，还存在着超过直接合作成本的长期利益。综合国内学者对创新网络功能的描述（杨海珍等，1999；盖文启，2002；肖龙阶，2003），创新网络具有以下六个方面的功能：①获取与学习新技术；②技术创新过程不确定性降低；③知识的创新；④创新资源的交流与扩散功能；⑤降低企业间的交易成本；⑥有助于实现外部规模经济与外部范围经济。

基于创新网络理论，本书对3D打印产业全球创新网络的内涵进行界定，并分析其构成、特征、形成动因及影响因素，构建3D打印产业全球创新网络的分析框架，为后续研究提供理论基础。同时，书中重点展开对3D打印产业全球创新网络的特征分析，在对3D打印产业全球研发合作创新网络进行分析时，对网络密度、网络主体间联系以及网络重要控制主体和网络向心趋势等方面展开分析。另外，借鉴前人研究创新网络形成和演化影响因素的相关成果，本书构建了3D打印产业全球创新网络影响因素理论分析模型，采用结构方程模型对研究假设进行验证，根据研究结果分析3D打印产业全球创新网络形成和演化的影响机制。

三 创新生态系统理论

创新生态系统研究的理论源起为生态系统理论，在经济管理领域中，其主要研究热点为商业生态系统、价值创造、开放式创新和产业创新网络等方面。第一个较为科学、系统地提出企业生态系统的学者是 Moore（1993），他将其定义为"基于组织互动的经济联合体"，并廓清其构成要素，主要包括客户、供应商、主要生产商、投资商、贸易合作伙伴、标准制定机构、工会、政府、社会公共服务机构和其他利益相关者等。此后，Iansiti 等（2004）提出生态位的概念来阐述创新生态系统，认为创新生态系统由占据不同但彼此相关的生态位的企业所组成，一旦其中的一个生态位发生变化，其他生态位也会相应发生变化。在此基础上，Adner 等（2010）聚焦于创新生态系统自身的研究，他认为创新需要依赖外部环境的变化与生态系统的成员参与，创新生态系统是指一种协同机制，在这种协同机制下，企业将个体与其他利益者联系，并提供面向客户的解决方案，输出价值。

基于创新生态系统理论，本书将对 3D 打印产业全球创新网络的构成要素及其相互联系进行归纳总结，通过明确 3D 打印产业全球创新网络的要素构成，更深刻地理解 3D 打印产业全球创新网络的内涵。3D 打印产业全球创新网络构成要素主要包括国内外 3D 打印企业、国内外科研院所、国际中介机构、国际金融机构和国际非政府组织，等等。

四 创新经济学理论

创新经济学理论的产生是一个非常宽泛的概念，适用于很多领域。最核心的创新是科学技术创新。创新经济学有两个重要的方向：一个是以技术知识创新为研究对象的技术创新经济学；另一个是以制度创新为研究对象的制度创新经济学（Atkinson et al.，2012）。关于技术创新经济学的理论研究主要包括以下几个方面：第一，运用技术经济学的方法来研究科技进步对国民经济的影响；第二，研究产业或企业关于技术创新的模式（如组织创新）、机制等及其对经济发展的影响；第三，对于影响经济社会发展的技术创新短板、障碍和动力等问题的分析（Kamien et al.，1975；Hirsch et al.，1996）。

基于创新经济学理论，本书将分析全球创新网络对不同经济体 3D 打印产业绩效的影响，通过构建 3D 打印产业全球创新网络特征对不同经济体产业绩效影响模型，基于欧洲专利局（EPO）全球专利统计数据库（Worldwide）3D 打印专利数据和 Wohlers Report 中各经济体 3D 打印产业相关数据，采用面板数据模型研究 3D 打印产业全球创新网络特征对产业绩效的影响。同时，本书也将视线聚焦到我国 3D 打印企业层面，探讨全球创新网络对我国 3D 打印企业绩效的影响，通过构建 3D 打印产业全球创新网络对我国企业绩效影响模型，向融入全球创新网络的国内 3D 打印企业发放调查问卷来收集数据，实证分析 3D 打印产业全球创新网络特征、全球创新网络关系特征、融网意愿和融网能力对我国 3D 打印企业绩效的影响。

第二节　3D 打印产业全球创新网络的相关研究方法

本书在研究 3D 打印产业全球创新网络过程中主要使用的研究方法包括：专利计量方法、社会网络分析法和可视化方法、案例分析法和问卷调查法、结构方程模型分析、基于数据包络分析（DEA）的 Malmquist 指数模型、面板数据模型等研究方法。

一　专利计量方法

专利计量学是应用数理统计和计算技术等方法对专利进行定量分析，从中找出技术规律的一种方法。本书采用专利计量方法分析 3D 打印技术发展现状，主要的计量指标包括技术优势指数（RTA）和快速增长领域指数（FSGI）等。

专利计量分析已经广泛被工业界、学术界和政府研究机构用专利相关指标来研究不同产业的发展趋势（Gupta，1999；Yan et al.，2009）。本书采用专利计量相关指标对3D打印技术发展现状进行分析，专利计量指标定义如下。

技术发展现状可以根据不同的指标进行比较，例如专利份额和专利增长率。但是，这些指标存在的问题是未考虑不同主体之间的趋势。根据文献 Gupta（1999），可以用来研究技术发展和积累模式的指标包括技术优势指数（RTA，Revealed Technological Advantage Index）和快速增长领域指数（FGSI，Fast Growing Specialization Index）等指标，技术优势指数定义如式2.1：

$$RTA_{it} = (P_{it}/\sum_{t}P_{it})/(\sum_{t}P_{it}/\sum_{it}P_{it}) \qquad (2.1)$$

其中，P_{it} 代表主体 i 在 T 领域获得的专利数量；$\sum_{t}P_{it}$ 代表主体 i 在所有技术领域获得的所有专利总数；$\sum_{t}P_{it}$ 表示技术 t 中所有主体的总数，$\sum_{it}P_{it}$ 表示专利总量。这个指标是可以被描述为"比较优势"的一个指标，通常来说，主体指标值高于1表明该主体在该领域中占主导地位，低于1则表明不占优势。

快速增长领域指数（FGSI，Fast Growing Specialization Index）是对快速增长领域积累模式的分析，定义如式2.2：

$$FGSI_{it} = (F_{it}/\sum_{t}F_{it})/(P_{it}/\sum_{t}P_{it}) \qquad (2.2)$$

F_{it} 表示在一项技术快速发展的子领域中，主体 i 拥有的专利数量。FGSI 指数可以表示为"快速变化技术中的比较优势"的指标：主体指标高于1表明子技术处于优势地位，低于1的表明子技术处于劣势地位。假设是技术在其发展的早期阶段急剧增长，因此具有较高 FGSI 指数（通常在1以上）的主体往往会比其他主体的先发优势更强。

一般来说，以上指标可以用来计算不同主体在同一子技术领域的技术发展态势，要测量主体跨技术领域的专利集中度或专业化程度，我们可以计算上述任何一个指标的变异系数。以 *RTA* 指数为例，如式 2.3：

$$CV_i = \partial RTA_{it} / \mu RTA_{it} \tag{2.3}$$

其中，对于一个给定的技术主体，CV_i 是 RTA 的变异系数，而 ∂ 和 μ 分别表示 RTA 值的标准差和算术平均值。它可以有效地测量跨技术领域的专利集中度。CV 的值高意味着某技术主体正在集中精力在一个小范围内发展一个优秀的子技术领域。相反，CV 值低意味着一个技术主体正在发展其在一系列技术领域中的能力。因此，我们可以得到一个主体技术专业化程度或集中度的信息。总而言之，这个指标表明一个给定的技术领域是集中在少数几个技术主体研发还是一个特定的技术主体集中在几个技术领域中进行发展。

二 社会网络分析和可视化方法

社会网络分析是对所组建集群的关系或属性进行分析的方法。本书将 3D 打印全球研发合作创新网络分为三个时间段，采用社会网络分析法和可视化分析法对 3D 打印产业全球创新网络特征进行分析，社会网络分析主要运用网络密度、中心性分析、K-核分析、结构洞、聚类系数等指标。

在社会网络分析中，中心性分析用于测量网络中节点的重要性（Freeman，2000）。中心性指标包括度数中心性、中介中间性和接近中心性，这三个指标是衡量网络节点重要性的常见指标。

度数中心性是描述节点在网络中的重要性的指标。该指标可以分成绝对中心度和相对中心度。通过计算连接到所有其他节点的节点总数而得，如式 2.4 所示。

$$C_D(N_i) = \sum_{j=1}^{g} X_{ij} (i \neq j) \tag{2.4}$$

其中 $C_D(N_i)$ 表示节点 i 的绝对度数中心性，$\sum_{j=1}^{g} X_{ij}$ 用于计算节点 i 与其他 $g-1$ 个 j 节点（$i \neq j$，排除 i 与自身的联系）之间的直接联系数量。

为了消除网络规模对度数中心性的影响，Freeman（1991）提出了一个标准化的公式，相对中心度可表示为式 2.5：

$$C'_D(N_i) = C_D(N_i)/g - 1 \qquad (2.5)$$

其中 $C'_D(Ni)$ 表示节点 i 的相对度数中心性，分母表示 $g-1$ 个节点。

中介中间性是网络中信息交换或控制资源流动的指标（Freeman，1991）。假设节点 j 必须通过节点 i 与节点 k 进行通信，节点 i 控制节点 j 和节点 k 之间传递信息的内容。在多对关系节点（g 和 k）之间的最短路径中出现的节点越多，节点 i 控制网络通信的可能性越高。中介中间性的计算方法如式 2.6：

$$C_B(N_i) = \sum\nolimits_{j=1}^{g} g_{jk}N_i/g_{jk} \qquad (2.6)$$

其中 g_{jk} 是 j 和 k 之间的最短路径数，$g_{jk}N_i$ 是节点 j 和节点 k 之间通过点 i 的最短路径数。

接近中心性描述了不受任何其他节点控制的程度。从信息传输的观点来看，节点更接近其他节点，这个节点更容易传递信息，计算方法为式 2.7：

$$C_c(N_i)^{-1} = \sum\nolimits_{j=1}^{g} d(N_i, N_j) \qquad (2.7)$$

其中 $d(N_i, N_j)$ 表示节点 i 和其他 $g-1$ 节点之间的最短距离之和。一个节点的接近中心性越小，受任何其他节点的控制就越少。

网络密度（density），在社会网络中常用来测量社交关系的密集程度以及演化趋势。一个具有 N 个节点和 L 条实际连边的网络，其网络密度计算公式为式 2.8：

$$D(G) = 2L/N(N-1) \qquad (2.8)$$

其中 N 表示 N 个节点，L 表示 L 条实际连边。

k-核分析主要用于描述社会网络子群特征。若一个子图中所有节点都至少与该子图中 k 个其他点邻接，则称子图为 k-核。如式 2.9 所示。

$$SP = \{I \mid C_{ADi} \geq k\} \qquad (2.9)$$

其中，I 表示节点集合，即 k-核；C_{ADi} 表示与第 i 个节点邻近的其他点的个数。

可视化方法最初用于计算机科学。可视化可以将科学数据（包括测量值、图像或计算中涉及的数字信息）放入图形图像信息的研究（Zheng et al., 2012; Acher et al., 2006）。

本书社会网络分析和可视化研究方法都用于分析3D打印产业全球创新网络特征，书中社会网络分析方法和可视化方法分析所用软件为Ucinet及Netdraw软件。

三　案例分析法和问卷调查法

案例分析法是研究者通过选择有代表性的研究对象，系统地收集数据和资料，对研究对象系统深入研究的方法。本书通过案例分析对全球创新网络核心网络主体3D SYSTEMS公司和EOS公司的网络地位进行研究，从企业网络技术能力变化、企业网络技术合作机构的技术水平、企业研发机构地理分布和企业合作网络地位变化等多个方面分析企业在3D打印产业全球创新网络中位置演变过程。同时，在分析3D打印产业全球创新网络形成与演进影响因素部分，也涉及多个国际3D打印顶尖公司的案例，如ExOne，Voxeljet Technology，等等。

问卷调查法是目前国内外社会调查中较为广泛使用的一种方法，通过设计为统计和调查所用的表述问题的量表对所研究的问题进行度量，通过调查收集到可靠资料的研究方法。通过向国内外3D打印企业和对3D打印产业全球创新网络有相关研究的专家发放调查问卷来收集数据进行3D打印产业全球创新网络形成与演进影响因素研究；向国内3D打印企业发放调查问卷来收集数据进行全球创新网络对中国3D打印企业绩效影响研究。

四　结构方程模型分析

结构方程模型可以处理多个原因、多个结果的关系，是多元数据分析的重要工具。本书采用结构方程模型实证研究3D打印产业全球创新网络形成与演进的影响因素及其作用机理。

结构方程模型主要包括内生变量、外生变量、潜变量和测量变量四种类型。内生变量是在模型中受其他变量影响的变量,可为潜变量或测量变量。外生变量,是指模型中,影响其他变量的变量。潜变量是指不能直接观测的变量。测量变量是指可以直接测量得到的变量（侯杰泰等,2004）。

结构方程模型具有很多优点:一是测量范围扩大,可以将不可直接测量的变量用潜变量纳入模型中。二是可同时处理多个变量的关系并进行路径分析。三是测量误差的限制逐步放宽,对测量结果的准确性更有保障。四是模型调整的范围扩大,研究者可以不断调整模型,优化模型,使其达到最优。五是模型拟合,结构方程模型可以对同一个样本数据用不同的模型来进行拟合,得到一个较优的且符合事实数据的模型。

本书研究3D打印产业全球创新网络形成与演进的影响因素,由上文分析可知,有多种影响因素均会推动3D打印产业全球创新网络形成与演进,同时不同影响因素之间存在一定的相互联系。用传统的回归模型无法对3D打印产业全球创新网络形成与演进的影响因素进行很好拟合,且无法探究各影响因素间的作用机理。通过采用结构方程模型可以对不同因素影响3D打印产业全球创新网络形成与演进的作用机理进行很好的拟合,同时可以揭示不同影响因素间的相互联系和相互作用。因此,本书采用结构方程模型对3D打印产业全球创新网络影响因素进行研究。

五 经济计量分析

经济计量法是将相互联系的各种经济变量表现为一组联立方程式,根据历史数据对未来数值进行预测的研究方法。本书采用SPSS回归分析了3D打印产业全球创新网络对我国企业绩效的影响;采用面板数据回归模型对3D打印产业全球创新网络对各经济体产业绩效的影响进行分析;运用基于数据包络分析（DEA）的Malmquist指数模型，完成各经济体3D打印产业研发效率的测度工作。

（一）基于数据包络分析（DEA）的Malmquist指数模型

数据包络分析（DEA，Data Envelopment Analysis）方法是广泛用于经济学领域的测度效率研究方法。DEA可以评估多产出生产活动的效率，并且不需要为技术加一个明确的函数形式，也不需要明确的研究假设（魏权龄，2006）。

1. 数据包络分析法

数据包络分析法（DEA）最根本的目的是用来判断需要决策的单元是否有效，通常采用的方法是数学规划模型，决策单元通常都包含多个项目的投入，并且对应多种内容的产出。若是处在生产前沿上，则判断为有效，也被称为DEA有效。DEA研究方法最核心的理论基础是经济学，故而其最主要的应用是用来判断经济学中的效率问题，例如产业研发效率、企业经营业绩等。在自变量选取上可以包括不在同一量纲上的不同投入变量和产出变量，因而该方法应用的范围非常广泛，由于这个原因，有众多学者青睐DEA领域的研究。

DEA模型根据发明时间的先后可以分为两种主要模型，一种是固定规模报酬模型（CRS）；另一种是可变规模报酬模型（VRS）。固定规模报酬模型的应用范围有所限定，主要是应用于最优规模上。由于限定条件较为苛刻，故而其应用范围较为有限。由于这个限制因素，六年后，三位学者提出了可变规模报酬模型。此后，DEA模型得到了广泛的应用。

固定规模报酬模型的原理（CCR）：本书首先给出固定规模报酬模型的原理，假设该模型有n个决策单元（DMU），而不同的决策单元包括了不同的投入和产出，假设有m个输入和s个输出，根据以上假设，CCR模型具体表达式如式2.10：

$\text{Min}\theta_k$

s. t. $\sum_{j=1}^{n}\lambda_j X_{ij} \leq \theta_k X_{ik}$, $i = 1, 2, \cdots, m$

$$\sum_{j=1}^{n}\lambda_j Y_{rj} \geqslant Y_{rk}, \ r=1, 2, \cdots, s \tag{2.10}$$

$$\lambda_j \geqslant 0, \ j=1, 2, \cdots, n$$

其中，X_{ij}用于代表第i种投入于第j个决策单元上，Y_{ij}用于代表第r种产出在第j决策单元上；θ表示技术效率（TE），同时θ介于0到1之间；模型得出的θ是第k个被考察单元的技术效率。判断的原则是通过 TE 值结果来显示，如果该值越靠近1，则代表该决策单元所产生的效率越高。CCR 模型下，倘若决策单元无效，其原因可能是由于配置效率无效也可能是由于规模效率无效；因此倘若决策单元有效，则表明决策单元在规模生产方面和技术配置方面皆有效。

变化规模报酬模型的原理（BBC）：鉴于 CCR 模型的缺陷，Banker 等人修正了 CCR 模型，以规模报酬可变为前提条件，主要的方法是通过分解技术效率为两种效率，一种是规模效率；另一种是纯技术效率。通过此种分解方式，规模效率用来表示总效率提高的原因一方面是由于决策单元规模的增大而产生的；另一方面是在纯技术效率用来代表规模报酬可变的情况下，在固定产出条件下的决策单元投入与产出之比。计算公式如式2.11：

$$\text{TE（技术效率）} = \text{SE（规模效率）} \times \text{PTE（纯技术效率）} \tag{2.11}$$

BBC 模型的表达原理是在 CCR 模型的基础上，通过加入约束条件 $\sum_{j=1}^{n}\lambda_j = 1$，表达式如式2.12：

$$\text{Min}\theta_k$$

$$\text{s.t.} \ \sum_{j=1}^{n}\lambda_j X_{ij} \leqslant \theta_k X_{ik}, \ i=1, 2, \cdots, m$$

$$\sum_{j=1}^{n}\lambda_j Y_{rj} \geqslant Y_{rk}, \ r=1, 2, \cdots, s \tag{2.12}$$

$$\sum_{j=1}^{n}\lambda_j = 1$$

$$\lambda_j \geqslant 0, \ j=1, 2, \cdots, n$$

在式2.12中，X_{ij}代表的是第i种投入放在第j个决策单元上，Y_{rj}代表第r种产出在第j决策单元上；θ为纯技术效率（PTE），同时θ介于 0 到 1 之间；模型得出的 θ 是第 k 个被考察单元的效率指标。PTE 的计算数值离 1 越远，则代表了纯技术效率越低，反之亦然。

2. 基于 DEA 的 Malmquist 指数模型

以上两种研究模型在发明初期得到了广泛的应用，但随着科技快速发展，技术水平的提高并没有在效率值中得到体现，因此以上研究模型无法测度跨期生产效率，这成为该模型的较大缺陷。与此同时，Malmquist 指数恰巧弥补了 CCR 模型和 BBC 模型的不足，它适用于面板模型，广泛用于测度生产效率。1994 年 Fare 构建的模型在现阶段被广大学者应用，该模型被称为基于 DEA 的 Malmquist 指数模型（魏权龄，2006）。

Malmquist 指数模型的优势在于：首先，模型对于收入和产出数据的标准没有具体限制。不同类型的投入和产出数据均可应用在该模型中。其次，该模型可测度面板数据的样本效率，并且测量出的结果还可继续细分，包括技术进步指数（TECHCH）和技术效率指数（EFFCH）。以上指数对于分析是由于技术进步还是技术效率提高所带来的效率提高是非常有帮助的。

跨时期的生产率提高的 Malmquist 指数模型的表达式如式 2.13：

$$M_0(X^{t+1}, Y^{t+1}, X^t, Y^t) = \left\{ \left[\frac{d_0^t(x^{t+1}, y^{t+1})}{d_0^t(x^t, y^t)} \right] \left[\frac{d_0^{t+1}(x^{t+1}, y^{t+1})}{d_0^{t+1}(x^t, y^t)} \right] \right\}^{\frac{1}{2}}$$

(2.13)

在式 2.13 中，(x^{t+1}, Y^{t+1}) 和 (x^t, y^t) 分别表示 $t+1$ 期和 t 期的投入和产出向量，$d_0^t(x^{t+1}, y^{t+1})$ 用于表示第 $t+1$ 期研发效率水平，而该效率水平是基于第 t 期的技术水平；$d_0^{t+1}(x^{t+1}, y^{t+1})$ 用于表示当期研发效率水平，而该效率水平则是基于第 $t+1$ 期的技术水平，$d_0^t(x^t, y^t)$ 用于表示当期研发效率水平，而该效率水平则是基于第 t 期的技术水平，$d_0^{t+1}(x^t, y^t)$ 用于表示第 t 期的研发效率水平，而该效率水平则是基于第 $t+1$ 期的技术水平。

Caves 等（1982）结合式（2.14）和式（2.15）测度原理构建

了用于表达不同时期生产率变化的 Malmquist 指数。若指数值大于 1，则 t 时期到 $t+1$ 时期全要素生产率逐渐增加，反之若小于 1，则证明效率低于前期。

$$EFFCH = \frac{d_0^{t+1}(x^{t+1}, y^{t+1})}{d_0^t(x^t, y^t)} \qquad (2.14)$$

$$TECH = \left\{\left[\frac{d_0^t(x^{t+1}, y^{t+1})}{d_0^{t+1}(x^{t+1}, y^{t+1})}\right]\left[\frac{d_0^t(x^t, y^t)}{d_0^{t+1}(x^t, y^t)}\right]\right\}^{\frac{1}{2}} \qquad (2.15)$$

式 2.14 是效率指数计算方法，式 2.15 是技术变化指数计算方法。Malmquist 指数是由以上两指数乘积所得。

（二）面板数据模型

面板数据是两种类型数据的结合，一种是截面数据；另一种为时间序列数据。平行数据中既包含时间信息又包括截面双向信息，从而使分析更加深入。正是由于实际分析需要，面板数据模型成为近 20 年来应用较为广泛的模型之一。2005 年，肖政（Cheng Hsiao）在其书中具体阐述了面板数据模型，此后，该模型得到了广泛的应用。

面板数据可分为平衡面板与非平衡面板两种类型，平衡面板是指每个截面单元上具有相同个数的观测值的面板数据，反之观测值数目不同则为非平衡面板。在实际研究中，可以根据研究对象的不同选取面板数据的类型进行分析。

平衡面板数据模型一般表述如下：

Y_{it} = 截面单元 i 在时间 t 的因变量的值：$i = 1, \cdots, n$；$t = 1, \cdots, T$

X_{it} = 单元 i 在时间 t 的第 j 个解释变量的值：共有 K 个解释变量，用 $j = 1, \cdots, K$ 表示。

平衡面板在每一个截面单元上的观测值数目相同，观测值总数目为 $n \times T$。当 T 固定，并且 n 相对于 T 很大时，便可得到一个平衡面板数据集合。令

$$y_i = \begin{bmatrix} y_{i1} \\ y_{i2} \\ \vdots \\ y_{iT} \end{bmatrix}, \quad X_i = \begin{bmatrix} X_{i1}^1 & X_{i1}^2 & \cdots & X_{i1}^K \\ X_{i2}^1 & X_{i2}^2 & \cdots & X_{i2}^K \\ \vdots & \vdots & \ddots & \vdots \\ X_{iT}^1 & X_{iT}^2 & \cdots & X_{iT}^K \end{bmatrix}, \quad \varepsilon_i = \begin{bmatrix} \varepsilon_{i1} \\ \varepsilon_{i2} \\ \vdots \\ \varepsilon_{iT} \end{bmatrix} \quad (2.16)$$

其中，ε_i 是第 i 个单元在时刻 t 的干扰项。通常这些数据被堆叠成面的形式：

$$y = \begin{bmatrix} y_1 \\ y_2 \\ \vdots \\ y_T \end{bmatrix}, \quad X_i = \begin{bmatrix} X_1 \\ X_2 \\ \vdots \\ X_n \end{bmatrix}, \quad \varepsilon = \begin{bmatrix} \varepsilon_1 \\ \varepsilon_2 \\ \vdots \\ \varepsilon_n \end{bmatrix} \quad (2.17)$$

式 2.17 中 y 为 $nT \times 1$ 维，X 为 $nT \times K$ 维，ε 为 $nT \times 1$ 维，标准线性模型可以表示为式 2.18：

$$y_{it} = X_{it}\beta + \varepsilon_{it}, \quad \beta = \begin{bmatrix} \beta_1 \\ \beta_2 \\ \vdots \\ \beta_k \end{bmatrix} \quad (2.18)$$

在式 2.18 中，会出现单元个数很大，时期个数又很少的典型情况，进一步假设干扰项有如下误差结构：

$$\varepsilon_{it} = \alpha_i + \eta_{it} \quad (2.19)$$

式 2.19 中有两部分未知：其中一部分数据是在一定既定时间点上，截面数据的变化情况；另一部分随时间与个体而独立地变化。为了表明相比来源于两个不同个体的观测值，来源于同一个体的两个观测值更具有相似性。

六 其他研究方法

本书使用的研究方法还包括专家咨询等方法，采用专家咨询法对 3D 打印技术领域进行类别划分。同时，本书还使用文献梳理和综合分析，选择相关的理论基础和分析模型，书中的数据检索策略及处理、相关理论的改进及分析模型的改进均参考了大量的国内外最新研究成果。

第三节　3D打印产业全球创新网络的分析框架

一　3D打印产业全球创新网络内涵和要素构成

1. 3D打印产业全球创新网络内涵和外延界定

基于相关学者的研究（Ernst，2016；Bai et al.，2016），本书将3D打印产业全球创新网络内涵界定为：3D打印全球创新网络是由全球范围内的3D打印企业和相关组织组成（如高校科研院所、金融机构、中介机构和非政府组织等），以知识共享为基础，以现代信息技术为支撑，目的是通过共享战略资源产生新知识的松散耦合的动态开放网络创新模式。

本书依托国家自然科学基金重点国际合作研究项目"新兴产业全球创新网络形成机制、演进特征及对创新绩效的影响"开展研究，在课题研究过程中刘云教授对全球创新网络的概念进行界定，本书依据其定义，并结合3D打印产业特征，将3D打印产业全球创新网络的外延界定为：3D打印产业全球创新网络是围绕3D打印产业创新发展形成的全球范围的3D打印创新主体、3D打印创新要素、3D打印创新制度之间建立的各类正式和非正式的跨国关联关系的总体结构。

2. 3D打印产业全球创新网络要素构成

上文对全球创新网络的内涵进行界定，下文将对3D打印产业全球创新网络的构成要素及其相互联系进行归纳总结，通过明确3D打印产业全球创新网络的要素构成，才能更深刻地了解全球创新网络的内涵。

如图2-1所示，3D打印产业全球创新网络构成要素主要包括国内外3D打印企业、国内外科研院所、国际中介机构、国际金融机构和国际非政府组织等。3D打印产业全球创新网络第一层次中3D打印核心企业保持着高度开放的状态，并将网络中的其他成员（如科研院所等）作为创新资源不断进行知识共享；中介机构、金融机构和非政府组织在全球创新网络中的第二层次担任着创新环境的角色；由于这种创新模式是在全球范围内进行的，3D打印产业全球创新网络中第三层次各国的创新环境（包括经济环境、政治环境、法律环境、科技环境和社会文化环境）均存在一定的差异性，所以创新的过程更为复杂。

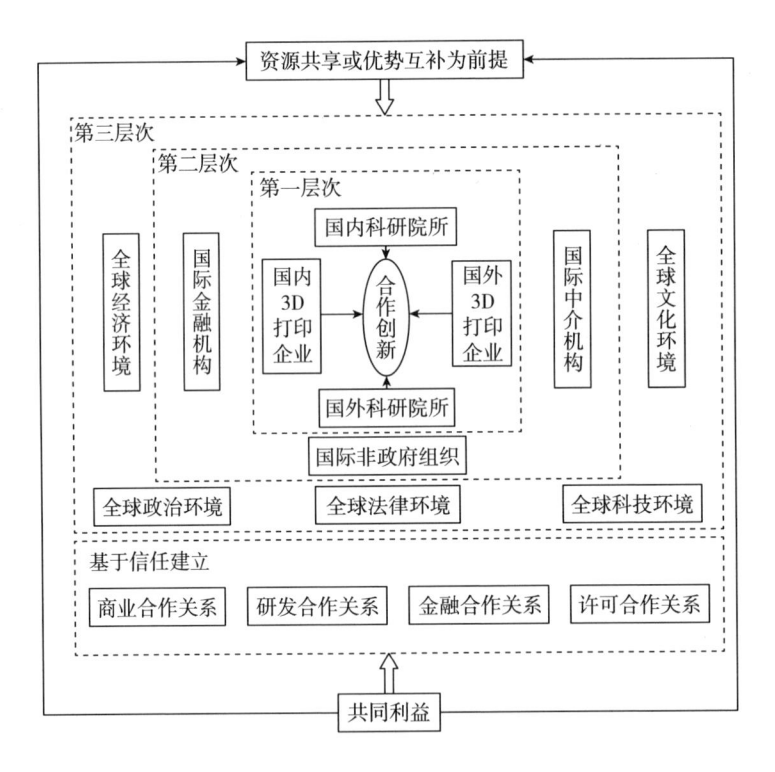

图2-1　3D打印产业全球创新网络要素构成概念模型

在3D打印产业全球创新网络中，不同3D打印创新主体之间的相互联系、相互作用，以合作伙伴的共同利益为基础，以资源共享或优势互补为前提，有明确的合作目标与合作规则，建立起基于信任的商业合作关系、研发合作关系、金融合作关系、许可合作关系等不同类型的合作关系。

二 3D打印产业全球创新网络特征分析

本书依托国家自然科学基金重点国际合作研究项目"新兴产业全球创新网络形成机制、演进特征及对创新绩效的影响"开展研究，在课题研究过程中，刘云教授提出全球创新网络具有五个特点，本书沿袭这五个特点，结合3D打印产业自身特征，对3D打印产业全球创新网络的多种复杂特征进行分析，主要包括以下五个方面：开放性、动态性、耦合性、价值性、协同性。

1. 开放性

3D打印技术是涉及众多学科领域的复杂技术，因此在3D打印研发过程中存在较大的国际化合作需求，形成3D打印产业全球创新网络是3D打印产业发展的必然过程。3D打印产业全球创新网络对于世界范围的优势资源进行重新整合，因此其具有突破地理集群的开放性特征。3D打印产业全球创新网络边界模糊，网络主体高度开放，保证资源的自由进出，网络主体在全球范围内搜索可利用的资源，寻找全球范围内的合作方，并可自主决定与其他网络主体之间联系的建立与中断、增强与减弱，即创新主体采取全新的创新模式将丰富的知识资源利用不同的途径和方式实现跨区域资源整合。可见3D打印产业全球创新网络的开放性使网络主体从网络内外部获取促进技术开发和产品创新的动力和能力，从而实现提升企业竞争力和网络主体的协同发展。

2. 动态性

3D打印产业全球创新网络动态性是指3D打印产业全球创新网络主体会受到外部环境变化（环境主要包括融资平台、产权市场和人才市场等环境）、合作创新主体选择的变更等的影响，引发合作创新主体间网络关系链接方式的相应改变，网络结构发生变化，从而使网络关系体现出一定的动态性。当市场环境变化时，3D打印产业全球创新网络主体会随时发生变化而不是一成不变的网络构成。同时，由于3D打印产业全球创新网络不仅包括企业间的商业合作网络还包括一系列的非正式关系的社会网络，这也使3D打印产业全球创新网络主体存在较大的动态性。因此，3D打印产业全球创新网络是网络主体在合作运行过程中形成的一种相对稳定的关系，相对稳定的关系意味着3D打印产业全球创新网络成员在合作创新过程中会随时发生变化，同时网络共享资源也会发生变化。

3. 耦合性

3D打印产业全球创新网络的网络主体间存在一定的相互联系，而3D打印产业全球创新网络作为一个松散耦合的系统，既强调了网络内部主体间的关联，又注重各主体的自主性，因此，网络构成主体间既存在一定的耦合性又存在一定的独立性。同时，在3D打印产业全球创新网络运行过程中，网络主体在网络中占据位置重要程度与网络主体产业绩效间存在一定的耦合性，另外，网络内外环境与网络整体结构特征、网络关系特征也存在一定的耦合性。3D打印产业全球创新网络主体在运行过程中既包括主体间知识转移活动，又包括利益分配活动等。通过发生知识转移，接受知识的网络主体与知识转移的网络主体在技术知识增长方面具有一定的耦合；同理，网络运行到一定阶段，会产生利益分配，而网络主体在网络中占据位置的重要程度与利益分配的大小也具有一定的耦合性。此外，随着3D打印产业全球创新网络外部环境的变化，网络主体的联系强度及关联方式会发生相应的变化，因此，3D打印产业全球创新网络外部环境变化与网络主体所形成的网络结构、网络关系也具有一定的耦合性。

4. 价值性

3D打印产业全球创新网络运行强调价值性，网络主体通过利用全球资源实施创新战略，在与外部环境发生联系和互动的过程中，目的是提升网络主体的获利能力。3D打印产业全球创新网络主体在各自发展过程中，往往会遇到创新能力不足、研发资金匮乏和研发人员流动的困境，使企业盈利水平受到了限制，通过融入3D打印产业全球创新网络，网络主体可以共享网络中宝贵的信息和资源，这样会有效地减少研发成本和无形资产的获取成本，在此过程中便极大地提高了网络主体的价值，网络主体的获利能力也会得到有效的提高。此外，网络主体并不能完全依靠汲取3D打印产业全球创新网络的知识财富，在主体运行中要不断地自我优化，提高自身在创新网络中的价值性，这样才能保证3D打印产业全球创新网络的持续有效运行。无论创新网络主体通过自身价值的提高还是通过在网络中获取资源而取得盈利能力的提高，都体现了3D打印产业全球创新网络运行的价值性。上文在对全球创新网络分类中提到了全球产业链和价值链网络，3D打印产业全球创新网络的价值链覆盖了3D打印材料制备、3D打印软件开发、3D打印系统制造和系统及服务销售等方方面面的不同环节，通过网络主体的有效合作极大地提高各自的获利能力。

5. 协同性

3D打印产业全球创新网络形成的基础是自愿组织，网络主体共同享有网络中宝贵资源，目的是增强网络主体在行业领域中的竞争力。通过形成网络，有助于组织中知识的转移和扩散，有助于信息资源的共享，因此形成创新网络后网络主体的创新活动才能有效展开。正是由于知识发生了转移与扩散，信息资源也在不同网络主体间共享后，不同网络主体都在技术水平、研发能力上得到了提高，从而网络主体在行业中的竞争力都得到了增强。可见，3D打印产业全球创新网络具有一定的协同性。3D打印产业全球创新网络构成要素之间的协调、协作形成拉动效应，促进不同构成要素获利，共同前进，对不同构成要素而言，协同的结果使各网络主体获益，整体加强，共同发展。3D打印产业全球创新网络间各要素顺畅的交流可以提高核心企业外部主体参与网络活动的积极性，从而为3D打印产业全球创新网络不同构成要素合作提供良好的基础。3D打印产业全球创新网络的协同运作，提高了全球创新主体知识创造的机会和能力，使全球合作创新网络更具开放性和价值性。

三 3D打印产业全球创新网络形成动因

1. 各国3D打印产业国际化发展政策和制度环境的引导作用

在当前国际背景下，世界各国通过制定不同的国际化发展政策提升产业创新竞争力。对于3D打印产业，各国也制定相应的3D打印产业国际化发展相关政策。以我国为例，2015年提出的《国家增材制造产业发展推进计划（2015—2016年）》中明确提出扩大国际交流合作，支持和鼓励高等院校、科研机构和企业加强国际交流与合作，举办国际交流会议和活动；2017年提出的《增材制造产业发展行动计划（2017—2020）》中明确提出深化国际交流合作，要坚持多层次地开展技术、标准、知识产权、检测认证等方面的国际交流与合作，不断拓展合作领域。这些国际化发展政策和制度环境有效地引导国际创新主体进行研发合作，使各创新主体密切交流、相互联系和相互适应，促成了长期的合作关系，也建立了信任基础。随着3D打印技术的发展，各国的创新主体的密切合作促进了网络关系的逐步稳定，从而实现了以创新为导向的网络关系循环，并推进了3D打印产业全球创新网络最终形成。

2. 3D打印企业应对研发风险、获取互补资源和实现互利共赢战略目标的推动作用

3D打印技术复杂程度较高，研发过程需要投入的人员经费较多，产出成果的不确定性和风险性较高。若某一企业独立研发，失败的风险系数往往较高，甚至超出所能承受的程度。因此，通过全球范围内的3D打印创新主体共同攻关多方合作，共同投入资金、技术、高端创新人才等资源，可分摊研发费用、共担科研风险、共享创新资源、分享信息和研发成果。3D打印产业全球创新网络正是这样一种开放的创新模式，3D打印主体在全球创新网络中协同创新、优势互补、共担风险，提高产业绩效，实现网络主体互利共赢。因

此，3D 打印企业应对研发风险、获取互补资源和实现互利共赢战略目标促进了 3D 打印产业全球创新网络的形成。在 3D 打印技术创新的过程中，创新主体共同投入、共同参与、共担风险，实现知识资源、关系资源与信息资源等的交流和反馈，则进一步推动 3D 打印产业全球创新网络不断向稳定、有效率方向发展。

3. 3D 打印创新资源的国际化流动的支持作用

3D 打印创新资源（如知识、人才、资本等）在推动 3D 打印技术研究、提升 3D 打印企业创新能力方面发挥着不可或缺的基础支撑作用。3D 打印产业发展对创新资源存在极大的需求，而全球 3D 打印创新资源的分布呈现不均衡的特征，不同经济体、不同 3D 打印企业的技术发展阶段也存在较大差异，创新资源的不均衡状态难以满足产业发展的需要。创新资源分布不均和 3D 打印产业发展需求不相适应，正是由于这种不相适应成为创新资源在不同经济体和企业间流动的原因，也促进了 3D 打印产业全球创新网络的形成。具体来看，创新资源在不同经济体和企业间流动推动了研发合作的发生，促使各科技主体密切交流、相互联系和相互适应，对 3D 打印产业全球创新网络的形成和运行起到支持作用。同时，3D 打印产业全球创新网络的形成能有效弥补不同网络主体创新资源的差距，最大限度地发挥创新资源的价值，是实现全球范围内 3D 打印创新资源优化配置和区域协调发展的必然选择。

4. 全球经济科技一体化趋势的促进作用

当前，新一轮科技革命和产业变革正在孕育兴起，3D 打印等新兴产业对解决经济社会（如医疗）发展重大问题的支撑作用日益显著。随着全球经济科技一体化的不断加强，在更广空间范围内进行创新资源的优化配置，进而提高创新效率成为趋势。3D 打印企业在全球范围内的研发合作已成为抢占技术制高点、提高企业竞争力的重要战略。创新资源的国际化流动（知识、人才、资本等）特征逐步凸显，经济、科技全球化进一步加强了国家间、区域间的创新企业合作需求。国际顶尖 3D 打印企业纷纷将最具优势的生产要素、最先进的科技成果与全球范围内的优势资源重新组合和配置，提高创新效率，以追求最佳经济效益。创新资源的国际化流动的加速、全球范围内国际合作程度的加强促进了创新合作关系的稳定，最终推动了3D打印产业全球创新网络的形成。

5. 多边国际规则的促进作用

近年来，随着与创新相关的国际规则不断调整（国际知识产权环境以及与贸易相关的知识产权制度）和国际金融体系不断变化，多边经济和科技协议、多边的技术出口管制等，正在深刻改变着新兴产业发展的国际环境，并影响和制约着国家创新发展战略和国际化发展战略的制定，以及各国企业、大学和科研机构的国际化创新行为及产业绩效。3D打印产业作为新兴产业，国际化发展进程也受到了一定的制约。全球创新网络为适应多边国际规则应运而生，各网络主体打破原有的国家、区域、企业之间的分割，将各主体的创新资源结合起来，获得比各自更多的3D打印创新资源，同时通过制定统一的国际制度和规则，3D打印企业间所进行的国际技术合作或技术转移会更加顺畅，在知识产权保护的前提下，使落后的3D打印企业分享先进的研究经验和成果，缩短与先进企业的差距。因此，多边国际规则促进了3D打印产业全球创新网络的形成。

四　3D打印产业全球创新网络影响因素

复杂系统理论认为集群与其所处环境有密切关系。在全球范围内，当外部条件和内部效应达到临界点时，作为集群系统自组织涌现结果的全球创新网络就会形成。因此，应用复杂系统理论来分析全球创新网络要强调外部环境对全球创新网络形成和演进的影响。

资源观理论关注的是企业间补充性资源的交换。从资源观理论的视角看，知识、人才和资本的有限性和互补性成为推动创新网络形成的重要内推力之一，是创新网络形成必须具备的一个关键性条件。通过组织间不断进行资源交换，资源在不同组织间流动，组织网络随之形成，通过资源大规模有效的流动，组织网络随之发展。

可见，资源流动对于组织网络形成和演进有重要影响。组织所需要的资源包括人员、资金以及技术和物资投入等。

从基于复杂系统理论的自组织观点来看，创新网络形成过程中，并不需要外界的指令性干涉，演化的发生完全是企业个体基于自身需求而自发进行的。这些需求是多种多样的。例如，当技术创新日益复杂时，降低研发风险成为组织合作的主要动力，更大的组织网络也随之形成。实际上，除了上述原因之外，还有其他因素会导致创新网络自组织过程发生。所有这些会引发创新网络自组织过程的因素与创新主体为组织长久发展而产生的需求相关。可见，主体需求是创新网络形成和演进的根本动力，由于企业是全球创新网络的核心网络主体，因此对于主体需求方面的影响因素主要以企业的需求为主进行归纳，同时也包括高校科研院所和金融机构的需求。主要需求包括降低研发风险、获取互补资源和提升竞争力，等等。

影响3D打印产业全球创新网络的因素有很多，本书将现有文献中提及最多的影响因素，从主体需求、资源流动和外部环境三个方面进行归纳，具体影响因素如表2-1所示。

五　3D打印产业全球创新网络分析框架构建

前文对3D打印产业全球创新网络的概念、构成、特征、形成动因和影响因素进行了理论研究，本节基于上文分析的3D打印产业全球创新网络理论，按照解决3D打印产业全球创新网络是什么、表现出哪些特征、受哪些因素影响，又对经济发展有哪些影响的逻辑顺序，构建创新网络特征—网络影响因素—网络对绩效影响（Characteristic - Influencing Factor - Performance，CIP）分析框架（如图2-2所示）。采用专利计量和社会网络分析法对3D打印产业全球创新网络特征进行分析，运用结构方程模型对3D打印产业全球创新网络影响因素进行分析，利用面板数据回归模型和基于DEA的Malmquist指数模型对3D打印产业全球创新网络对产业绩效和企业绩效的影响进行分析。

表2-1　　　　　　　3D打印产业全球创新网络影响因素

层次	影响因素	因素描述	依据
主体需求	降低研发风险	指在3D打印产品研发过程中由于技术因素导致的风险	Camagni（2017）；Cooke（2017）；吴冰等（2016）；刘凤朝等（2015）；Debresson et al.（1991）
	获取互补资源	指获取对3D打印企业最为有利的创新资源和较低要素成本的创新资源，同时通过获取网络大量互补资源所产生的协同效应而保持竞争优势	
	提升竞争力	指3D打印企业根据市场环境和自身资源条件，通过努力在市场竞争中获得比较优势，创造顾客价值	
	引进创新资源	指3D打印企业可以通过创新合作，引进创新资源弥补自身创新资源的不足，获取竞争优势	
	强化组织学习能力	指3D打印企业利用全球创新网络中的创新资源不断强化自身组织学习能力，进而有效应对复杂动态环境的挑战	
	提高研发效率	指3D打印企业之间的知识的互补性和相互的交流可以提高研发的平均速度，进而提高研发效率	
	共享信息和研究成果	指3D打印企业之间不仅能完成共同的项目，还能共享合作过程中产生的新知识和新成果，为未来的相关研发活动打下基础	
	寻求协同发展	指协调两个或者两个以上的3D打印企业，相互协作完成某一目标，达到共同发展的双赢效果	
资源流动	知识流动	指3D打印知识在全球范围内的企业、大学、科研院所等全球创新网络主体之间扩散、转移、共享以及由此引起的个体知识增长的过程	Zedtwitz等（2002）；Singh（2008）；Awate et al.（2015）；阎帅（2013）；贾卫峰等（2017）
	人才流动	指从事3D打印科学研究、技术研发、产业创新活动，并能取得一定研发与创新成果的创新人才在3D打印产业全球创新网络内国际流动的行为	
	资本流动	指大笔资金在3D打印产业全球创新网络内国际流动以寻求较高的回报率和较好的投资机会	
	信息流动	指除3D打印技术知识外的企业供应链、营销等相关信息流动	

续表

层次	影响因素	因素描述	依据
外部环境	经济全球化	指世界上大多数国家在现有生产力发展水平和国际分工的基础上，建立多国的经济联盟	Kwon 等（2012）；IRImes 等（2015）；Ventura 等（2016）；Schøtt 等（2016）；黄新亮（2006）
	稳定的政治环境	指国内政局安定和良好的国际和平环境	
	全球科技治理	指全球科技治理是在国际层面上干预，反映了全球化时代国家科技创新面临的新特点和新环境	
	世界文化环境	指世界范围内对不同科学技术间交叉、融合和渗透的创新文化环境	
	国际法律环境	指从事国际研发或营销活动的企业，需要遵守国内外法规、惯例和准则	

1. 3D 打印产业全球创新网络特征研究

基于价值链视角，对于高技术产业发展现状的分析应包括经济分析和技术分析两个部分，故本部分首先分别基于经济数据和专利数据对 3D 打印产业全球发展现状进行分析。然后根据笔者前期调研结果，对在 3D 打印产业中应用实践较好的两种 3D 打印产业全球创新网络，即 3D 打印全球研发合作网络和 3D 打印全球产业链和价值链网络进行特征分析。前者从整体网络特征、各网络主体网络地位分析、核心网络主体网络地位分析三个方面进行研究，后者通过对网络发展模式分类后对不同模式中主要企业网络地位进行研究。

2. 3D 打印产业全球创新网络影响因素研究

基于复杂系统、资源观和自组织理论，上文中论述 3D 打印产业全球创新网络的影响因素包括降低研发风险、获取互补资源、提升竞争力等。本部分基于上文论述的影响因素，结合前期调研结果，立足 3D 打印产业全球创新网络特性，首先对 3D 打印产业全球创新网络的重要影响因素进行识别并构建 3D 打印产业全球创新网络影响因素理论模型，然后设计和实施调查问卷，通过实证结果验证研究假设，最后分析 3D 打印产业全球创新网络影响因素的作用机理。

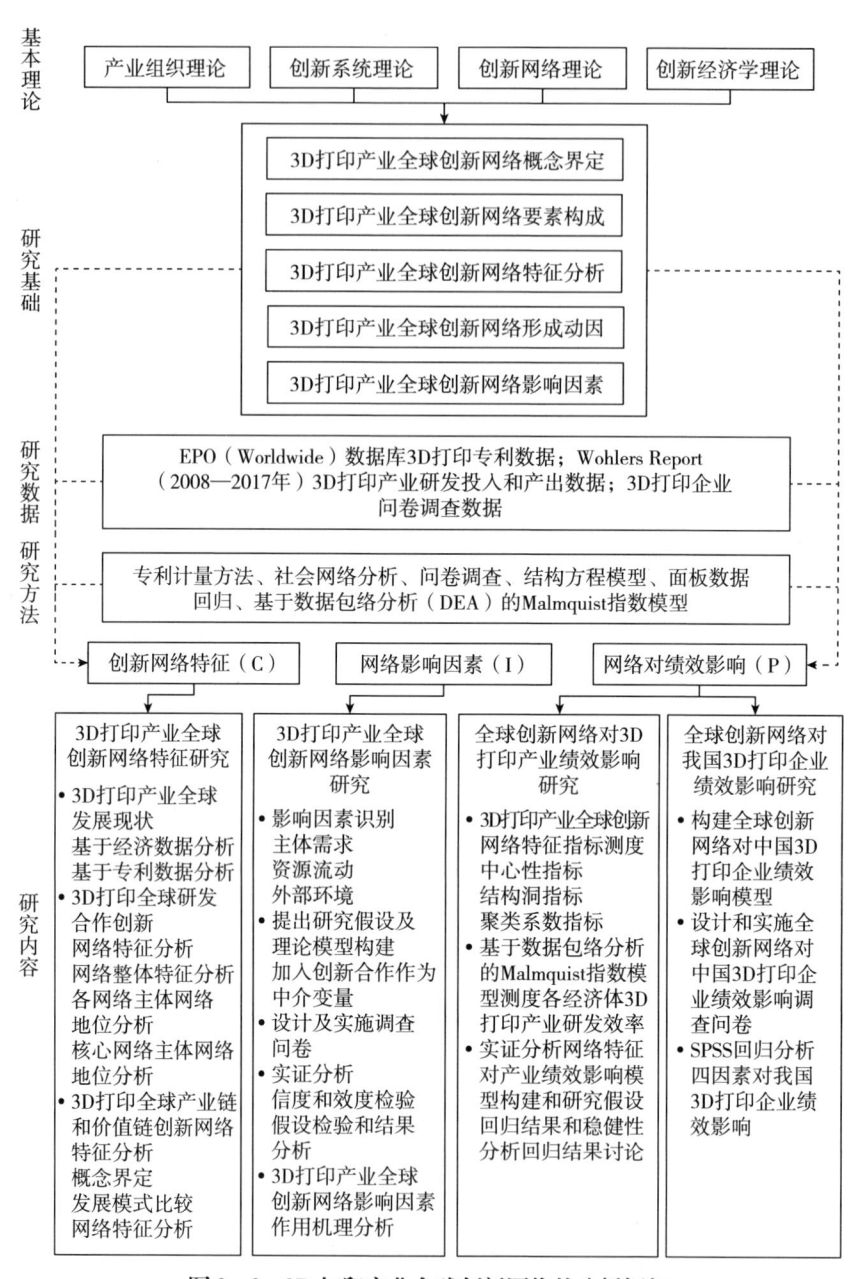

图 2-2 3D打印产业全球创新网络的分析框架

3. 3D打印产业全球创新网络对产业绩效和企业绩效研究

产业绩效方面,将产业主营业务收入和产业研发效率作为3D打印产业绩效的衡量指标，以34个经济体作为研究对象，首先运用社会网络分析对不同经济体网络特征进行测度，然后采用基于DEA的Malmquist指数模型对各经济体产业研发效率进行测度，最后利用面板数据模型实证分析网络特征对产业绩效的影响。

企业绩效方面，首先构建全球创新网络对我国3D打印企业绩效影响理论模型，然后设计和实施全球创新网络对我国3D打印企业绩效影响调查问卷，最后实证分析网络结构特征、关系特征、融网意愿和融网能力四因素对我国3D打印企业绩效的影响。

综上所述，本书重点研究与探讨三个方面的内容，第一个方面（C）对3D打印产业全球创新网络特征进行分析，明确现阶段不同类型的3D打印产业全球创新网络有哪些结构特征和关系特征；第二个方面（I）揭示3D打印产业全球创新网络形成和演化，呈现出上述网络特征的影响因素有哪些，影响机制又是什么，即通过第二个方面的研究揭示具有上述外在表现（网络特征）的3D打印产业全球创新网络形成和演化的内在机理是什么；第三个方面（P）探究3D打印产业全球创新网络对经济发展（产业绩效）是否有重要影响，这也是众多具有国际竞争意识的企业家和学者最为关注的问题，因而本书从对不同经济体的3D打印产业绩效影响和对我国3D打印企业绩效的影响两个维度进行探究。通过三个方面的研究成果，本书提出推进我国3D打印企业融入全球创新网络的更有针对性、更加有效的对策建议。

第四节　本章小结

本章首先对支撑论文的相关理论基础进行综述，主要包括产业组织理论，创新经济学理论，创新生态系统理论以及创新网络理论。然后对3D打印产业全球创新网络的相关研究方法进行论述。研究方法包括专利计量方法、社会网络分析和可视化方法、案例分析和问卷调查法、结构方程模型、基于数据包络分析（DEA）的 Malmquist 指数模型、面板数据模型等研究方法。在 3D 打印产业全球创新网络分析框架构建部分，首先界定了 3D 打印产业全球创新网络的概念，基于创新生态系统理论，分析了 3D 打印产业全球创新网络的构成要素，全球创新网络构成要素主要包括国内外 3D 打印企业、国内外科研院所、国际中介机构、国际金融机构和国际非政府组织等；结合社会网络关系视角，将 3D 打印产业全球创新网络特征分为开放性、动态性、耦合性、价值性、协同性；系统研究 3D 打印产业全球创新网络形成动因归纳如下：各国 3D 打印产业国际化发展政策和制度环境的引导作用；3D 打印企业应对研发风险、获取互补资源和实现互利共赢战略目标的推动作用；3D 打印创新资源的国际化流动的支持作用；全球经济科技一体化趋势的促进作用和多边国际规则的促进作用；基于复杂系统、资源观和自组织理论，结合 3D 打印产业全球创新网络所具备的特征对影响 3D 打印产业全球创新网络形成和发展的因素进行分析，从主体需求、资源流动和外部环境三个方面进行归纳，具体包括降低研发风险、获取互补资源、提升竞争力、实现协同发展、知识流动、人才流动、资本流动、经济全球化、稳定的政治环境和全球科技治理等影响因素。并以此为基础，构建 3D 打印产业全球创新网络 CIP 分析框架，该模型阐释了 3D 打印产业全球创新网络的理论基础，概括了下文的三个分析维度，分别是 3D 打印产业全球创新网络特征研究（C）、3D 打印产业全球创新网络影响因素研究（I）及 3D 打印产业全球创新网络对产业绩效影响研究和对我国 3D 打印企业绩效影响研究（P），即"创新网络特征—网络影响因素—网络对绩效影响"（Characteristic – Influencing Factor – Performance，CIP）分析框架，为后续章节的研究工作提供理论和方法论指导。

基于对 3D 打印产业全球创新网络相关理论的分析，本书将 3D 打印产业拓展为更为宽泛的新兴产业，将新兴产业全球创新网络的内涵定义为新兴产业全球创新网络是围绕新兴产业创新发展形成的全球范围的新兴产业创新主体、新兴产业创新要素、新兴产业创新制度之间建立的各类正式和非正式的跨国关联关系的总体结构。

新兴产业全球创新网络构成要素主要包括国内外企业、国内外科研院所、国际中介机构、国际金融机构和国际非政府组织等。新兴产业全球创新网络具有多种复杂特征，主要包括以下五个方面：开放性、动态性、耦合性、价值性、协同性。

第三章

3D 打印产业全球创新网络特征研究

前文对 3D 打印产业全球创新网络特征进行了理论分析，本章在前文的基础上对 3D 打印产业全球创新网络特征的外在表现进行系统的动态和量化研究。由前文分析可知，全球创新网络按照主体维度、要素维度以及制度维度的不同可分为全球研发合作创新网络、全球产业链和价值链创新网络，全球创新资源流动网络和集聚网络，全球科技创新治理网络等。受篇幅所限，本书不可能将全部类型的 3D 打印产业全球创新网络特征一一刻画，因此，根据笔者前期调研，本章对在 3D 打印产业中应用实践较好的两种 3D 打印产业全球创新网络，即 3D 打印全球研发合作网络和 3D 打印全球产业链和价值链网络进行特征分析，主要对 3D 打印全球研发合作网络进行特征分析。在分析 3D 打印全球研发与创新合作网络特征时，从整体网络特征、各网络主体网络地位分析、核心网络主体网络地位分析三个方面对 3D 打印产业全球创新网络特征进行研究。在分析 3D 打印全球产业链和价值链创新网络特征时，首先通过对网络发展模式分类后对不同模式中主要企业网络地位进行研究，然后对产业链不同环节（上中下游）的网络特征进行分析，以把握不同国家在产业链上中下游网络中的位置。

第一节 数据说明

专利是一项法律文书,给予发明人暂时的垄断权,通过专利可以广泛传播有关发明的知识并获得保护。专利反映了最新的技术发明,并包含有关专利人的宝贵信息,同时也为技术研究提供了可靠的量化基础(Bai et al.,2017)。学者和政策制定者利用专利信息来分析技术趋势,探索技术的性质、来源和经济效应,研究创新型企业的规模分布、国际化程度、技术多样化等,以上研究表明了专利分析在制定国家产业发展规划和国际化战略等方面是有一定价值的。

同时,专利数据是极大的技术信息源,专利信息是全球研究和开发(R&D)成果的最主要的体现方式之一(Bai et al.,2016)。欧洲专利局(EPO)全球专利统计数据库(Worldwide)收录的专利信息包含专利名称、摘要、专利权人、专利申请时间、发明人、同族专利、IPC 号码、专利权人及发明人所属国家等信息,通过专利计量方法分析这些信息能够获得关于产业专利申请数量增长情况、国际研发合作情况、创新网络特征、创新网络中企业的网络地位以及创新网络中企业的技术合作对象等重要信息(张绪英,2013)。因此,可应用专利数据对全球创新网络进行分析,故本章通过分析 3D 打印产业专利信息来研究 3D 打印产业发展现状和 3D 打印产业全球创新网络特征,借鉴现有研究对全球创新网络的分析,将专利权人间研发合作网络替代 3D 打印全球研发合作创新网络。相应地,本书第六章通过分析 3D 打印产业专利信息来测度不同经济体在全球创新网络中的中心性水平、结构洞和聚类系数。

1. 技术分类体系

近年来,各国加强了对 3D 打印领域的关注,纷纷增加了对 3D 打印技术的研发投入,专利申请量呈现快速增长趋势(Bai et al.,2017)。3D 打印技术不同分子技术领域中不同机构的创新能力不同,为能全面检索到3D打印领域的专利和系统描述出3D打印产业的全球创新网络特征及演化情况，本书基于充分的文献调研（Bai et al.，2016；2017）和多轮专家意见并基于美国测试和材料协会（American Society for Testing and Material，ASTM）的分类标准，将3D打印技术分为固化技术、激光烧结与粘接技术、材料熔化粘接技术、板材层合技术、3D生物打印技术、3D食品打印技术六个大类，下分固化技术、激光烧结技术、喷射粘接技术、线材熔化粘接技术、丝材熔化粘接技术、粉末/粒状材料熔化粘接技术、板材层合技术、3D生物打印技术、3D食品打印技术九个小类（如表3-1所示）。

表3-1　　　　　　　　　3D打印技术分类体系

大类	小类
固化技术	固化技术（CT）
激光烧结与粘接技术	激光烧结技术（LST）
	喷射粘接技术（SBT）
材料熔化粘接技术	线材熔化粘接技术（WMBT）
	丝材熔化粘接技术（FMBT）
	粉末/粒状材料熔化粘接技术（PMMBT）
板材层合技术	板材层合技术（PLT）
3D生物打印技术	3D生物打印技术（3DB）
3D食品打印技术	3D食品打印技术（3DF）

2. 检索策略制定

本书基于改进的词汇查询方法和确定的3D打印技术领域分类，并依据专家意见进行多轮检索及讨论，借鉴Bai（2016）选用的关键词搜索策略，最终确定分领域关键词，其中的逻辑运算规则是基于Web of Knowledge的逻辑运算规则，利用逻辑连接符（OR、AND）确定专利的检索策略，具体的检索策略详见附录一。然后选择欧洲专利局全球专利统计数据库开展数据检索和数据下载，专利检索和数据下载所涉期间为1989年1月1日至2017年12月31日。

3. 专利数据库选择

本书数据来源是欧洲专利局（EPO）全球专利统计数据库（Worldwide）。该数据库包含来自90个国家（包括美国、日本和中国）以及全球各地的专利申请（Bai，2017），满足研究者对产业或技术发展等方面的检索需求。欧洲专利局专利极具国际化特征，授权专利的数量较大，授权专利质量较高。综上所述，该数据库专利质量极高，可代表世界先进科学技术的发展水平，不同国家在某领域专利申请的数量可反映出国家技术创新能力。本书考虑到文中的研究对象为全球创新网络，所涉及的网络主体遍布世界各国，因此本书的数据选用该数据库专利作为本章3D打印产业全球创新网络演化特征和第六章3D打印产业全球创新网络特征对主要国家产业绩效影响研究的数据基础，开展全球创新网络研究。

4. 数据下载

基于改进的词频查询方法，按照上文中确定的检索式，将时间界定为1989—2017年，进行原始数据下载。为去除重复数据，将原始数据选择相应的过滤器，导入VantagePoint软件。同时利用数据抽取功能，基于专利号在Worldwide数据库中重新下载专利数据，共下载3D打印专利14677件。

5. 数据清理与建库

通过运用VantagePoint数据挖掘软件和Excel软件进行数据清理，解决了部分数据不全面的问题，并去掉无效且具有干扰性的数据。清理后的有效3D打印专利共有13121件，其中分技术领域中，固化技术专利737件，激光烧结技术专利502件，喷射粘接技术专利932件，线材熔化粘接技术专利1390件，丝材熔化粘接技术专利1355件，粉末/粒状材料熔化粘接技术专利1722件，板材层合技术专利2951件，3D生物打印技术专利190件，3D食品打印技术专利242件。以清理后的数据为基础构建全球3D打印产业专利数据库。同时，界定3D打印专利发明人国别≥2的专利数据作为国际合作专利,抽取建立国家合作专利数据库,用来研究全球 3D 打印产业发展状况中的国际合作状况;界定 3D 打印专利申请人≥2 的专利数据作为专利权人合作专利,抽取建立专利权人合作专利数据库,用来研究 3D 打印产业全球创新网络特征。

第二节 3D 打印产业全球发展现状

基于价值链视角,高技术产业包括技术创造和经济生产两个阶段,因此对于高技术产业发展现状的分析应包括经济分析和技术分析两个部分。经济分析主要通过市场规模、年产值等经济数据对产业发展现状进行分析,技术分析主要通过专利申请情况和技术发展情况对产业发展现状进行分析。因此,3D 打印产业作为高技术产业,对全球发展现状的分析应包括基于经济数据分析的全球 3D 打印产业发展现状和基于专利数据分析的 3D 打印产业全球发展现状。

一 基于经济数据分析的全球 3D 打印产业发展现状

1. 产业规模

根据 Wohlers Associates 对全球范围内的材料供应商、系统制造商和服务提供商进行的数据统计结果(如图 3-1 所示)。从产品产值来看,2017 年,全球 3D 打印产业产品产值达到 31.33 亿美元;从服务产值来看,2017 年全球 3D 打印服务产值达到 42.02 亿美元;二者同比增长分别为 17.41% 和 23.85%。二者合计全球 3D 打印产业总产值达到 73.35 亿美元,同比增长 22.27%。

Wohlers Associates 在产业增长情况分析中,将 3D 打印系统销量作为重要的指标(如图 3-2 所示),2017 年,销售了 14736 台 3D 打印系统,比 2016 年的 13084 台增长了 4.2%,2016 年增长率为 4.2%,2015 年增长率为 -2.3%,2014 年为 30.2%。

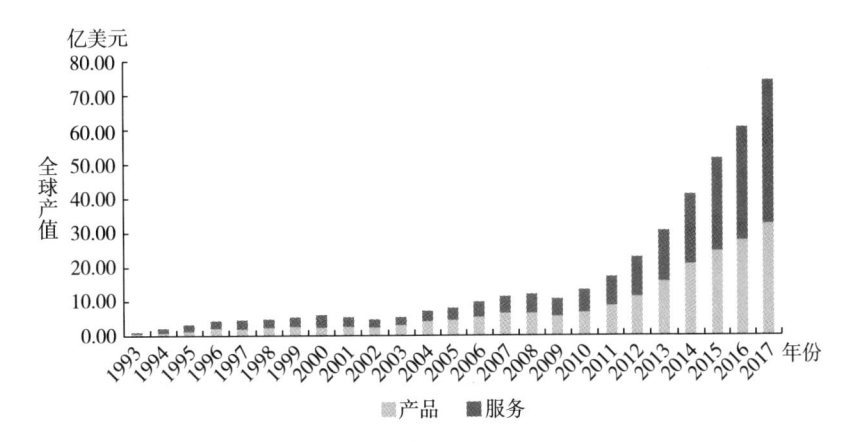

图 3-1　全球 3D 打印产业增长态势

资料来源：Wohlers Associates.

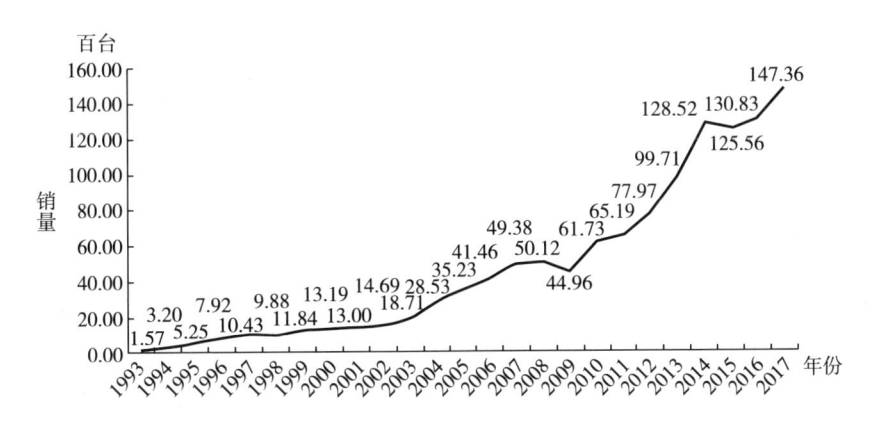

图 3-2　全球 3D 打印系统销量

资料来源：Wohlers Associates.

2. 产业格局

全球 3D 打印产业格局形成了以美国、日本、德国企业作为主导，中国、俄罗斯等发展中国家企业追赶的发展态势。美国率先将 3D 打印产业上升到国家发展战略高度，引领技术创新和产业化。欧盟及成员国注重发展金属 3D 打印技术，产业发展和技术应用走在世界前列。俄罗斯凭借在激光领域的技术优势，积极发展激光 3D 打印技术的研究及应用。日本全力振兴 3D 打印产业，借助 3D 打印技术重塑制造业国际竞争力。

据 Wohlers Associates 统计,如图 3-3 所示,2017 年全球 3D 打印设备市场保有量格局中,欧美国家占有率为 67.9%。其中,美国占有率为 37.8%,位居榜首。欧洲国家占有率为 28.2%,呈现下降趋势。德国设备市场保有量为 9.60%,位居第二。亚洲国家占有率为 27.5%,呈现小幅上升趋势。中国设备市场保有量为 9.50%,位居第三。

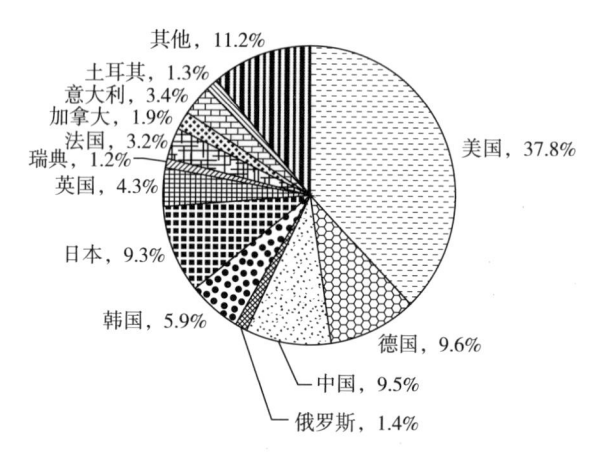

图 3-3　2017 年全球 3D 打印设备市场保有量格局

资料来源:Wohlers Associates.

3. 应用范围

近年来,增材制造技术主要应用在工业机械、航空航天和汽车等领域。从 2017 年全球增材制造应用格局来看,工业机械(19.9%)、航空航天(16.6%)、汽车领域(13.8%)、消费品/电子产品(13.1%)、医疗/牙科(12.2%)等领域的应用居前五(见图 3-4)。与 2016 年相比,在工业机械领域的应用提升了 2.4 个百分点,在学术机构领域的应用提升了 2.3 个百分点,在航空航天领域的应用提升了 1.8 个百分点。但在消费品/电子产品、汽车、医疗/牙科、政府/军队等领域的应用分别降低了 3.5、2.3、0.9、0.7 个百分点。

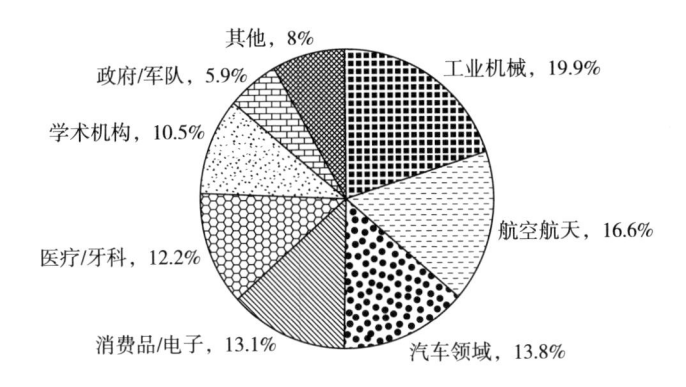

图 3-4　2017 年全球 3D 打印技术应用格局

资料来源：Wohlers Associates.

二　基于专利数据分析的全球 3D 打印产业发展现状

本节基于欧洲专利局（EPO）全球专利统计数据库（Worldwide）下载的专利数据统计结果表明，至 2017 年年底，共有 13121 件 3D 打印授权专利。国际合作专利（本书选取专利发明人的国别来定义国际合作专利，如果发明人的国别是两个或两个以上，我们定义为国际合作专利）比例也不断提高，至 2017 年，3D 打印国际合作专利比例为 35.11%。

1. 3D 打印产业专利申请情况

从图 3-5 可以看出，自 Yeom Jang Yul 公司的 Danchenko 等人于 1989 年申请并获得授权第 1 件 3D 打印专利以来，世界 3D 打印专利的申请量呈现快速增长的趋势。1989—1999 年，全球 3D 打印专利申请的数量极少，仅有 112 条，本书将此阶段定义为 3D 打印技术发展的萌芽期，主要原因为在当时的科技发展水平下，大部分企业对于 3D 打印技术认识比较模糊，并未在 3D 打印技术领域投入一定的研发资金和人员。本书将 2000—2004 年定义为 3D 打印技术发展期，欧洲专利局每年收到的有关 3D 打印产业专利的申请呈现出递增趋势，表明了各国 3D 打印产业相关机构逐渐重视对 3D 打印技术的研发工作，不断增加人力和资金的投入。2005—2009 年，3D 打印专利数量出现了一个缓慢的下滑趋势，这可能因为当时 3D 打印技术尚未形成产业链，对于 3D 打印产业的发展也起到一定的制约作用，产业发展落后，专利申请增长速度也较为缓慢。随着制造技术的快速发展，2010 年以后，3D 打印领域专利不断增加，2017 年申请的专利量达 2028 件之多，专利申请量的增加表明了各国 3D 打印产业相关机构对该产业的重视，也体现出这一新兴技术领域积极寻求专利保护的意图。

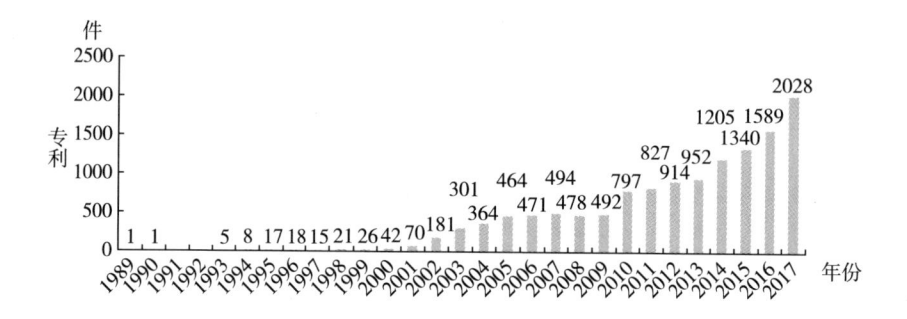

注：1991 年、1992 年无专利数据。

图 3-5　3D 打印产业专利申请数量增长情况

基于对 3D 打印产业专利申请数量增长情况的整体描述，2004 年之前的 3D 打印技术申请的专利数量较少，国际合作专利的数量更少，不便进行国际合作专利分析。因此，我们从 3D 打印技术的快速发展期开始进行分析，选取 2005—2017 年的专利进行国际合作专利分析。国际合作整体特征如图 3-6 所示，可以看到，3D 打印技术专利总量每年持续增加，与 2005 年相比，2017 年 3D 打印技术专利申请数量为 2005 年专利申请数量的近 5 倍。同时可以发现，国际合作专利占专利总数的比例从 2005 年的 12.62% 增长到 2017 年的 35.11%，国际专利合作比例不断提高，说明各国增加了 3D 打印产业专利国际合作研发的频次，国际合作不断加深；通过对进行国际合作国家的分析，本书发现参与国际合作的国家数量也呈现出不断增长的趋势，从2005年的12个国家增长到2017年的52个国家，由此可见，3D打印产业国际合作态势为形成全球创新网络奠定了一定的基础。

图3-6　3D打印技术国际合作专利数量增长情况

2. 3D打印产业主要国家国际市场扩张情况

在接下来的部分，本书通过追踪美国、日本和中国在不同时间段的同族专利的申请国的变化来研究3D打印产业主要国家国际市场扩张情况。同族专利是指一组专利文献，由于这一组专利来源于同一优先权的专利文献，所以其内容相同，但需在不同国家/地区或地区间的不同专利组织进行申请、公布和批准。通过对同族专利申请国家的统计，在某种程度上可以判定该专利在探索打开不同国家的市场。与此同时，该国的3D打印机构也在寻找有优势的本国公司进行国际技术合作，为形成3D打印技术国际研发合作，乃至融入全球创新网络奠定基础。

(1) 美国

本书首先选取美国作为重点国家进行分析，截至2017年，美国共有970件3D打印专利申请。通过对美国3D打印技术同族专利的统计，可以看到在不同时期，同族专利的申请国家有不同的变化。根据上文对3D打印产业发展时期的描述，本小节将美国3D打印技术同族专利的统计也分为三个阶段，如图3-7所示。在第一个阶段（1989—1999年），美国共有91件专利有同族专利，有8件专利同时在韩国申请，有28件专利在日本申请，有10件专利同时在中国申请，有21件专利为国际专利，有24件专利在欧洲专利局（EPO）申请。在第二阶段（2000—2004年），可以看到美国3D打印专利的同族专利中在世界知识产权组织申请的最多。在第三阶段（2005—2017年），美国3D打印专利的同族专利中在欧洲专利局申请的最多。因此美国的3D打印专利在国际市场转换过程可以分为三个阶段。

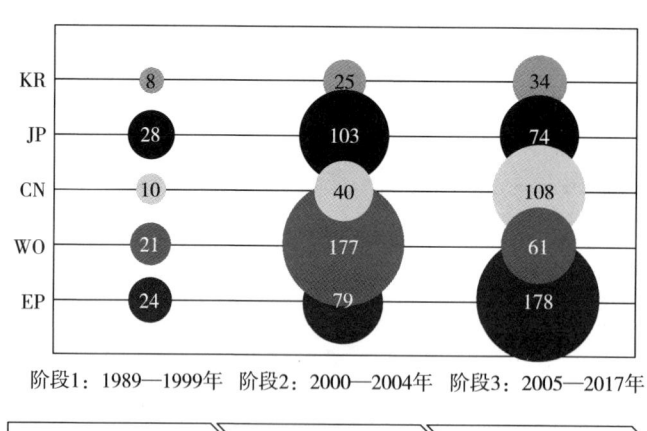

图3-7 美国3D打印技术同族专利申请国变化情况

注：KR指韩国；JP指日本；CN指中国；WO指世界知识产权组织，申请的专利为国际专利；EP为欧洲专利局。

在第一阶段，美国公司确定了3D打印技术的潜在商业前景，除了在本国寻求营销机会之外，公司还开拓了新的市场，日本成为美国企业扩大知识产权保护的主要场所。在第二阶段，美国公司在全球市场上看到了新的机遇。根据专利申请国变化情况，可以发现

WIPO成为最大的3D打印技术专利申请组织。这一变化表明，美国公司比以前更加关注全球市场。美国机构除了寻求全球机遇，还越来越重视亚洲市场，中国和韩国是3D打印产业投资前景较好的市场。在第三阶段，EPO取代了WIPO成为美国最大的专利目标市场，美国公司强调对3D打印技术研发，主要依靠国家政策的支持，奥巴马政府陆续发布了先进制造业合作伙伴计划（AMP）和全国制造业创新网络（NNMI）等计划（Bai et al., 2017），同时，美国的国家增材制造创新研究院先后承担了多项前期研究项目，支持3D打印产业的发展。

（2）日本

通过对日本3D打印同族专利进行分析，本书发现，与美国3D打印机构相比，日本3D打印机构有不同的发展战略。它们的市场转变过程是从美国市场到亚洲市场再到全球市场。这表明，在产业发展初期，日本3D打印机构较为关注美国和亚洲市场，日本投资者非常重视美国市场的一个可能的原因是，一些日本3D打印公司是美国3D打印公司的子公司（Bai et al., 2016），因此，他们与美国市场有着密切的联系。2000年以后，全球各国显示出良好的市场潜力。因此，日本投资者试图在全球范围内寻求知识产权保护，同时意味着在这些市场上有更多的商业机会。

（3）中国

中国于2000年开始了3D打印专利申请，产业发展速度较快，尤其是2011年之后，3D打印专利申请和授权数量均快速增加。同族专利数据表明，中国将市场发展的注意力从日本转移到全球，然后转向美国市场。近年来，中国组织申请的专利越来越多地集中在欧洲市场。与其他主要国家相比，中国的3D打印专利权人大多数是大学或研究机构，少数是个人，企业较少。同时，基于下载数据，本书通过对2012—2017年世界不同国家3D打印专利授权数量排名发现，中国在2012年和2014年3D打印专利授权量已位列世界第三，2013年3D打印专利授权量位列世界第五，2015年和2016年

3D 打印专利授权量位列世界第四和第三，2017 年 3D 打印专利授权量位列世界第二。

通过对全球 3D 打印产业的发展情况进行概述，主要从 3D 打印产业专利申请数量增长情况、国际研发合作情况及三个主要国家（美国、日本和中国）国际市场扩张情况几个方面对 3D 打印产业的发展情况进行概述。本书发现各国开展国际研发合作越来越多，也越来越广泛地开发国际市场，这些国际合作或贸易往来都为形成 3D 打印产业全球创新网络奠定了基础。

3. 3D 打印技术发展现状

本部分将对 3D 打印技术发展现状进行分析，主要通过对 3D 打印技术的 9 个子技术进行专利计量分析。在该部分中，研究对象为不同经济体的技术积累模式，而非企业的技术积累模式，主要由于企业的研发能力有限，每个企业一般仅在一个或几个子技术领域中对 3D 打印技术进行开发，而本书旨在探索 3D 打印技术的积累模式和研发脉络，因此需要选取在不同子技术领域都有专利申请的研究对象进行分析，故本节以经济体为研究对象，选取在不同分子领域基本都有专利申请的 18 个经济体进行核心技术积累模式分析，这 18 个经济体包括美国、德国、日本、韩国、中国台湾、法国、英国、瑞士、瑞典、荷兰、比利时、意大利、加拿大、西班牙、以色列、中国、印度、俄罗斯。

（1）整体优势分析

表 3-2 比较了 18 个经济体 1989—2017 年 9 个子领域的 RTA 指数，同时也表明了不同经济体的技术集中程度（CV_i）和技术通用程度（CV_t）。

从表 3-2 来看，美国、德国、日本是 RTA 值大于 1 的子领域数量较多的领先经济体。其他经济体（韩国、法国和英国）在少数几个子领域拥有较强的技术能力，占据一定优势。还有一些经济体在个别领域较为突出，如加拿大的 3D 生物打印技术，西班牙的固化技术和以色列的板材层合技术。新兴经济体，如俄罗斯和印度，表现术和以色列的板材层合技术。新兴经济体,如俄罗斯和印度,表现平平。从单个技术子类别的角度来看,$CV_t \times 100$ 列表示 3D 打印技术的子类别 RTA 值的变化系数,板材层合技术和粉末/粒状材料熔化粘接技术的 CV_t 指标较低,这表明两个技术类型在各个经济体中发展的更加平衡,而 CV_t 最高的领域之一是 3D 生物打印这个新兴领域,表明大多数经济体在 3D 生物打印技术领域发展较慢。$CV_i \times 100$ 列表示 3D 打印不同经济体 RTA 值的变化系数,其中德国 CV_i 指数最低,表明德国 3D 打印不同子技术发展均衡,而西班牙的 CV_i 指数最高,表明其不同子技术领域发展极不平衡,具体来看,该经济体只在固化技术领域表现突出,其他技术领域发展极为缓慢。我国 3D 打印技术整体发展水平较好,在大部分子技术领域都具有一定的相对优势,但在固化技术等核心技术领域方面仍存在较大的发展空间,在 3D 打印机中的激光器等关键器件上,仍然对国外依赖较大。

表 3－2　　不同经济体 3D 打印分技术领域的 RTA 指标值

RTA	CT	LST	SBT	PLT	FMBT	WMBT	PMMBT	3DB	3DF	$CV_i \times 100$
美国	3.02	1.04	0.95	0.85	1.30	1.18	1.11	3.80	0.46	73.07
德国	0.99	1.20	1.01	1.53	0.89	0.93	1.09	1.52	0.36	36.69
日本	1.45	0.10	1.42	1.43	1.52	1.51	1.43	1.51	0.33	46.86
韩国	0.45	0.21	1.79	1.09	1.60	0.74	1.41	3.39	0.78	58.28
中国台湾	0.92	0.52	1.05	1.75	0.55	0.42	0.88	0.92	0.83	45.25
法国	1.48	0.22	0.54	1.31	1.65	1.56	1.63	1.19	0.85	41.40
英国	2.28	1.44	0.16	1.47	0.83	0.74	0.76	2.10	0.21	68.72
瑞士	0.83	0.77	0.75	1.89	0.77	0.76	1.09	0.00	0.00	73.99
瑞典	0.30	0.44	0.81	1.28	0.47	0.62	2.69	0.00	0.00	113.70
荷兰	2.27	1.41	0.34	0.86	0.80	0.79	0.72	4.53	2.27	84.14
比利时	1.66	0.11	0.75	1.89	0.88	0.87	1.19	0.00	0.00	88.06
意大利	2.60	1.17	0.47	1.45	0.82	0.55	0.99	0.00	0.62	80.72

续表

RTA	CT	LST	SBT	PLT	FMBT	WMBT	PMMBT	3DB	3DF	CV_i*100
加拿大	0.66	1.47	0.59	1.16	1.39	1.38	0.63	13.11	0.00	154.01
西班牙	8.31	0.05	0.02	0.58	0.24	0.02	0.66	0.00	0.55	234.63
以色列	0.73	0.01	1.33	2.23	0.39	0.38	0.35	0.00	0.88	101.90
中国	0.54	0.96	1.25	1.15	1.13	1.16	1.15	0.23	0.76	42.42
印度	2.77	0.02	0.05	0.35	0.73	0.73	0.35	1.07	2.99	154.01
俄罗斯	0.48	1.07	2.17	1.09	0.25	0.50	0.95	0.00	0.85	88.06
$CV_t \times 100$	102.57	84.56	66.39	32.66	50.75	53.96	47.83	138.52	50.75	45.02

注：CT 代表固化技术，LST 代表激光烧结技术，SBT 代表喷射粘接技术，PLT 代表板材层合技术，FMBT 代表丝材熔化粘接技术，WMBT 代表线材熔化粘接技术，PMBBT 代表粉末/粒状材料熔化粘接技术，3DB 代表 3D 生物打印技术，3DF 代表 3D 食品打印技术。

资料来源：作者整理。

(2) 快速发展技术领域分析

本书首先对快速发展的子技术领域进行定义，借鉴 Bai（2016）对快速增长技术领域额定义，将快速增长的领域定义为在所有子类别中保持前两位增长率的子技术类别，通过对 3D 打印的 9 个子技术领域进行测算，增长率最快的两个子领域是喷射粘接技术子领域和线材熔化技术子领域。快速发展技术领域的评估方法是将每个经济体绘制在二维地图上，绘制出沿着横轴的 FGSI 指标和沿着纵轴的 RTA 指标。属于右上象限的经济体，在 3D 打印技术的一个子领域具有强大的技术优势，在快速发展的领域显示出高度的专业化水平，在一段时间内处于领先地位。位于左上象限的经济体在子领域表现良好，但在快速发展的领域专业化程度较低，这意味着这些经济体未来可能会失去动力。属于左下象限的这些经济体在快速发展地区既处于技术劣势，专业化程度又低，显然是落后的。位于右下象限的经济体整体技术优势较低，但在快速增长领域表现出较高的专业化水平，这些经济体将在 3D 打印技术的关键子领域建立核心的经济体技术竞争力。

如图3-8所示，在喷射粘接技术领域，日本、韩国和以色列占据领先地位。中国、德国和中国台湾在这一领域也具有很强的技术优势。位于左下象限的这些经济体中印度和西班牙在这个领域的技术优势较低，大多数经济体，如比利时、加拿大、荷兰和英国等还正在努力提高这一领域的技术水平。

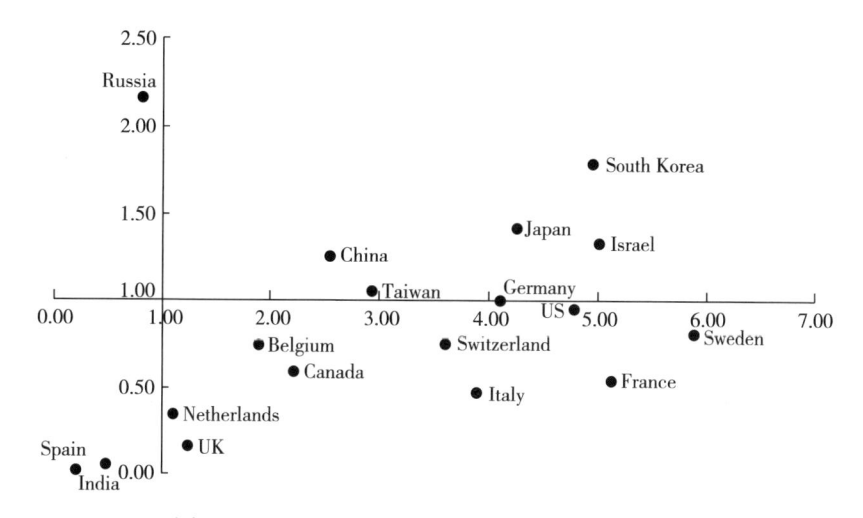

图3-8 不同经济体在喷射粘接技术领域分布情况

注：受图片大小限制，图3-8中经济体用其英文代表。US代表美国、Germany代表德国、Japan代表日本、South Korea代表韩国、Taiwan代表中国台湾、France代表法国、UK代表英国、Switzerland代表瑞士、Sweden代表瑞典、Netherlands代表荷兰、Belgium代表比利时、Italy代表意大利、Canada代表加拿大、Spain代表西班牙、Israel代表以色列、China代表中国、India代表印度、Russia代表俄罗斯。图3-9与此相同。

在线材熔化技术领域（见图3-9），美国、加拿大和日本有很强的优势。同时，可以看出，以色列、英国和意大利正在大力发展该项子技术，意味着这些经济体在这个领域有很大的潜力。也可以看出大多数经济体处于左上和左下象限，表明大多数经济体在这个领域是薄弱的。因此，线材熔化技术领域是各经济体应该关注的快速发展领域。

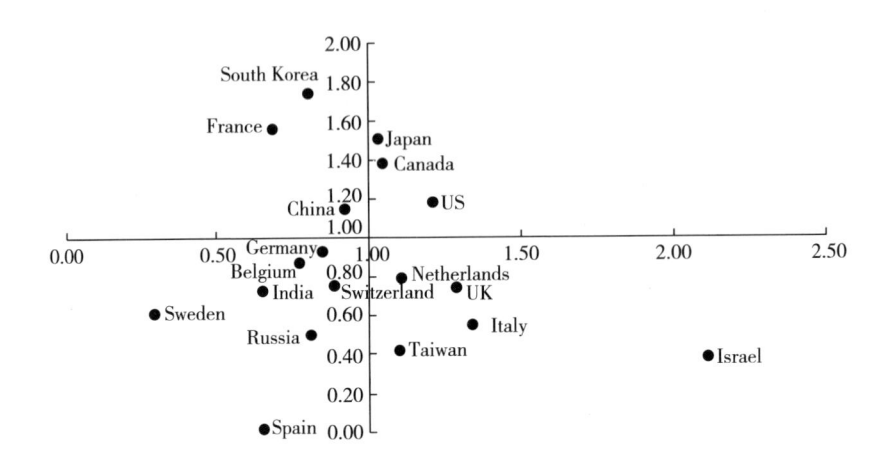

图 3-9 不同经济体在线材熔化技术领域分布情况

(3) 总结

本部分采用专利计量方法探索了 18 个经济体在 3D 打印技术领域的发展情况，相关结论如下。

首先，一些发达经济体在 3D 打印技术某些领域中仍面临重大技术难题。例如，日本在激光烧结技术（RTA＝0.10）和 3D 食品打印技术（RTA＝0.33）中的地位使日本在这些领域发展较为困难。中国的表现要好于其他发展中国家（印度和俄罗斯），但中国在固化技术（RTA＝0.54）和 3D 生物打印技术（RTA＝0.23）方面的表现同样不佳。

其次，在快速发展的领域，以色列和意大利处于非常有利的地位。美国、德国，这两个制造大国在快速增长领域的表现并不强劲。

通过对 3D 打印分技术领域进行分析，本书发现只有美国几乎在 3D 打印的每个技术领域都具有一定的优势地位（除 3D 食品打印技术外），其他经济体在不同的子技术领域中都有较大的提升空间。为快速发展 3D 打印产业，各国应有效开展国际科技合作，取长补短，提高本国的技术水平。这样的技术发展态势为 3D 打印产业全球创新网络的形成奠定了基础。下面本书具体分析 3D 打印产业全球创新网络的特征。

第三节 3D 打印全球研发合作创新网络特征分析

本节对 3D 打印全球研发合作网络特征进行分析，分别对 3D 打印全球研发合作网络的整体网络特征、各网络主体网络地位以及核心网络主体网络地位进行分析。

一 网络整体特征

1. 网络密度分析

为了系统把握 3D 打印产业全球创新网络整体网络特征，本研究对 3D 打印专利权人的全球合作网络特征进行分析，通过 Ucinet 和 Netdraw 软件计算并绘制了时间跨度相同的三个时间段中专利数量排名前 50 的专利权人的网络密度和合作网络图。为了比较 3D 打印产业全球创新网络不同时段网络密度变化情况，文中在三个时间段选取相同数量的网络主体（专利权人），同时经计算，三个时间段中专利数量排名前 50 的专利权人所申请的专利数量分别占该时间段专利数量总额的 89.88%、87.57% 和 84.66%，因此该样本的选取基本不影响三个时间段网络整体特征的分析。三个时间段分别选取 2003—2007 年、2008—2012 年、2013—2017 年的 3D 打印专利数据，之所以从 2003 年开始选取，主要原因为 2002 年及以前年份的 3D 打印专利数量过少且机构间进行国际合作的专利数量不多，难以进行 3D 打印产业全球创新网络分析。通过分别分析这三个时间段专利数量排名前 50 的专利权人之间的合作网络，来动态研究合作网络特征，即 3D 打印产业全球创新网络特征。文中专利权人研发合作网络图中的圆点指的是在该时间段专利数量排名前 50 的专利权人，圆点的大小表示此时间段中该专利权人申请专利（不含同族专利）的项数多少，两圆点之间有线连接说明两圆点所代表的专利权人在该年份共同申请过专利,连线粗细表示这两个申请人在该时间段共同申请过专利的项数多少。

(1) 第一阶段专利合作网络(2003—2007年)

通过 Ucinet 软件计算 2003—2007 年 3D 打印技术各专利权人的网络特征,我们发现这个阶段的网络密度为 0.061。图 3-10 为 2003—2007 年 3D 打印产业专利数量排名前 50 的专利权人合作网络图,可以发现合作网络图中出现合作的机构较少,尚未形成整体的合作网络。基本都是几个专利权人合作形成的小型合作网络,最大的合作网络有 6 个专利权人参与,这几个专利权人主要包括 STRATASYS LTD、CONCEPT LASER、DESKTOP METAL、ALPINE ELECTRONICS、NANO DIMENSION、ULTIMAKER,但合作频次也不高。说明这个阶段企业间还未开始进行大规模的合作研发,在 2003—2007 年的合作网络中没有占明显优势的专利权人,大部分企业还处于各自研发的状态,尚未与其他机构进行合作,未参与合作的机构包括如 SLM SOLUTION、KEMIJSKI INST、FORMFUTURA 等。

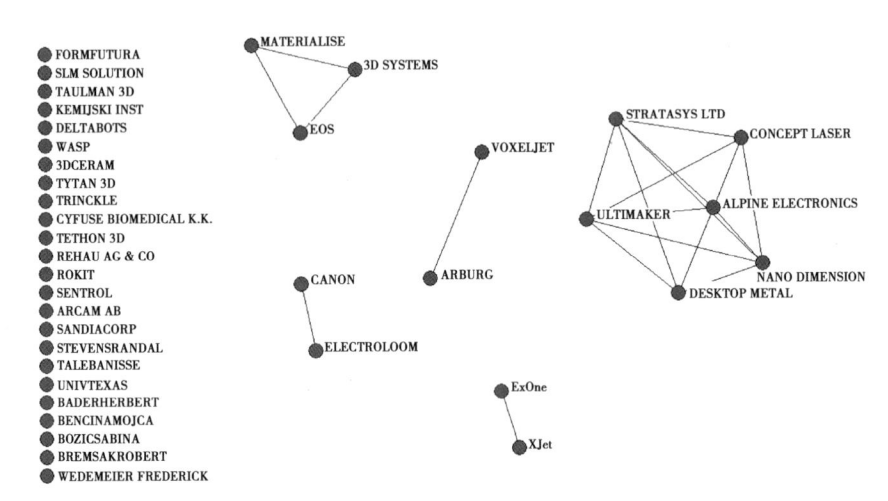

图 3-10 2003—2007 年 3D 打印产业专利权人合作网络

(2) 第二阶段专利合作网络(2008—2012年)

通过 Ucinet 软件计算 2008—2012 年 3D 打印技术各专利权人的

网络特征，我们发现，这个阶段的网络密度为 0.244，网络密度呈现出增长趋势。图 3-11 描述了 2008—2012 年 3D 打印产业专利申请量排名前 50 的专利权人合作网络图。可以发现，在此阶段各专利权人已经在国际合作方面发生了明显的改变，各机构形成了较为紧密的合作网络，虽然还有一些机构处于独自研发的孤立状态，但 3D 打印产业合作网络已经展现出雏形。相较于第一阶段专利合作网络，参与合作的专利权人之间联系加强。同时，仍然有 16 个专利权人处于独自研发状态，主要包括如 BIOBOTS、KATJES、MIKLAVIC SPELA、POHAR JELKA、VERCE MARKO 等。

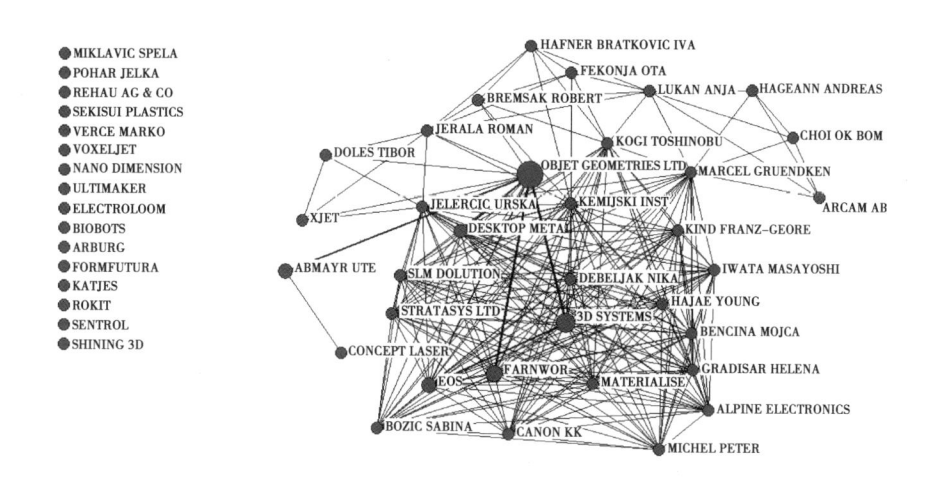

图 3-11　2008—2012 年 3D 打印产业专利权人合作网络

（3）第三阶段专利合作网络（2013—2017 年）

通过 Ucinet 软件计算 2013—2017 年 3D 打印技术各专利权人的网络特征，我们发现这个阶段的网络密度为 0.326，网络密度持续增加。通过将 2013—2017 年 3D 打印产业专利权人排名前 50 的各专利权人所形成的专利合作矩阵导入 Netdraw 软件中。从图 3-12 可以看到 3D 打印专利权人之间的联系越来越密切，孤立的点也越来越少，只有六个企业没有与其他企业进行专利合作，分别是 XEROX、

HONDA MOTOR、SEIKO EPSON、MICHELIN、ARKEMA 和 SCHLUMBERGER。3D 打印产业全球创新网络的中心是美国 3D SYSTEMS 公司，3D SYSTEMS 公司在网络中占有绝对优势的地位，具有网络信息优势且拥有更多控制其他网络成员的权利，德国 EOS 公司也占据了网络的重要战略位置。另外，中国有两家企业也参与到全球创新网络中，它们是先临三维（SHINGING 3D）公司和西安铂力特公司（BOLITE）。

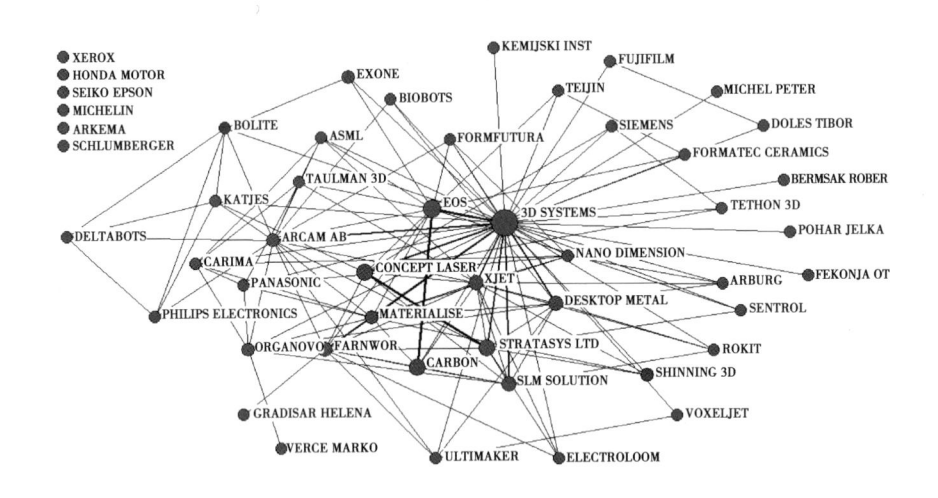

图 3-12 2013—2017 年 3D 打印产业专利权人合作网络

2. k-核分析

关于 k-核分析的定义在本书第二章第二节给出定义。在 3D 打印产业全球创新网络中，我们进行 k-核分析，指的是在 3D 打印产业全球网络中任意一个网络主体（专利权人）都至少与该网络中的 k 个网络主体（专利权人）开展了合作。本书进行 k-核分析的软件为 Ucinet，分析结果如表 3-3 所示。

本书选用占比指标，消除网络规模差异，即各时间段 k-核子图中包含的专利权人数量占整个 3D 打印产业合作网络专利权人数量的比例。2003—2007 年，k 的最大值是 4，4-核分区中包含的专利权人数量占整个网络所有专利权人数量的比例为3.19%；在2008—2012年，k的最大值是5，5-核分区的专利权人数量占比为14.33%；2013—2017年，k的最大值是7，7-核分区的专利权人数量占比为7.27%。从这三个时间段来看，由k值确定的网络控制主体（专利权人）数量占整个网络的比例越来越大，网络控制主体的增加使整个网络越来越分散。同时，k的最大值逐渐增加，说明k-核分区内专利权人间的联系越来越紧密。

表3-3　　各时段3D打印产业全球创新网络的k-核分区情况　　单位：%

	2003—2007年	2008—2012年	2013—2017年
2-核	19.22	52.66	72.51
3-核	12.16	40.41	61.35
4-核	3.19	22.51	42.66
5-核		14.33	21.48
6-核			12.33
7-核			7.27

3. 总结

通过对3D打印产业全球创新网络特征进行分析，本书发现3D打印产业全球创新网络整体特征具有如下特点。

3D打印产业全球创新网络密度逐渐增大。通过Ucinet软件计算，专利权人合作网络密度由2003—2007年的0.061增加到2008—2012年的0.244，到2013—2017年增加至0.326。网络密度呈现出增长趋势，表明3D打印产业中各专利权人合作关系逐步增加，越来越多的3D打印机构融入3D打印产业全球创新网络中来。

3D打印产业全球创新网络主体间联系增强。主体间的联系强度主要是由网络主体间合作申请的专利数量决定。2003—2007年，3D打印产业处于发展时期，专利的申请量不断增加，但数量仍较少，相应的各网络主体（即专利权人）合作申请的数量也较少，网络主体间合作申请专利数量较少，网络中的联系强度较弱。2008—2012年，3D打印产业逐步进入较为成熟阶段，专利申请量不断增加，网络主体合作专利数量逐渐增多，相应地，网络主体间的联系强度增强。2013—2017年，各网络主体专利申请量最大，网络主体间合作研发的专利量也最大，全球创新网络的网络主体间的联系最强。

3D打印产业全球创新网络重要控制主体增多，网络向心趋势逐渐减小。随着时间变化，网络控制主体（专利权人）数量占整个网络的比例越来越大，网络控制主体的增加使整个网络越来越分散，网络向心趋势逐渐减小。

二 各网络主体网络地位分析

本节将网络主体（专利权人）的中心性指标（度数中心性和中介中心性指标）作为测度合作广度的两个指标，分析3D打印产业全球创新网络中不同网络主体的合作特征及位置。

1. 直接合作广度

为具体描述合作网络中各网络主体所处的位置及合作特征，本研究选取度数中心性和中介中心性两个社会网络指标对网络主体进行测度。其中，度数中心性测量网络主体与其他网络主体的直接关系，即直接合作能力；中介中心性衡量某个网络主体控制其他网络主体之间交往的能力，即间接控制能力。本书分析三个时间段3D打印产业全球创新网络中各网络主体的中心性指标，由于网络主体（专利权人）数量较多，研究选取2013—2017年按度数中心性指标排序的前30名网络主体（专利权人），结果如表3-4所示。

表3-4　　各时段Top30网络主体的度数中心性指标

网络主体	2003—2007年	2008—2012年	2013—2017年
3D SYSTEMS	3.745	36.314	62.635

续表

网络主体	2003—2007 年	2008—2012 年	2013—2017 年
STRATASYS LTD	6.316	33.147	59.819
CONCEPT LASER	6.887	32.156	57.402
DESKTOP METAL	2.441	19.819	55.378
ExOne	1.921	11.578	54.172
ALPINE ELECTRONICS	1.845	10.804	53.994
EOS	1.227	24.458	53.658
CANON	3.441	16.157	52.994
XJet	1.564	10.735	52.894
NANO DIMENSION	3.661	12.846	52.627
ULTIMAKER	2.122	13.487	51.126
ELECTROLOOM	1.241	12.463	50.378
MATERIALISE	1.452	14.851	47.635
VOXELJET	1.234	14.737	46.892
ARBURG	1.098	10.562	45.257
FORMFUTURA	0.000	12.632	44.935
SLM SOLUTION	0.000	11.574	39.526
TAULMAN 3D	0.000	14.765	38.514
KEMIJSKI INST	0.000	10.749	35.758
DELTABOTS	0.000	13.107	34.339
WASP	0.000	7.364	29.222
3DCERAM	0.000	7.364	28.814
TYTAN 3D	0.000	6.315	28.042
TRINCKLE	0.000	6.315	27.445
CYFUSE BIOMEDICAL K.K.	0.000	6.315	16.544
TETHON 3D	0.000	5.396	12.662
REHAU AG & CO	0.000	5.396	11.579
ROKIT	0.000	5.396	11.579
SENTROL	0.000	5.396	10.664
ARCAM AB	0.000	11.107	9.221

注：表中网络主体是2013—2017年按度数中心性降序排列前30名的3D打印专利权人。

从时间维度来看，3D 打印全球创新网络前 30 名的网络主体度数中心性指标均呈上升趋势。第一时间段（2003—2007 年）全球 3D 打印技术发展水平还相对较低，大部分网络主体的 3D 打印专利较少，有些尚未发明 3D 打印专利，因此网络主体进行研发合作较少，但 3D 打印技术水平低的网络主体积极寻求与技术水平高的网络主体，如网络中的核心主体 3D SYSTEMS、STRATASYS LTD 等进行研发合作，这解释了在第一时间段中，网络主体的度数中心性指标均较低，大部分网络主体还没有度数中心性指标。在第二时间段和第三时间段（2008—2012 年和 2013—2017 年）中，3D 打印全球创新网络前 30 名的网络主体度数中心性指标呈现出明显上升的态势，即网络主体的直接合作水平均在不断提升，直接合作广度均在不断扩大。

从网络主体度数中心性指标来看，3D SYSTEMS 的度数中心性指标最高，2013—2017 年度数中心性为 62.635，STRATASYS LTD 和 CONCEPT LASER 位列第二位和第三位，DESKTOP METAL、ExOne、ALPINE ELECTRONICS、EOS、CANON、XJet、NANO DIMENSION、ULTIMAKER、ELECTROLOOM 这九个网络主体的度数中心性指标均超过 50，在 3D 打印产业全球创新网络中的合作广度也很大。除此之外，3D SYSTEMS、STRATASYS LTD 和 CONCEPT LASER 的度数中心性指标与其他网络主体的差距在不断缩小，如第一时间段 3D SYSTEMS 的度数中心性指标是 EOS 度数中心性指标的 3.052 倍，第二时间段仅为 1.485 倍，第三时间段为 1.167 倍；第一时间段 CONCEPT LASER 的度数中心性指标是 DESKTOP METAL 度数中心性指标的 2.821 倍，第二时间段仅为 1.622 倍，第三时间段为 1.037 倍。

2. 间接合作广度

三个时间段前 30 名网络主体的中介中心性指标如表 3-5 所示。3D SYSTEMS 公司（美国）和 EOS 公司（德国）的中介中心性指标位列前两位，说明 3D SYSTEMS 公司和 EOS 公司除了直接合作广度较大外，间接控制能力也较强；但随着时间的推移，3D SYSTEMS 公司和 EOS 公司的中介中心性指标先增大后减小，说明 3D SYS-TEMS 公司和 EOS 公司这两个 3D 打印巨头在技术发展的前期没有起

表 3-5　　各时段前 30 名网络主体的中介中心性指标

网络主体	2003—2007 年	2008—2012 年	2013—2017 年
3D SYSTEMS	2.278	9.398	8.988
EOS	1.719	7.887	7.886
STRATASYS LTD	4.211	7.398	7.695
CONCEPT LASER	4.181	7.149	7.111
VOXELJET	3.920	7.564	7.098
ExOne	3.315	7.851	7.064
ALPINE ELECTRONICS	3.429	6.998	6.807
ARCAM AB	3.679	6.959	6.801
SLM SOLUTION	3.541	6.643	6.592
XJet	3.315	6.794	5.551
NANO DIMENSION	3.661	6.679	5.425
ULTIMAKER	1.871	4.07	3.998
ELECTROLOOM	1.719	4.226	3.887
MATERIALISE	2.159	3.255	3.055
DESKTOP METAL	2.213	3.999	2.988
ARBURG	2.236	3.726	2.847
FORMFUTURA	2.079	3.235	2.838
CANON	1.703	3.438	2.757
TAULMAN 3D	1.784	3.175	2.696
KEMIJSKI INST	1.433	3.718	2.418
DELTABOTS	1.303	3.605	2.395
WASP	1.065	3.674	2.343
VERCE MARKO	1.022	2.361	2.278
TYTAN 3D	1.156	2.66	2.236
TRINCKLE	1.168	2.295	2.214

续表

网络主体	2003—2007 年	2008—2012 年	2013—2017 年
XEROX	1.206	2.961	2.209
HONDA MOTOR	1.753	2.835	1.955
SEIKO EPSON	1.864	2.481	1.482
ARKEMA	1.230	2.571	1.315
SCHLUMBERGER	1.011	1.779	1.244

注：表中为按中介中心性指标降序排列的前30名企业（2013—2017年）。

到非常重要的网络中介作用，但在第二时间段逐渐融入合作网络并起到重要的网络中介作用，是由于这两个公司在该阶段实施重要的国际化战略或者较大规模地成立跨国公司开展国际研发合作，在第三时间段，3D SYSTEMS 公司和 EOS 公司中介中心性水平又开始降低，说明随着 3D 打印产业发展，有一系列的网络主体的技术水平得到了较大的提高，如 VOXELJET、ExOne、ALPINE ELECTRONICS、ARCAM AB、SLM SOLUTION、XJet、NANO DIMENSION、ULTIMAKER 等公司，3D SYSTEMS 公司和 EOS 公司在网络中发挥的桥梁和中介作用在不断降低。

从时间序列看，所有 3D 打印产业全球创新网络的网络主体中介中心性指标的平均值由 2.207 增长到 4.713 然后逐渐下降至 4.139，说明网络中两个网络主体之间通过中介点连接的概率也先增大后减小，直接合作的概率增加。其他中介中心性指标较高的网络主体如 STRATASYS LTD、CONCEPT LASER、VOXELJET、ExOne、ALPINE ELECTRONICS、ARCAM AB、SLM SOLUTION、XJet、NANO DIMENSION、ULTIMAKER、ELECTROLOOM、MATERIALISE、DESKTOP METAL、ARBURG、FORMFUTURA、CANON、TAULMAN 3D、KEMIJSKI INST、DELTABOTS、WASP、VERCE MARKO、TYTAN 3D、TRINCKLE 同样居于度数中心性指标排序的前30位。除此以外，XEROX、HONDA MOTOR、SEIKO EPSON、ARKEMA 和

SCHLUMBERGER 的中介中心性指标排在前 30 位，但度数中心性指标分别位于第 37、39、42、49 和 54 位，说明与直接合作能力相比，这些网络主体的间接控制能力更强，起到的桥梁和中介作用更大。

3. 总结

通过对各网络主体在 3D 打印产业全球创新网络中的地位分析，本书发现网络主体在 3D 打印产业全球创新网络中的地位具有如下特点：从网络主体的合作广度看，随着时间的推移，直接合作广度在不断加深，间接合作广度先增强然后减弱；网络主体 3D SYSTEMS、STRATASYS LTD 和 EOS 在 3D 打印产业创新网络中占有重要位置，但与其他网络主体的差距在不断缩小。

三 核心网络主体网络地位分析

在专利合作网络分析中，3D SYSTEMS 公司（美国）和 EOS 公司（德国）是 3D 打印产业全球创新网络中网络位置较为重要的两个机构，国际研发合作活动活跃，从演化过程来看，它们由合作网络边缘位置进入合作网络的关键节点位置，实现了技术水平的提升和产业创新。尤其是 EOS 公司，虽然专利数量并不处在前列，但其在创新网络中的位置由边缘逐渐跻身于网络关键位置，更值得我们去分析该公司发展历程及所采用的创新举措。结合专利数量、合作对象和研发机构分布等方面的指标，本部分通过分析 3D SYSTEMS 公司和 EOS 公司在 3D 打印领域的发展历程，以学习其经验教训。

（一）3D SYSTEMS 公司

3D SYSTEMS 公司成立于 1983 年，公司创始人 Charles Hull，现已成为 3D 打印产业的龙头企业。该公司拥有世界一流的数字化制造流程，可以为客户提供可定制的工作流程，流程囊括了整个技术产品组合的过程，从数字化、设计、制造再到检验的方方面面。该公司同时拥有全球顶尖的 3D 打印专家团队和最先进的软硬件资源，这些条件也是公司创新发展的重要保障。本书基于前文的 3D 打印专利数据，从企业网络技术能力变化、企业网络技术合作机构的技术水平、企业研发机构地理分布以及企业在合作网络中地位变化多个方面研究 3D SYSTEMS 公司的技术水平变化和其在全球创新网络中的位置演变过程。

1. 3D SYSTEMS 公司网络技术能力变化分析

技术能力可以通过多个方面的指标进行反映，机构专利数量排名是最直接的反映，而公司研发机构的数量及分布能够反映出企业的技术研发能力和全球化水平。表 3-6 列举出在三个阶段专利数量排名前 30 的机构，3D SYSTEMS 公司在三个阶段中专利数量排名一直处于前三位的水平。第一阶段专利数量排名为第三，第二阶段专利数量排名为第一，第三阶段专利数量排名为第二，说明该企业的技术创新能力强，技术进步速度远远超出本领域内其他机构。

表 3-6　　　3D 打印专利权人三阶段专利数量排名

排名	第一阶段 （2003—2007 年）	第二阶段 （2008—2012 年）	第三阶段 （2013—2017 年）
1	PENN STEVEN	3D SYSTEMS	STRATASYS LTD
2	STRATASYS LTD	CONCEPT LASER	3D SYSTEMS
3	3D SYSTEMS	STRATASYS LTD	CONCEPT LASER
4	OBJET GEOMETRIES LTD	DESKTOP METAL	DESKTOP METAL
5	POWELL DONALD	FARNWOR	XJET
6	BOMMERSBA CHWILLIAM	ALPINE ELECTRONICS	EOS
7	CARVER ROGER	EOS	CANON
8	MARSHALL STEPHEN	CANON	NANO DIMENSION
9	WEDEMEIER FREDERICK	BENCINA MOJCA	ULTIMAKER
10	WHITNEY DONALD	BOZIC SABINA	ELECTROLOOM
11	EOS	BREMSAK ROBERT	BIOBOTS
12	SEEREALTE CHNOLOGIES	DEBELJAK NIKA	NANO DIMENSION
13	HAU SSLERRALF	MATERIALISE	MATERIALISE

续表

排名	第一阶段 (2003—2007 年)	第二阶段 (2008—2012 年)	第三阶段 (2013—2017 年)
14	LEISTER NORBERT	VOXELJET	TAULMAN 3D
15	VOXELJET	IWATA MASAYOSHI	FORMATEC CERAMICS
16	TOYOTA MOTOR CORP	JELERCIC URSKA	SLM SOLUTION
17	SLM SOLUTION	SLM SOLUTION	VOXELJET
18	CATHEY WADE	JERALA ROMAN	TETHON 3D
19	CDMOPTICS	KEMIJSKI INST	DELTABOTS
20	COGSWELLCAROL	KIND FRANZ – GEORG	DOLES TIBOR
21	DOWSKIEDWARD	KOGI TOSHINOBU	FEKONJA OTA
22	RENAUD – GOUDPHILIPPE	LUKAN ANJA	POHAR JELKA
23	SCHWERDTNERARMIN	MARCEL GRUENDKEN	VERCE MARKO
24	CANON	MICHEL PETER	BERMSAK ROBERT
25	SCHLEISSPETER	MIKLAVIC SPELA	KEMIJSKI INST
26	TSUJIKAWAKEIZO	POHAR JELKA	FUJIFILM
27	TSUJIKAWASENKO	REHAU AG & CO	ARCAM AB
28	TSUJIKAWATOSHIZO	ROKIT	PANASONIC
29	DESKTOP METAL	SENTROL	SENTROL
30	LEVYGIDEON	ARCAM AB	PHILIPS ELECTRONICS

资料来源：作者整理。

2. 3D SYSTEMS 公司网络技术合作机构的技术水平

本书通过研究 3D SYSTEMS 公司的网络技术合作伙伴的技术实力，反映 3D SYSTEMS 公司的技术实力变化。本书对 3D SYSTEMS 公司的技术实力变化主要通过两个指标来体现：一是公司网络合作机构的专利量排名；二是 3D SYSTEMS 公司与合作机构的合作专利量。如表 3－7 所示，选取与 3D SYSTEMS 公司合作数量最多的前五个机构进行分析，合作量前五名的机构分别是 STRATASYS LTD、DESKTOP METAL、EOS、CANON KK 和 MATERIALISE。从 2008—

2012年到2013—2017年，合作专利数量不断增加，同时与3D SYSTEMS合作的机构的专利数量排名也呈现出一定的上升趋势，反映了3D SYSTEMS技术实力的提升过程。

表3-7 3D SYSTEMS公司不同阶段网络技术合作机构及合作专利数量

2003—2007年	专利合作机构	无				
	专利合作数量	无				
	专利合作机构的专利数量排名	无				
2008—2012年	专利合作机构	STRATASYS LTD	DESKTOP METAL	EOS	CANON	MATERIALISE
	专利合作数量	4	2	2	1	1
	专利合作机构的专利数量排名	3	4	7	8	13
2013—2017年	专利合作机构	STRATASYS LTD	DESKTOP METAL	EOS	CANON	MATERIALISE
	专利合作数量	12	7	5	4	2
	专利合作机构的专利数量排名	1	5	6	7	13

资料来源：作者整理。

3. 3D SYSTEMS合作网络地位变化分析

3D SYSTEMS在合作网络中地位变化，可以通过其在全球创新网络中的中心性指标变化来体现。如表3-8所示，2003—2007年，3D SYSTEMS节点度数中心性值为3.745，中介中心性值为2.278，少数的两个节点的联系是通过3D SYSTEMS节点建立的，它控制网络中的较少资源，处于网络的边缘位置。2008—2012年，3D SYSTEMS在创新网络中网络位置逐渐增强，度数中心性值为36.314，中介中心性值为9.398，从这些数据分析可以发现，有一些节点是通过3D SYSTEMS节点建立联系，并开始控制网络中的一些资源，3D

SYSTEMS 公司开始主动融入全球创新网络,并处于网络相对中心的位置。2013—2017 年,度数中心性值为 62.635,中介中心性值为 8.988。至此,3D SYSTEMS 已经占领了 3D 打印产业全球创新网络的重要位置,控制网络中大部分的重要资源。

表 3–8　　　　　　3D SYSTEMS 不同阶段网络中心性分析

时间	度数中心性	中介中心性
2003—2007 年	3.745	2.278
2008—2012 年	36.314	9.398
2013—2017 年	62.635	8.988

资料来源:表 3–4、表 3–5。

4. 案例启示

(1) 不断加大创新投资

3D 打印产业是一个非常重视研发的产业,企业要适应新形势,不断加大科技投入,增强技术创新能力,对于占据市场制高点是十分重要的。3D SYSTEMS 公司每年研发投入都在大幅增加,如表 3–9 所示,2016 年 3D SYSTEMS 公司人均研发投入达到 37239 美元,相较于其他 3D 打印产业领先企业投入明显数值更大(表 3–9 中选取该四家企业的原因为根据《3D 打印产业发展格局》报告可知四家企业属于产业中领先,另外,此四家企业相关数据可从公司财务报表中获取)。2015 年,3D SYSTEMS 公司荣登福布斯最具创新力成长企业榜单,由此可知 3D SYSTEMS 将大部分投资用于核心和关键技术的研发。通过加大研发投资,3D SYSTEMS 公司提高了自身技术创新能力水平,而强大的技术创新能力对于 3D SYSTEMS 公司嵌入全球创新网络且占据网络重要位置是非常重要的,占据网络重要位置对其获得信息、有效地形成知识产出和提高产业绩效都起到了极大的促进作用。因此,3D SYSTEMS 公司研发部门与全球 3D 打印先进企业通力合作，继而嵌入3D打印产业全球创新网络并占据重要的网络位置，共享网络知识和资源，对于该企业增强技术创新能力和占据市场制高点又起到了事半功倍的效果，使企业更加从容地面对激烈的产业竞争和不稳定的投资环境。综上所述，3D SYSTEMS 公司不断加大创新投资是其有效融入全球创新网络实现技术提升的有力保障。

表3-9　　　　全球四家领先3D打印公司研发投入概况

公司	年度	研发投入（美元）	研发人员（人）	人均研发投入（美元）
3D SYSTEMS	2016	92800000	2492	37239
	2015	88400000	2455	36008
	2014	75400000	2136	25300
RENISHAW	2016	108000000	4286	25198
	2015	95845000	4112	23309
	2014	84526920	3492	24206
ExOne	2016	7800000	309	25243
	2015	7300000	311	23473
	2014	8200000	304	26974
ARCAM	2016	7633000	348	21934
	2015	7100000	285	24912
	2014	4275000	94	45479

资料来源：根据各公司财务报告数据整理。

（2）政府采购支持

政府采购在各国战略新兴产业发展的过程中起到了非常重要的支持作用（Guan，2012）。从3D SYSTEMS 公司所在国家政府采购支持情况来看，美国联邦政府负责采购的部门是美国总务管理局（General Services Adminstration，简称 GSA），该部门的职责是与国内不同行业的优质企业签订长期合同，签订合同的企业为政府提供大量的商品和服务。在 2015 年，3D SYSTEMS 公司出现在 GSA 的企业名单中，而且 GSA 与 3D SYSTEMS 公司签订了期限长达 20 年的一份合约，合约规定 3D SYSTEMS 公司将为美国政府提供需要 3D 打印技术的一系列设备和相关服务，设备和服务包括成像设备、各类耗材和辅助设备、Cube 系列桌面打印机、ProX 系列 3D 打印机、ProJet 系列打印机、Geomagic 扫描仪和相关服务。通过美国联邦政府的采购支持，3D SYSTEMS 公司得到了稳定的"销售客户"和销售收入，稳定的销售收入能够保证企业加大创新投资并提升技术创新能力，提高创新投资对于 3D SYSTEMS 公司有效融入全球创新网络并实现技术提升是非常重要的。因此，政府采购支持对 3D SYSTEMS 公司融入全球创新网络并实现技术提升有一定的促进作用。

聚焦中国政府采购对 3D 打印产业的支持，笔者在撰写论文的过程中，开展了大量的 3D 打印企业实地调研和问卷调查，针对政府采购支持这个问题与不同企业的相关负责人员进行访谈，江苏九钰金属弧焊与粉末打印销售部总经理王雪峰表示，现阶段我国在政府采购方面对 3D 打印企业的支持非常少，仅有的支持主要集中于学校采购的一些实验室设备等，规模相对较小，缺乏像美国政府对 3D SYS-TEMS 公司这样长期稳定的采购支持。因此，政府采购扶持不充分是我国 3D 打印企业提高创新能力并有效融入全球创新网络的不利条件之一。

3. 成熟的风险投资行业

成熟的风险投资为企业提供运营资金对于企业研发实力的提高和产业的快速发展十分重要①，3D SYSTEMS 公司能够快速融入全球创新网络，并占据网络重要位置与美国发达的风险投资行业是分不

---

① 马琳、吴金希：《全球创新网络相关理论回顾及研究前瞻》，《自然辩证法研究》2011 年第 1 期。

开的①。美国的风险投资大多数投入高新技术型企业中，奥巴马政府 2013 年的国情咨文报告中强调了 3D 打印产业的重要性，甚至认为该技术能够为美国夺取制造业大国地位提供支持。有数据显示 2013 年 3D SYSTEMS 的股价累计增长了 224%，且投资者的投资热情依然不减，说明美国的风险投资行业对于 3D 打印产业发展十分看好，同时风险投资行业也有力地支持了 3D 打印产业的快速发展。基于以上分析可知，成熟的风险投资行业能够为企业提供稳定的资金来源，保证企业加大创新投资并提升技术创新能力。因此，美国成熟的风险投资行业是 3D SYSTEMS 公司融入全球创新网络并实现技术提升的有效途径。因此，我国需要引导相关金融机构和社会资金对 3D 打印产业发展的大力支持，并支持 3D 打印产业的合法融资。

（二）EOS 公司

德国 EOS 公司成立于 1989 年，总部设立在慕尼黑。该公司一直专注研究镭射粉末烧结（e – manufacturing 的核心技术）的快速制造系统及相关问题。该技术的优势之一在于投放市场较为广泛，既可以投放到单品制造市场又可以投放至大批量生产的市场；另一个优势在于该技术具有电子化、弹性化、客制化和绿色制造等特点，适用的产品范围也较为广泛，可用于航空产品和生物医学材料制造等。

1. EOS 公司网络技术能力变化分析

从上文 3D 打印产业三个阶段研究对象专利排名变化中可以看出，EOS 公司的专利量排名一直在上升，在三个阶段的专利排名分别是 11、7、6，处于 3D 打印领域领先地位。

2. EOS 公司网络技术合作机构的技术水平

本部分主要分析 EOS 公司的网络技术合作伙伴专利量排名和 EOS 公司与技术合作伙伴的合作专利量。如表 3 – 10 所示，从第二

---

① 李健、屠启宇：《全球创新网络视角下的国际城市创新竞争力地理格局》，《社会科学》2016 年第 9 期。

表 3-10　　EOS 公司不同阶段网络技术合作机构及合作专利量

2003—2007 年	专利合作机构	无				
	专利合作数量	无				
	专利合作机构的专利数量排名	无				
2008—2012 年	专利合作机构	VOXELJET	SLM SOLUTION	3D SYSTEMS	ARCAM AB	MATERIALISE
	国别	德国	德国	美国	瑞典	比利时
	专利合作数量	2	2	2	1	1
	专利合作机构的专利数量排名	14	17	1	30	13
2013—2017 年	专利合作机构	STRATASYS LTD	SENTROL	3D SYSTEMS	CANON	FUJIFILM
	国别	美国	韩国	美国	日本	日本
	专利合作数量	11	7	5	8	4
	专利合作机构的专利数量排名	1	29	2	7	26

资料来源：作者整理。

阶段到第三阶段，EOS 公司所选择的合作对象范围拓宽，不仅限于欧美公司，也与亚洲国家公司开展合作，不仅与 3D SYSTEMS 或 STRATASYS LTD 这样的国际巨头公司合作，也与总体实力不强但在 3D 打印某一具体技术方面实力强劲的公司进行合作，如韩国 SENTROL 公司（该公司为高速 DLP 3D 打印机制造商，高速系列分辨率高、速度快，超高速系列采用了 C-Cat 技术，打印速度据说可达普通 DLP 的 30 倍），至此，EOS 公司企业创新竞争力不断提高，从专利数量攀升可见一斑。从合作对象的国别来看，2008—2012 年 EOS 公司合作对象来自美国、德国、瑞典和比利时，2013—2017 年，EOS 公司的主要合作对象来自美国、韩国和日本。可见，2008—2012 年合作对象主要来自具有地缘优势的欧洲，2013—2017 年合作对象来源广泛，更倾向于与专业技术水平高的公司合作，且亚洲地区居多。这直接反映了EOS公司的全球化进程，从侧面反映出了亚洲企业在3D打印技术领域的崛起。

3. EOS公司合作网络地位变化分析

EOS在合作网络中的地位变化，可以通过其在网络中的中心性变化来体现。如表3-11所示，2003—2007年，EOS节点的度数中心性数值为1.227，中介中心性值为1.719，处于网络的边缘位置。2008—2012年，EOS公司在创新网络中网络位置逐渐增强，度数中心性数值为24.458，中介中心性值为7.887，从这些数据分析可以发现，有一些节点是通过EOS节点建立并开始控制网络中的一些资源，EOS公司开始主动融入全球创新网络，并处于网络较为边缘的位置。2013—2016年，度数中心性数值为53.658，中介中心性值为7.886，至此，EOS已经占领了3D打印产业全球创新网络的重要位置，控制网络中大部分的重要资源。

表3-11　　　　　　　EOS公司不同阶段网络中心性分析

期间	度数中心性	中介中心性
2003—2007年	1.227	1.719
2008—2012年	24.458	7.887
2013—2017年	53.658	7.886

资料来源：表3-4、表3-5。

4. 案例启示

（1）集中力量发展核心竞争力

EOS公司自成立以来一直通过集聚优势力量和剥离非核心业务等方式来发展企业核心竞争力，现已成为全球快速制造的领导者之一。EOS公司倡导的Design Driven Manufacturing理念，对传统的制造产业发挥了互补的功能，进而有了革命性的影响。该公司一直专注研究镭射粉末烧结（e-manufacturing的核心技术）的快速制造系统及相关问题，现已成为全球范围最大且拥有最先进技术的e-manufacturing 系统制造商和供应商。行业领先地位对于 EOS 公司在全球创新网络中占有优势地位掌握信息资源起到了十分重要的作用。综上所述，集中力量发展核心竞争力是 EOS 公司有效融入全球创新网络、实现技术提升的根本保障。

(2) 构建全球性研发网络

EOS 公司在全球建立研发机构，仅在美国就建立了 14 个研发中心，在欧洲其他国家、亚洲国家均建立了研发机构。EOS 公司创新组织的建立有效推进了全球研发网络的构建，而全球研发网络为 EOS 公司嵌入全球创新网络奠定了基础。综上所述，构建全球性研发网络是 EOS 公司有效融入全球创新网络、实现技术提升的关键所在。

(3) 科技中介行业的国际化程度高

现阶段，企业对外部资源和信息的有效利用主要依靠科技中介完成，科技中介公司的类型主要包括咨询公司和技术中介公司等，相应地，如果企业想利用国际资源，则需要依赖国际化程度高的科技中介公司。德国 EOS 公司能较快地寻找到专业技术水平强劲的 3D 打印公司，并与其开展有效的国际合作，与发达且国际化程度高的德国科技中介行业是分不开的。德国不仅有各种协会设立的科技中介机构，如德国工业研究联合会（Arbeitsgemeinschaft Industrieller Forschungsverei，AIF）和德国工程师协会（Verein Deutscher Ingenieure，VDI），还有民间独立的科技中介机构，如德国史太白经济促进基金会（Steinbeis Economic Promotion Foundation，STW），STW 发展到现在已经成为世界最活跃的技术转移机构之一。综上所述，科技中介行业的国际化程度高是 EOS 公司有效融入全球创新网络、实现技术提升的重要条件。

(4) 聘用优秀的国际创新领军人才，及时化解人才空缺难题

EOS 公司在 3D 打印产业发达地区建立多个研发机构，近些年，不断拓展在亚太地区的业务范围，同时非常重视聘用优秀的国际创新领军人才。在中国，EOS 公司任命叶泊沅先生担任 EOS 公司大中

华区总经理一职，叶先生在科技行业涉猎领域十分广泛，如仿真和智能制造等，在之前任职的 LMS 和 ALTAIR 公司均担任重要职位。在日本，EOS 公司任命 Yasuaki Hashizume 先生为日本公司总经理，Yasuaki Hashizume 先生一直是 3D 打印产业领军人物，之前担任过日本 NTT 数据工程系统株式会社（简称 NDES）的总负责人。可见，EOS 公司十分重视对行业优秀国际创新人才的聘用，从侧面可以反映出产业创新领军人才对于产业创新和综合竞争力提高等方面的作用十分重要。优秀的国际创新领军人才对于 EOS 公司嵌入全球创新网络具有重要的推动作用，其不仅对本国的产业和市场情况十分了解，更能有效地推动两国研发人员的密切合作，更有利于合作产生知识的共享、转移和扩散。综上所述，聘用优秀的国际创新领军人才是 EOS 公司有效融入全球创新网络、实现技术提升的有效条件。

同时，据 Wohlers Report 披露，截至 2020 年，3D 打印市场的价值将高达 210 亿美元，3D 打印行业对认证从业人员的需求还将持续增长。然而，在人才需求不断攀升的 3D 打印行业，难以寻觅到匹配人才却成了目前困扰各 3D 打印企业和用户的最大问题。在未来十年里，设计、工程和制造业将因技工数量短缺而产生数百万空缺岗位，范围涵盖 3D 打印研发、生产、操作、维护、模型设计、产品质检、后期处理及市场销售的各个环节。EOS 公司深知行业人才无论是对本企业的发展还是在全球创新网络中所发挥的作用都是极其重要的，因此，面对 3D 打印行业如此庞大的人才缺口，EOS 联合全球顶尖高等院校推出了全新的 EOS 增材制造认证计划，旨在助力学生快速获得增材制造认证证书，填补 3D 打印市场巨大的技能型人才空缺。EOS 全球教育市场总监 Gina Scala 表示："虽然全球对增材制造专业技工的需求持续攀升，但却没有全面、一致的技能认证标准，企业很难将具体工作与 3D 打印技能进行匹配。我们基于近 30 年的行业经验，与知名 3D 打印教育机构共同打造了 EOS 增材制造认证计划。我们坚信，该计划将成为企业需求与员工技能之间的对接桥梁。"成功加入认证计划的教育机构，可通过 EOS 直接访问学习模块中长达

40 课时的考试准备内容，参与机构还可以访问实践项目和实验室、GrabCAD 和 InsightCAM 软件、模块考试、教师笔记和演示文稿等资源。注册的学生可以充分利用关键的技术资源指南、行业用例及软件与准备说明。可见，EOS 公司通过打造 EOS 增材制造认证计划来及时填补 3D 打印市场巨大的技能型人才空缺。

反观中国，据 3D 打印科学谷 2017 年公布的数据显示，我国 3D 打印产业的专业人才缺口约为 800 万人，专业人才的需求意味着需要大量的人才供应，尤其是对于 3D 打印这个新兴行业来说，专业型人才更是关键，是 3D 打印产业发展核心驱动力。而现阶段，我国对 3D 打印产业综合型和专业型人才培养力度不够，仅有少数高校和科研院所开设与 3D 打印技术相关的学科，促进学科交叉融合的平台或研究中心也较少。可见，填补 3D 打印市场巨大的技能型人才空缺是我国 3D 打印产业快速发展和融入全球创新网络所面临的重要问题。

第四节　3D 打印全球产业链和价值链创新网络特征分析

一　概念界定

产业链是价值链在产业层面上的延伸，是多个企业价值链的整合，产业链上的不同企业之间是竞争关系，与上、下游企业之间则是交易关系。[①] 3D 打印产业链覆盖范围较广，产业链上游主要解决 3D 打印的数据和材料来源，涵盖了扫描设备、在线社区、CAD 软件、逆向工程软件、数据修复和材料；中游以设备企业为主，这些

[①] 张鑫、王一鸣：《经济全球化视角下的国外区域经济发展研究综述——基于全球价值链、全产网络和创新网络的比较分析》，《南京理工大学学报》（社会科学版）2014 年第 4 期。

企业大多提供材料和打印服务业务,在整个产业链中占据主导地位;下游打印服务是行业发展到一定阶段才出现的商业模式,负责衔接3D打印与下游企业应用。具体来看,3D打印产业链可细分为基础配件层、耗材研发制造层、设备研发制造层、辅助支撑层和应用服务层几个部分,如图3-13所示。

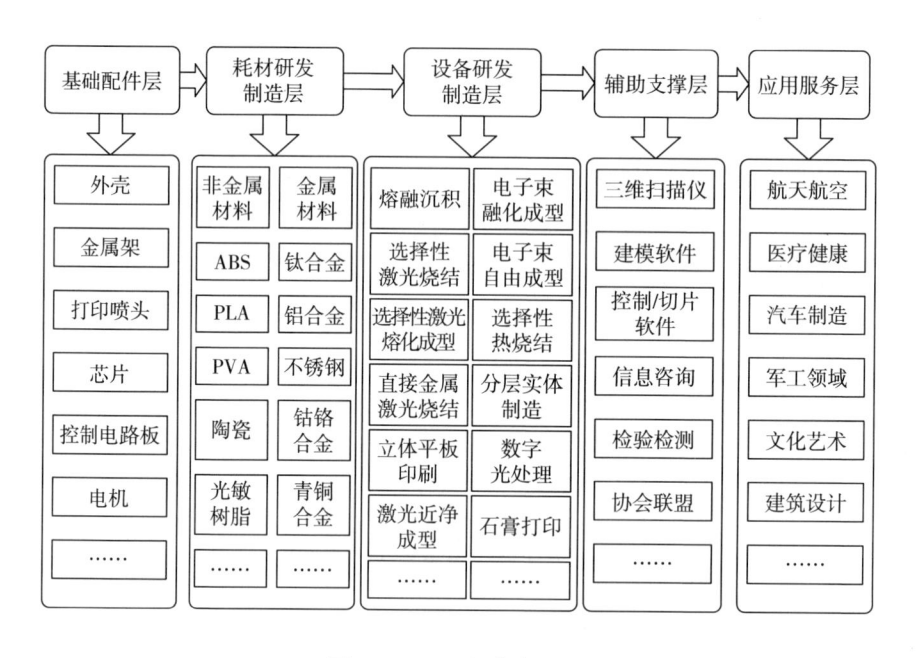

基础配件层	耗材研发制造层	设备研发制造层	辅助支撑层	应用服务层
外壳	非金属材料 / 金属材料	熔融沉积 / 电子束融化成型	三维扫描仪	航天航空
金属架	ABS / 钛合金	选择性激光烧结 / 电子束自由成型	建模软件	医疗健康
打印喷头	PLA / 铝合金	选择性激光熔化成型 / 选择性热烧结	控制/切片软件	汽车制造
芯片	PVA / 不锈钢	直接金属激光烧结 / 分层实体制造	信息咨询	军工领域
控制电路板	陶瓷 / 钴铬合金	立体平板印刷 / 数字光处理	检验检测	文化艺术
电机	光敏树脂 / 青铜合金	激光近净成型 / 石膏打印	协会联盟	建筑设计
……	……	……	……	……

图3-13　3D打印产业链

资料来源:作者整理。

企业的价值增值活动构成了自己的价值链。各个企业的价值链相互交织,彼此互为各自价值增值活动中的一个部分再加上虚拟组织对资源的动态共享,形成了价值网络。传统的产业链模式是基于分工的上下游一对一的链式结构。科学技术发展日新月异,行业边界越来越模糊,产业链也变得越来越复杂。产业链发展模式也由传统的链式结构发展为网络结构。因而,本书对3D打印全球产业链和价值链创新网络进行研究,首先对概念进行界定。

3D打印全球产业链和价值链创新网络是指3D打印企业与企业

之间在经营上出于对共同利益的追求，建立专业化分工的一种长期互动合作关系，包括垂直网络和水平网络。

二 网络模式

结合3D打印产业发展的实际情况，本书将3D打印全球产业链和价值链创新网络发展模式分为两种，垄断企业主导的产业链和价值链网络模式和竞争企业共生的产业链和价值链网络模式，二者间的差异如表3-12所示。下文中通过案例分析来具体诠释3D打印全球产业链和价值链创新网络发展模式及网络特征。

表3-12　　3D打印全球产业链和价值链创新网络发展模式比较

类型	发展模式	案例
垄断企业主导的产业链和价值链网络模式	大量小型3D打印企业围绕垄断企业，为核心3D打印垄断企业进行配套生产，核心垄断企业处于领导地位，在3D打印产业发展中具有支配性，对配套小企业的生产与技术进步都有关键的影响	STRATASYS
竞争企业共生的产业链和价值链网络模式	全球范围内实力相当的3D打印企业集聚，企业之间地位平等，联系密切。这一模式使创新方式从垂直一体化型结构转向水平分工，长期分工合作使企业之间建立相互信任的合作关系	MATERIALISE

1. 垄断企业主导的产业链和价值链网络模式

这一产业链网络模式表现为大量小型3D打印企业围绕垄断企业进行配套生产。这种模式中核心垄断企业处于领导地位，对配套小企业的生产与技术进步都有关键的影响。例如，美国STRATASYS公司采用这种模式发展。下文以美国STRATASYS公司为例对垄断企业主导的产业链和价值链网络模式和网络特征进行分析。

美国STRATASYS公司是全球3D打印领军企业。根据Wohlers Report，笔者归纳出STRATASYS公司的主要供应商包括：英国LPW

TECHNOLOGY、法国 DASSAULT SYSTEMES、英国 XAAR、美国 WORRELL、法国 PRODWAYS、德国 VOXELJET、荷兰 ROYAL PHILIPS、日本 DAIHATSU、德国 BERKER。以这些企业为主，形成了以 STRATASYS 公司为主导的 3D 打印产业链。该产业链上游企业解决 3D 打印的数据和材料来源，涵盖了扫描设备、CAD 软件等；中游以设备企业为主，大多提供材料和打印服务业务，在整个产业链中占据主导地位；下游企业负责衔接 3D 打印与下游行业应用。可见，STRATASYS 公司构建了一个涵盖 3D 打印材料、CAD 软件、3D 打印设备、服务等领域的全球产业链和价值链创新网络。主要的供应商大部分属于知名或著名的企业，而不是行业的领军企业，为核心 3D 打印垄断企业 STRATASYS 进行配套生产或提供产品或服务，STRATASYS 处于领导地位，在 3D 打印产业发展中具有支配性，对配套企业的生产与技术进步都有关键的影响。主要供应商的情况详见表 3-13。

表 3-13　　　　　STRATASYS 产业链主要供应商情况

企业	提供的产品/服务	产业链地位
LPW TECHNOLOGY	金属粉末	英国知名金属粉末材料制造商
DASSAULT SYSTEMES	系统软件	法国著名的软件公司、全球领先的 3D 设计软件厂商之一
XAAR	高速烧结和工业压电喷墨打印头相关技术	英国领先的数字压电按需喷印技术独立制造商
WORRELL	产品设计和开发	美国著名的医疗保健创新设计公司
PRODWAYS	SLS 选择性激光烧结技术	法国著名 3D 打印机制造商
VOXELJET	HSS - 高速烧结设备	德国工业应用 3D 打印系统的领先生产商
ROYAL PHILIPS	3D 打印医疗模型	荷兰著名医疗保健公司、全球健康技术领导者
DAIHATSU	小型车领域	日本知名的老牌汽车制造商
BERKER	开关制造	德国主要开关制造商之一

通过对 STRATASYS 产业链和价值链创新网络中主要企业的专利引用强度进行测算，如表 3-14 所示，可以发现产业链和价值链网络中主要企业之间相互学习、合作创新的情况。计算过程如下：由于 EPO 数据库中没有关于施引专利的数据统计，此处从 Derwent Inovations Index 检索出了这 10 个公司 1989—2017 年专利的相互引用数据。例如，Voxeljet 引用 STRATASYS 公司专利数的检索方法为：打开 Derwent Inovations Index，在高级检索框中输入检索式"AN = Voxeljet"、时间限制为 1989—2017 年，检索出 Voxeljet 公司 1989—2017 年的所有专利，然后在检索框中输入检索式"CAC = STRATASYS"，时间限制和上述一样，检索出 Voxeljet 公司 1989—2017 年引用 STRATASYS 公司的专利一共为 21 项，按照引用的专利数除以引用者的专利数计算出 STRATASYS 产业链和价值链创新网络中各主要企业的专利引用强度。例如，表 3-14 中的第一行第二列的"0.011"代表 DASSAULT SYSTEMES 引用 LPW TECHNOLOGY 的专利数除以 DASSAULT SYSTEMES 的专利总数而计算出的结果。

通过测度网络节点企业的中心性指标对 3D 打印全球产业链和价值链创新网络特征进行分析，结果如表 3-15 所示。度数中心性指标、中介中心性指标和接近中心性指标代表含义于第二章二节介绍。可以看出，STRATASYS 公司在 3D 打印产业链创新网络中具有最大的度数中心性和中介中心性、最小的接近中心性。在 3D 打印产业链变革式创新网络中，STRATASYS 的中心性指标表明其是产业链中各企业的中介者和协调人，它通过控制核心技术等方式，组织和协调各节点企业完成整个产业链的协同创新。数据来源与第三章第一节一致。

2. 竞争企业共生的产业链和价值链网络模式

这一模式表现为全球范围内在 3D 打印产业链上实力相当的企业集聚，企业之间地位平等，联系密切，有实力的生产企业也可以作为主导企业，但不是行业内的垄断企业。这一模式使创新方式从垂直一体化结构转向水平分工，通过细化的创新分工，每个 3D 打印企

表3-14　　STRATASYS产业链和价值链创新网络中专利引用强度

	LPW TECHNOLOGY	DASSAULT SYSTEMES	XAAR	WORRELL	PRODWAYS	VOXELJET	ROYAL PHILIPS	DAIHATSU	BERKER	STRATASYS
LPW TECHNOLOGY	0.000	0.011	0.001	0.002	0.017	0.000	0.000	0.000	0.000	0.000
DASSAULT SYSTEMES	0.021	0.000	0.005	0.018	0.022	0.049	0.001	0.000	0.000	0.000
XAAR	0.009	0.037	0.000	0.001	0.004	0.017	0.000	0.000	0.000	0.000
WORRELL	0.000	0.000	0.000	0.000	0.024	0.000	0.000	0.000	0.000	0.000
PRODWAYS	0.295	0.033	0.051	0.154	0.000	0.007	0.006	0.000	0.000	0.012
VOXELJET	0.017	0.001	0.020	0.033	0.132	0.000	0.051	0.026	0.001	0.017
ROYAL PHILIPS	0.018	0.002	0.015	0.031	0.005	0.112	0.000	0.000	0.000	0.001
DAIHATSU	0.000	0.001	0.000	0.000	0.000	0.000	0.000	0.000	0.000	0.000
BERKER	0.000	0.000	0.000	0.000	0.000	0.000	0.000	0.000	0.000	0.000
STRATASYS	0.236	0.027	0.097	0.515	0.380	0.056	0.024	0.017	0.059	0.000

表3-15　STRATASYS产业链和价值链创新网络主要企业的中心性指标

企业	度数中心性	中介中心性	接近中心性
LPW TECHNOLOGY	4	0	103
DASSAULT SYSTEMES	4	0	90
XAAR	3	1	75
WORRELL	3	2	67
PRODWAYS	10	5	38
VOXELJET	8	10	36
ROYAL PHILIPS	6	7	54
DAIHATSU	2	0	116
BERKER	1	0	112
STRATASYS	32	17	9

业只专注于某一种材料或某一个工艺的创新。长期分工合作使企业之间建立相互信任的合作关系，构成范围更广的产业链，产生更大的经济推动力。例如，比利时的MATERIALISE公司采用这种模式进行发展。

MATERIALISE是比利时一家服务于工业领域的增材制造软件及3D打印解决方案供应商，在3D打印行业与MATERIALISE进行合作的企业非常多，被称为在3D打印行业无处不在的企业。MATERIALISE独特的3D打印软件平台能与各种3D打印机和CAD系统连接，提供从设计到完成打印的无缝流程。MATERIALISE软件是3D打印行业的标准，在全球67个国家被使用。通过对MATERIALISE在中国的分公司上海玛瑞斯三维打印技术有限公司进行实地调研，笔者发现该公司从其创立之日起，就与打印机制造商、大学、软件供应商、研究机构及3D打印专业人士展开合作。合作一直是MATERIALISE基因的重要部分。被访者表示通过构建和融入3D打印产业全球创新网络，获得一个强大的、全球性合作网络的支持，可使

MATERIALISE 为最严苛的客户提供满意的端到端解决方案。MATERIALISE 所融入的 3D 打印产业全球创新网络主体包括众多国际知名 3D 打印机构，如 ADDITIVE INDUSTRIES、ARBURG、ARCAM EBM、铂力特、SHINING 3D、CONCEPT LASER、MIICRAFT、LUXEXCEL、联泰、LEAPFROG 3D PRINTERS、LSS、SLM、PRISMLAB、ENVISIONTEC、RAPLAS、WINFOR SYS、INSSTEK、RENISHAW、PRODWAYS、REALIZER、SISMA、SIEMENS、ACKURETTA、KAIZER、SENTROL、CARIMA、HP、3D SYSTEMS、EOS、TRUMPF、ADDUP、PROTOOLS、MICROJET、ITRI、RITON、HBD、TONGTAI、QUBEA、KINGS、XJRP 和 YN AMT 等。访谈者表示要将增材制造转变为广受信赖的制造技术，或是要创造具有无限可能的应用，通过构建和融入 3D 打印产业全球创新网络，进行有效合作至关重要。

根据 WOHLERS REPORT，笔者归纳出 MATERIALISE 公司产业链与价值链网络中主要企业：瑞典 ARCAM、瑞典 SANDVIK、荷兰 ULTIMAKER、美国 SIMPLIFY3D、德国 CONCEPT LASER、中国铂力特、意大利 SISMA、美国 GE AVIATION 和德国 BASF。以这些企业为主，形成了以 MATERIALISE 公司为主导的 3D 打印产业链。MATERIALISE 公司构建了一个涵盖 3D 打印耗材、扫描仪器、切片软件、3D 打印设备、行业应用等领域的全球产业链和价值链创新网络。主要企业的实力相当，企业间联系紧密地位平等，每个 3D 打印企业只专注于某一种材料或某一个工艺的创新，如 SIMPLIFY3D 仅专注于切片软件，CONCEPT LASER 仅专注于激光熔融技术的研发。长期分工合作使企业之间建立相互信任的合作关系，构成范围更广的产业链，产生更大的经济推动力。主要供应商的情况详见表 3-16。

由于 Materialise 产业链和价值链创新网络中，各企业细化分工，每个 3D 打印企业只专注于某一种材料或某一个工艺的创新，所以主要企业间专利引用情况较少，因此本书不对竞争企业共生的产业链和价值链网络主要企业的专利引用强度进行测算。

表 3-16　　　　　Materialise 产业链网络中主要企业情况

企业	提供的产品/服务	产业链地位
ARCAM	3D 打印耗材	增材制造行业优秀的材料制造商
SANDVIK	3D 打印耗材	全球领先的先进产品制造商
ULTIMAKER	3D 扫描仪	荷兰领先 FDM 3D 打印机制造商
SIMPLIFY3D	切片软件	专业 3D 打印软件的全球领导者
CONCEPT LASER	激光熔融技术	全球激光熔融技术领域的创新领导者
铂力特	选择性激光熔化 SLM 系列金属精密成型设备	中国领先的选择性激光熔化（SLM）OEM 商
SISMA	金属 3D 打印设备	意大利最大的金属 3D 打印设备制造商
GE AVIATION	燃油喷嘴	全球商用飞机发动机的主要生产商之一
BASF	航空航天，汽车和可穿戴设备等	德国的化工企业，也是世界最大的化工厂之一

通过测度网络节点企业的中心性指标对竞争企业共生的产业链和价值链网络特征进行分析，结果如表 3-17 所示。可以看出，Materialise 产业链和价值链网络中大部分企业的中心性指标数值相差较小，每个网络节点企业都为整个网络的创新贡献力量，Materialise 相对在整个产业链和价值链网络中实力最强，是网络中的中介者和协调者。数据来源与第三章第一节一致。

表 3-17　　产业链和价值链创新网络中各主要企业的中心性指标

企业	度数中心性	中介中心性	接近中心性
ARCAM	14	3	90
SANDVIK	13	5	75
ULTIMAKER	13	2	67
SIMPLIFY3D	10	5	38
CONCEPT LASER	18	10	36
铂力特	16	7	34

续表

企业	度数中心性	中介中心性	接近中心性
SISMA	12	5	16
GE AVIATION	11	4	17
BASF	12	1	54
MATERIALISE	24	12	30

三 网络特征分析

上文中对不同类别的产业链和价值链创新网络进行案例分析，本节更进一步对产业链不同环节（上中下游）的网络特征进行分析，以把握不同国家在产业链上中下游网络（分技术层级）中的位置。本节将按照第三章第四节所绘制的产业链和价值链流程，对不同节点的产业链和价值链创新网络按国别进行分析。如前文所述，3D打印产业价值链可细分为基础配件层、耗材研发制造层、设备研发制造层、辅助支撑层和应用服务层几个部分。中间三个部分为整个产业的重点环节，因此，本书重点对这三个环节的产业链和价值链创新网络按国别进行分析，以发现我国在产业链和价值链网络中所处的地位及优势和劣势所在。

本节数据来源与第三章第一节一致，根据世界知识产权组（World Intellectual Property Organization）对3D打印技术制定的国际专利分类标准，国际专利分类IPC代码释义如下，B33Y0010000000为3D打印工艺，B33Y0030000000为3D打印设备（其细节或其附件），B33Y0040000000为辅助操作或设备（用于物料搬运），B33Y0050000000为3D打印的数据采集或数据处理，B33Y0050020000为用于控制或调节3D打印工艺，B33Y0070000000为适用于3D打印的材料，B33Y0080000000为3D打印产品和B33Y0099000000为此子类的其他组中未提供主题。因此对应到三个环节中，耗材研发制造层选取IPC分类号为B33Y0070000000、设备研发制造层为

B33Y0030000000、B33Y0040000000 和 B33Y0010000000；辅助支撑层为 B33Y0050000000 和 B33Y0050020000。通过对应本书第三章第一节所下载的专利数据按 IPC 号进行分类后，分别建立国际合作专利的耗材研发制造层专利数据库、设备研发制造层专利数据库和辅助支撑层专利数据库，同样界定发明人国别≥2 的专利数据作为国际合作专利。由于以企业为网络主体的创新网络合作专利相对较少且本节主要为分析不同国家在网络中的地位。因此选取国家作为网络分析对象对网络特征进行分析。

1. 耗材研发制造创新网络

耗材研发制造层主要包括 3D 打印的材料的研发和制备。如图 3-14 所示，德国和日本在创新网络中有明显的优势，是处于中心地位的两个国家，在该层网络的技术影响力更大。通过计算中心性指标可以发现，德国的度数中心性和中介中心性最大，而接近中心性最小，在整个网络中发挥着关键作用。同时也可以看到，美国和瑞士在该层网络中也具有较强的中介作用。我国在耗材研发制造层网络中具有较大的度数中心性，而中介中心性较小，仅与美国、印度、日本和巴西有一定的合作，虽然拥有一定数量的国际合作专利，但是获取和控制资源、信息的能力相对较弱。

2. 设备研发制造创新网络

设备研发制造层主要包括 3D 打印工艺，3D 打印设备和辅助操作或设备的研发和制造。如图 3-15 所示，美国和德国在设备研发制造层创新网络中有明显的优势，两国均处于网络中心地位，这表明它们在设备研发制造层合作创新网络中的国际影响更大，对其他国家有较大的支配作用。通过计算中心性指标发现美国具有最大的度数中心性，德国则具有最大的中介中心性，说明德国在该层网络中技术中介桥梁的作用更为显著。日本、俄罗斯、法国和以色列是设备研发制造层合作创新网络中另外四个主要合作国家。我国在设备研发制造层网络中度数中心性较低，而中介中心性相对较高，说明我国在该层网络中处于被支配地位，但起到一定的技术中介作用。

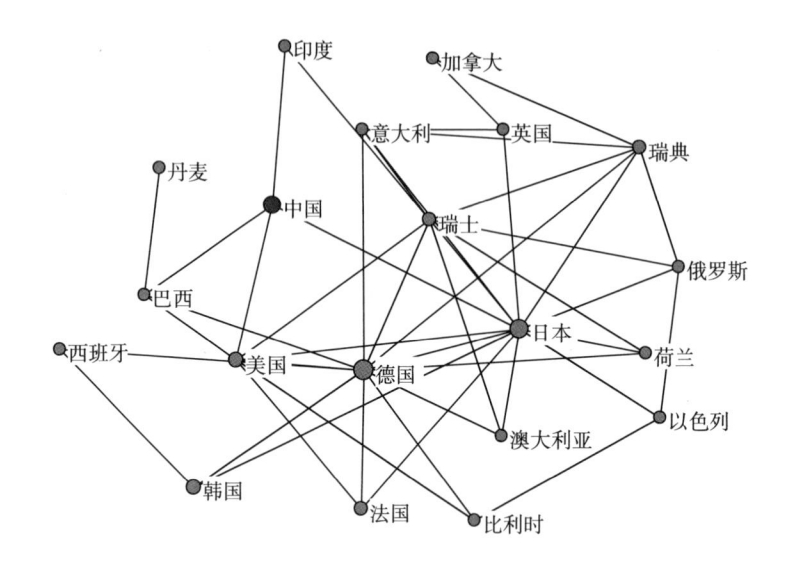

图 3-14　耗材研发制造层国家合作网络

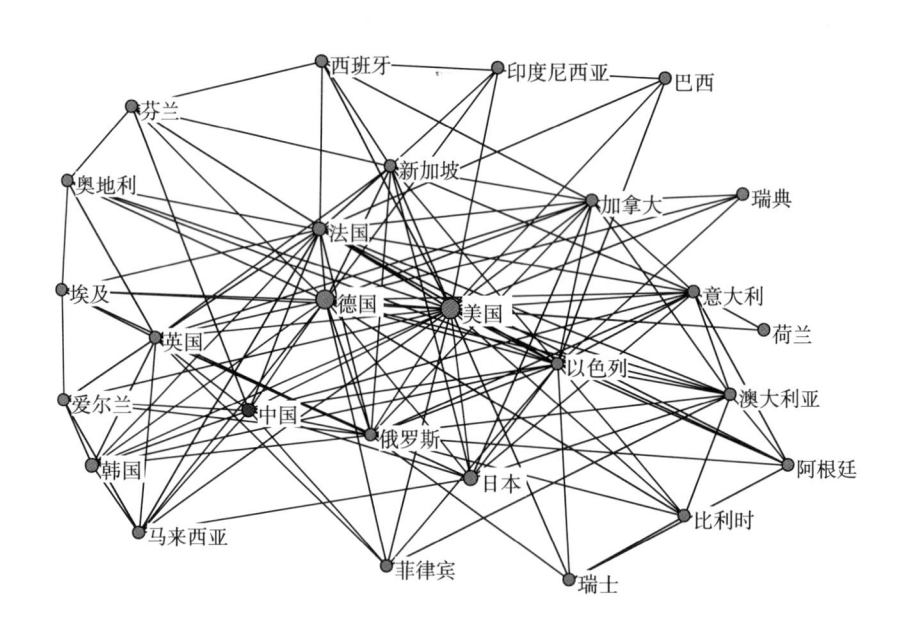

图 3-15　设备研发制造层国家合作网络

3. 辅助支撑创新网络

辅助支撑层主要包括软件和扫描仪研发等，从图 3-16 可以看出，美国和日本是网络的核心，这表明大部分国家都与美国和日本有3D打印软件或扫描仪相关技术的合作。通过计算各国的中心性指标可以发现，加拿大、澳大利亚和巴西在该网络中具有较强的中介中心性。虽然三个国家不是最为核心的国家，但具有较强的中介作用，体现了三个国家充当中间人并在辅助支撑层合作网络中发挥桥梁作用。同时我们可以发现，中国没有出现在该网络中，主要原因为中国3D打印产业链中扫描设备和CAD软件环节力量薄弱，逆向工程软件和数据修复领域空白。国外厂商大多专注细分领域，通过长期的积累和投入形成了独有的技术优势。而国内企业在细分领域的关注度普遍不够，积累时间也相对较短。因此，我国在相关领域没有国际合作专利，没有在辅助支撑层合作网络中出现。

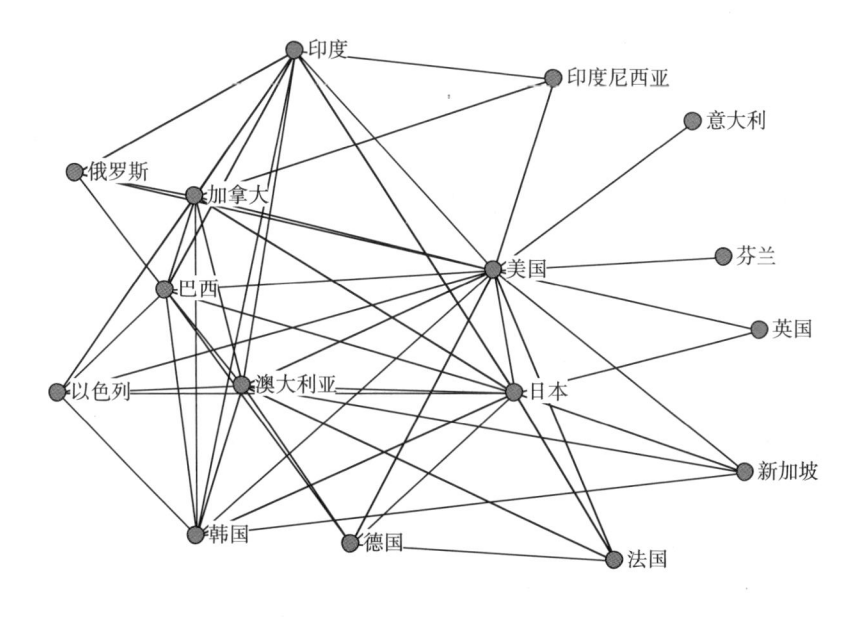

图3-16 辅助支撑层国家合作网络

综上所述，我们可以看到在耗材研发制造创新网络层创新网络和设备研发制造层创新网络中，中国的网络地位相对较好，虽不处在网络核心支配位置，但具有一定的技术中介桥梁作用。而在辅助支撑层网络中，中国由于软件和扫描仪研发力量薄弱，尚无国际合作专利，因而没有在合作网络中出现。中国想在软件和扫描仪领域有所突破，单靠研发难度较大，采用整合的方式可以在短期内弥补短板。例如，美国的 3D Systems 和 Stratasys，采取并购或整合的方式，加强了自身对产业链的整体掌控能力，从而奠定了公司在 3D 打印领域的龙头地位。

第五节　本章小结

本章通过检索策略制定、数据库构建和分析方法选择，研究了 3D 打印产业全球创新网络特征。具体来看，首先对 3D 打印全球研发合作创新网络特征进行研究，主要从整体网络特征、各网络主体网络地位、核心网络主体网络地位案例三个方面进行分析，然后对 3D 打印全球产业链和价值链网络特征进行分析，通过对网络发展模式分类，对不同模式中主要企业网络地位进行研究，研究结论如下。

1. 从全球 3D 打印产业的发展情况来看，全球 3D 打印产业规模呈快速增长态势；3D 打印产业专利的申请数量和国际合作数量均呈现出快速增长的趋势。从 3D 打印分技术领域发展情况来看，一些发达国家在 3D 打印某些技术领域中仍面临重大技术难题；在快速发展的技术领域，以色列和意大利处于非常有利的地位；只有美国几乎在 3D 打印的每个技术领域都具有一定的优势地位（除 3D 食品打印技术外），其他国家在不同的子技术领域中都有较大的提升空间。

2. 从 3D 打印产业全球创新网络整体网络特征来看，3D 打印产业全球创新网络密度逐渐增大，网络主体间联系增强且重要控制主体增多，网络向心趋势逐渐减小。从各网络主体在 3D 打印产业全球创新网络地位来看，随着时间的推移，网络主体的直接合作广度在不断加深，间接合作广度先增强后减弱；网络主体 3D SYSTEMS，STRATASYS LTD 和 EOS 在 3D 打印产业全球创新网络中占有重要位置，但与其他网络主体的差距在不断缩小。通过对核心网络主体案例研究，得到关键节点企业融入创新网络、实现技术提升的创新举措，主要举措包括：加大创新投资、政府采购支持、促进风险投资行业建立开放的产权交易市场、集中力量发展核心竞争力、构建全球性研发网络、提高科技中介行业的国际化程度和聘用优秀的国际创新领军人才等，这些举措为中国3D打印产业全球创新网络形成与演进、实现技术追赶提供了参考。

3. 从3D打印全球产业链和价值链创新网络来看，发展模式分为两种：垄断企业主导的产业链和价值链网络模式、竞争企业共生的产业链和价值链网络模式。不同发展模式的网络特征存在差异。前者的主导企业在3D打印产业链创新网络中具有最大的度数中心性和中介中心性、最小的接近中心性，表明其是各企业的中介者和协调人。后者大部分企业的中心性指标数值相差较小，每个网络节点企业都为整个网络的创新贡献力量。通过对产业链不同环节（上中下游）的网络特征进行分析，发现中国在耗材研发制造创新网络层创新网络和设备研发制造层创新网络中，网络地位相对较好，虽不处在网络核心支配位置，但具有一定的技术中介桥梁作用。而在辅助支撑层网络中，我国由于软件和扫描仪研发力量薄弱，尚无国际合作专利，因而没有在合作网络中出现。

第四章

3D 打印产业全球创新网络影响因素研究

本书第三章对 3D 打印产业全球创新网络的外在表现——网络特征进行了分析，而 3D 打印产业全球创新网络形成与演进的内在机理——网络影响因素研究是本章将要探讨的内容。本章研究 3D 打印产业全球创新网络影响因素，即研究哪些因素影响了 3D 打印产业全球创新网络的形成和演进，使网络特征发生变化，如密度和规模增大，网络关系增强等。这一研究视角揭示了 3D 打印企业创新发展与融入全球创新网络的内在联系，是各国制定 3D 打印产业国际化发展战略和对策的基础。

本章首先基于复杂系统理论等多个理论视角，对 3D 打印产业全球创新网络的影响因素进行识别；然后借鉴现有模型，构建 3D 打印产业全球创新网络影响因素理论分析模型，基于 271 份有效调查问卷数据，采用结构方程模型对研究假设进行验证；最后根据研究结果分析 3D 打印产业全球创新网络形成和演化的影响机制。

第一节　影响因素识别和理论模型构建

一　影响因素识别

第二章对 3D 打印产业全球创新网络影响因素的理论分析表明，基于复杂系统、资源观和自组织理论研究全球创新网络的影响因素，主体需求、资源流动和外部环境三个方面是必须要考虑的。由于 3D 打印产业全球创新网络形成与演进并非是单一影响因素单独地在某一阶段发挥作用，而是由不同因素共同发挥作用的结果。因此，3D 打印产业全球创新网络的影响因素并不是相互排斥的，而是相互作用、相互影响的。促进 3D 打印产业全球创新网络形成与演进而进行创新发展的因素有很多，不可能把全部的影响因素都纳入影响 3D 打印产业全球创新网络形成与演进的研究中，故笔者基于上文的理论视角，首先进行了大量的文献调研和实地预调研，通过总结前人研究中创新网络的影响因素并结合 3D 打印产业全球创新网络的特征，于 2018 年 4 月 21—23 日在北京举办的第五届国际 3D 打印技术高峰论坛暨展览会中对参展企业进行调研，通过在问卷中设置"您认为以下哪些因素会影响 3D 打印产业全球创新网络的形成和演进"这一问题，从调研的 254 家创新型企业选出的影响因素统计发现，86%以上的企业选择了降低研发风险、获取互补资源、提升竞争力、知识流动、人才流动、资本流动、经济全球化、全球科技治理等影响因素。

因此，根据复杂系统和资源观等理论，结合前期调研结果，立足 3D 打印产业全球创新网络特性，本书将以上八个影响因素划归为主体需求、资源流动和外部环境三个大类作为主要影响因素，具体分析如下。

（一）主体需求

3D 打印产业全球创新网络的主体主要指 3D 打印企业，企业的主要目的是盈利，根据笔者前期预调研所得结果，本书选择降低研发风险、获取互补资源、提升竞争力作为主体需求的三个维度。

1. 降低研发风险

3D 打印企业研发风险是指在 3D 打印产品研发过程中由于技术因素导致的风险，企业研发风险主要包括：3D 打印材料的性能水平不能满足研发要求、3D 打印软件研发周期延长、3D 打印工艺成本增加，甚至工艺研发失败，等等。单一企业进行产品研发所面临的风险则更大，通过融入全球创新网络，3D 打印企业可在全球创新网络范围内寻找与本企业最为合适的研发合作伙伴，分担研发过程中存在的风险。

以 3D 打印材料为例，塑料和金属是 3D 打印的两个主要材料。越来越多的金属材料可用于增材制造设备，主要包括：工具钢、不锈钢、商业纯钛、钛合金、铝合金、镍基合金、钴铬合金、铜基合金、黄金和银等，而且越来越多的金属材料可用于增材制造设备中。为 3D 打印设备开发原材料是一项投资高、技术复杂、风险高的研发过程，单一企业开发面临一定的研发风险，通过融入全球创新网络进行合作研发会提高成功概率，如 EOS 和 MORRIS TECHNOLOGIES（现在是 GE 航空公司的一部分）合作为增材制造设备开发原材料，两企业为 DMLS 系统开发了 17-4PH 不锈钢，另一个是 rp+m，用于 ExOne 系统的结合钨材料，两种材料都顺利应用于增材制造系统中，同时减少了企业单独研发的风险。再如荷兰的飞利浦下属公司 SMIT RÖNTGEN 与德国 EOS 合作开发了一套钨零件，零件可达到壁厚特征尺寸为 100 微米（0.004 英寸），SMIT RÖNTGEN 将作为钨零件服务供应商，同时减少了企业单独研发的风险。可见，MORRIS TECHNOLOGIES 和 SMIT RÖNTGEN 都为降低研发风险，融入了以 EOS 为中心的 3D 打印产业全球创新网络（基于第三章 3D 打印专利数据，所有与 EOS 发生过合作的企业及 EOS 本身构成了以 EOS 为中心的 3D 打印产业全球创新网络，下同），与 EOS 紧密合作研发金属材料，成功应对了 3D 打印材料研发的挑战。同时，紧密的网络合作关系对于企业合作研发降低研发风险、共享科技成果有一定的促进作用。以 3D 打印工艺为例，金属 3D 打印取决于 3D 打印机构建室内的最佳气体流量、混合物和化学成分。而 3D 金属打印公司如果不具备提供打印机构建室合适气体的能力，在优化金属打印和气体工艺研发过程中则存在较大的风险，主要是不良气体流量或不正确的气体混合物可能会导致不良的结构，所得到的组件可能缺乏合适的机械性能并具有高孔隙率。鉴于此，以 3D SYSTEMS 为中心的 3D 打印产业全球创新网络的美国金属 3D 打印公司 Sintavia 与日本的工业气体供应商 Taiyo Nippon Sanso Corporation（TNSC）合作开发和商业化气流工艺，提供高纯度的气体和气体混合物，用于优化构建室以及优化金属 3D 打印。通过研发合作，双方均降低了气流工艺的研发风险。再如以 3D SYSTEMS 为中心的 3D 打印产业全球创新网络中的雷尼绍与 Aeromet International Limited 针对 Aeromet 的 A20X®铝合金材料在 3D 打印领域的应用合作开展研究，以确定其 3D 打印工艺参数及材料特性。两家公司以雷尼绍金属增材制造系统为平台，合作优化以该合金为原材料的增材制造工艺。双方还会合作研发相关的热处理工艺，以确保采用这种合金制成的增材制造组件具备最佳性能。可见，大量 3D 打印公司通过融入全球创新网络与网络中的优势互补机构进行合作研发，以降低本企业单独研发所带来的研发风险。

2. 获取互补资源

在 3D 打印产业全球创新网络中，创新资源的类型、成本在不同网络主体间存在差异，通过融入全球创新网络，3D 打印企业可在全球创新网络范围内获取对本企业最为有利的创新资源和较低要素成本的创新资源，同时通过获取网络大量互补资源所产生的协同效应而保持竞争优势，因此，获取互补资源也是 3D 打印产业全球创新网络形成与演进的影响因素之一。3D 打印企业获取的互补资源主要包括：3D 打印技术资源、人力资源素质资源、资金成本资源、实物设备资源。

基于 3D 打印工艺互补性，3D 打印产业全球创新网络中不同企业进行研发合作的例子如下：Sisma Spa 公司（意大利）是一家大型激光制造商，公司优势在于激光焊接和切割；Trumpf 公司（德国）优势在于采用光学元件进行钻孔、打标和硬化。两公司均在以 Materialise 为中心的 3D 打印产业全球创新网络中，并在 2014 年合作开发了一个名为 Mysint100 的金属增材制造系统，该系统采用 150 瓦光纤激光器构建，氮是用于在构建室中提供惰性气体，可用于该系统的材料有很多，包括金属粉末、不锈钢、钴铬合金、青铜合金和贵金属等。该系统一经问世获得巨大成功，一套 Mysint100 系统的价格约为 165000 欧元。再如美国的 Carbon 于 2013 年成立，基于材料制备知识互补性，与以 3D Systems 为中心的全球创新网络中的 Kodak 进行材料制备方面的研发合作，与强生（Johnson & Johnson）进行医疗服务设备方面的研发合作。同样基于材料制备知识互补性，在以 Stratasys 为中心的全球创新网络中，Envisiontec 与 Royal DSM 及 Viridis 3D 签署了 RAM123 Silica Sand 战略合作协议，共同研发 3SP 系列打印机所需要的打印耗材。基于软件开发和材料制备知识互补性，法国 3D 打印公司 Prodways 与以自身为中心的全球创新网络中的多个 3D 打印公司共同开发了新的金属增材制造系统和快速增碳光聚合技术，这些公司包括：Nextteam Group（一家专为航空航天和军工市场加工复杂和硬金属零部件的法国企业）、LSS（德国最大的 3D 打印服务商）、Arkema（法国领先的化学品生产企业）、A. Schulman（美国塑料供应商）、BASF（德国化工巨头）、CEA Tech（法国替代能源委员会）等。基于材料及工艺开发知识互补性，在以 EOS 为中心的全球创新网络中，中国航发北京航空材料研究院（以下简称"航材院"）与德国 EOS 在 3D 打印工艺开发及加工服务、设备维护技术服务等方面进行合作。基于技术和营销能力互补性，在以 Stratasys 为中心的全球创新网络中，Hawk Ridge Systems 与联泰科技美国分公司进行合作，Hawk Ridge Systems 是 Solid Works 在北美的一家增值代理商（VAR），与联泰科技的深入合作，扩大了 Hawk Ridge Systems 整体 3D 打印机合作伙伴体系，包括用于高端加工和彩色打印的惠普

3D 打印机、专注于复合材料和金属应用的 Markforged，以及专注光固化 3D 打印机的联泰科技。通过与一流的 3D 打印机制造商合作，加上全面的现场服务和现场支持，奠定了 Hawk Ridge Systems 在北美市场的独特地位。同时，联泰科技给光固化技术（第一个商业化的增材制造技术）带来崭新的维度，其开放性与兼容性，能够以市场领先的成本效益和优良的零件质量，促进协作和创新。可见，合作双方通过获取网络大量互补资源所产生的协同效应而保持各自的竞争优势。

3. 提升竞争力

企业竞争力是指企业在复杂市场环境中，通过自身努力实现企业利益的能力。3D 打印企业提高市场竞争力是 3D 打印产业全球创新网络形成与演进的影响因素之一，主要体现在以下三个方面：3D 打印企业拥有具备领先研发能力的研发团队、3D 打印企业拥有优质供应商网络（原材料成本可控且具备优势）、3D 打印企业拥有成熟的销售渠道网络。

以 EOS 公司为例，EOS 公司总部位于德国的 Krailling（靠近慕尼黑），主要制造金属和聚合物粉末床融合系统。最初提供立体平版印刷系统，1994 年与芬兰公司 Electrolux Rapid Development 合作将其商品化，此后一直保持合作关系，包括使用 Electrolux Rapid Development 公司的授权专利。EOS 还通过整合 Advanced Laser Materials（ALM）和 Integra 这两家长期合作伙伴公司，巩固了其在北美的业务。ALM 专注于材料开发和制造，而 Integra 提供合同规定的机器维护服务。随后，EOS 与 Cooksongold（英国）合作生产了另一个金属系统 PRECIOUS M 080，这是一个相对较小的系统生产贵金属合金零件的首次成功试验，该系统于 2014 年在香港珠宝首饰展览会上正式展出。EOS Finland 是 EOS 的不同金属材料中心，研究和开发其金属粉末供应链，该中心使用软件产品优化了 EOS AM 系统的使用，以便生产零件具有所需的材料属性，也是 EOS 认证医疗解决方案的基地。从 EOS 公司不断整合国际优势资源，与其他企业进行 3D 打印知识和信息资源的共享过程来看，EOS 公司从某种程度上已经建立了以本企业为中心的小范围 3D 打印产业全球创新网络，不断提升本企业的国际竞争力。同时，基于受访者对企业的介绍和笔者对 EOS 专利网络的分析，发现 EOS 处于 3D 打印产业全球创新网络中心位置，具有较高的中介中心性，拥有丰富的结构洞，企业的行业竞争力水平较高，可见全球创新网络特征对网络主体的产业绩效提升有一定的促进作用。同时，该创新网络规模较大，网络关系较强、网络主体稳定性较好，3D 打印创新资源在全球创新网络内得到优化配置，3D 打印技术知识也在网络主体中共享。

(二) 资源流动

资源流动是指 3D 打印创新活动需要及可利用的各类生产要素在全球范围内的空间运动。包括三个影响因素：知识流动、人才流动和资本流动。

1. 知识流动

3D 打印知识流动是指 3D 打印知识在全球范围内的企业、大学、科研院所等全球创新网络主体之间扩散、转移、共享以及由此引起的个体知识增长的过程。3D 打印企业是全球创新网络创新活动的核心主体要素，单个 3D 打印企业的知识主要来源于企业内部研发，3D 打印产业全球创新网络的知识存量和知识增量主要来源于网络内各主体要素的异质性知识流动以及网络主体之间由于资源互补带来的协同效应。提高 3D 打印企业竞争力的关键是保证 3D 打印知识国际流动渠道畅通，即通过有效提高 3D 打印产业全球创新网络内各主体知识获取、知识共享、知识扩散、知识应用的能力，进一步促使知识流动以实现 3D 打印知识的价值、知识的增值和知识的创造。

3D 打印知识流动主要包括 3D 打印材料制备方法相关知识流动、材料性能相关知识流动、3D 打印软件开发相关知识流动和 3D 打印生产的工艺流程相关知识流动等。2012 年 1 月，ASTM (American Society for Testing and Materials)，美国材料与试验协会批准了 3D 打印工艺类别清单的标准术语：材料甄别 (Material extrusion)、材料喷射（Material jetting）、黏合剂喷射（Binder jetting）、片层压（Sheet lamination）、还原光聚合（Vat photopolymerization）、粉末床熔合（Powder bed fusion）、定向能量沉积（Directed energy deposition）。以下举例说明3D打印知识流动过程：黏合剂喷射工艺最初由麻省理工学院（MIT）开发，被许可应用该技术的权利人包括ExOne公司（美国）和3D Systems公司（美国）（Z Corp是最初的被许可人，但Z Corp.被3D Systems收购），Voxeljet Technology（德国）是3D Systems的子许可证持有者。后期MIT也将该技术授权给其他公司。如基于钢粉的选择性激光熔融系统于1999年由弗劳恩霍夫激光技术研究所开发，然后授权给ReaLizer公司（德国）和Additive Industries（荷兰）。以上实例很好地体现了3D打印生产工艺流程相关知识在3D打印产业全球创新网络中的国际流动过程。在第一个3D打印产业全球创新网络中，通过对专利合作网络进行分析，发现麻省理工学院（MIT）的中介中心性水平最高，接近中心性水平最小，而MIT确为3D打印网络知识转移的桥梁，可见，网络主体在3D打印产业全球创新网络的结构位置和企业的创新行为有一定的相关性。

2. 人才流动

3D打印人才流动是指从事3D打印科学研究、技术研发、产业创新活动，并能取得一定研发与创新成果的创新人才在3D打印产业全球创新网络内国际流动的行为。3D打印人才主要包括3D打印产业领军人才、3D打印企业高层管理者和3D打印产业研发技术人员。3D打印产业研发技术人员是3D打印人才中流动最为频繁的一类。在3D打印产业全球创新网络中，不同网络主体的经济、科技、文化、语言和政策都会影响3D打印人才的职业生涯和技术水平，因而，这些3D打印人才在全球创新网络内择优进行国际流动。

3D打印人才的国际流动带领企业走向成功并促进企业融入全球创新网络的例子较为常见，如中国3D打印企业湖南华曙高科有限责任公司的CEO许小曙，回国前供职于DTM和3D Systems公司，在激光烧结技术方面有超过15年的经验，该公司现为世界第二大激光烧结材料的供应商，2014 年 6 月，华曙高科和 Varia LLC Farsoon 达成协议，在北美分销华曙高科的设备和材料。2015 年 11 月与 BASF（德国）及 Laser – Sinter – Service Gmbh（德国）合作共同研发 Laser Sintering Solution 相关技术。2016 年 12 月，华曙高科宣布在北美成立分公司，销售其产品和服务。

3. 资本流动

3D 打印资本流动是指大笔资金在全球创新网络内国际流动以寻求较高的回报率和较好的投资机会。主要包括商业资本、借贷资本和银行资本在全球创新网络内的国际流动。3D 打印跨国公司进行海外研发投资是商业资本流动的主要方式之一，进行海外研发投资的主要动因为获得 3D 打印产业全球创新网络内更好的 3D 打印产业发展环境、更关键的 3D 打印技术人才、更低成本的 3D 打印技术人员、廉价的 3D 打印原材料同时更容易监测到国际上 3D 打印科学技术领域的最新进展。

通过资本流动而快速发展的 3D 打印公司较多。如通过借贷资本流动和银行资本流动而快速发展的 3D 打印公司西锐三维（Xery），2013 年成立于中国合肥，管理团队和海归技术人才近百名，研发中心下设 4 大研究院，分别承担 3D 打印设备、材料、软件与云平台、应用技术的研究。西锐三维在技术研发上与中国科学院、中国科技大学、美国密歇根大学等多所高校及科研院所开展合作。并于 2014 年 6 月开始销售 AM 系统，除了销售数千台个人（少于 5000 美元）的 3D 打印机之外，该公司在 2014 年销售了 147 个工业系统。其中，23 个系统是其激光烧结系统的预售。Xery 的快速增长得益于来自合肥市和亳州市以及地方银行 15 亿人民币的投资（约合 2.46 亿美元）。像许多在中国的科技创业公司一样，Xery 公司也从低息贷款、税收优惠和土地政策中受益。

通过商业资本流动而快速发展的 3D 打印公司是 Voxel8 Inc.，该公司由哈佛大学詹妮弗·刘易斯创建，2014 年年底收到 Braemar Energy Ventures 的资本投资，同时与 In – Q – Tel（位于美国弗吉尼亚州阿灵顿的高科技风险投资公司）在 2015 年 3 月达成战略投资与技术发展协议，也是 Autodesk 星火计划的合作伙伴。该公司于 2015 年推出了双材料增材制造系统，并计划推出多材料增材制造系统，发展势头强劲。再如 2016 年 9 月美国的 Carbon 公司宣布收到 8100 万美元投资，分别来自 GE Ventures（美国）、BMW（德国）、Nikon（日本）和 JSR（日本）。Carbon 还披露出，截至 2016 年，公司融资已经超过 2.22 亿美元，早期的投资者包括 Google Ventures 和 Autodesk 等。

（三）外部环境

现有研究表明，创新网络形成的外部环境主要指网络主体所在的经济环境和科技环境，根据笔者前期预调研所设置的影响因素，本书选取经济全球化和全球科技治理作为全球创新网络形成和演化的世界经济环境和科技环境。

1. 经济全球化

经济全球化是指世界上大多数国家由政府间缔结条约，建立多国的经济联盟。经济全球化对 3D 打印产业的主要影响为 3D 打印产业生产国际化程度提高、3D 打印产业国际贸易迅速增长和 3D 打印产业国际市场范围扩大。以国际市场扩大为例，有实力的 3D 打印公司在世界各地建立自己的分公司，以此来获得规模经济。3D 打印市场全球化带给客户高科技多元化的 3D 打印产品，但是对于本土 3D 打印企业则是把双刃剑，市场全球化可以使本土 3D 打印企业发展空间更广，但也形成了激烈的竞争。3D 打印产业的进入成本高、研发投入大，因此，市场范围的扩大会形成产业内部集中度加强的局面。同时带来区域经济集团化，例如北美自由贸易区、亚太经济合作组织及东盟。因此，在经济全球化的背景下，单个 3D 打印企业独立进行研发创新耗时耗力，突出重围的可能性极小，而 3D 打印产业全球创新网络则为中小 3D 打印企业的快速发展提供了一条捷径。3D 打印产业材料和工艺繁杂，3D 打印产业全球创新网络将 3D 打印知识资源和人才资源有效整合，为企业提高研发效率、占领市场先机提供了保障。

2. 全球科技治理

科技全球化的一个重要驱动力是在世界范围内科学家和工程师合作团队在科技研究与开发过程中的协作。同时，在高效率的通信条件下，科技的广泛传播与知识产权越来越大的交易规模是科技全球化的另一有力的推动因素。邢怀滨（2006）在《全球科技治理的权力结构、困境及政策含义》一文中提出，全球科技治理是在国际层面上干预、规制科学技术发展的制度和规则体系，反映了全球化时代国家科技创新面临的新特点和新环境。在第四次工业革命前夜，新兴技术如雨后春笋蓬勃发展，Nano Global 的创始人刘乐文表示，促进 3D 打印、云计算、人工智能、量子技术等新兴技术的全球化可持续发展，以科技造福人类，将为世界带来可持续发展。因此，新兴技术的全球科技治理具有重大意义，全球创新网络恰为这些新兴技术的全球科技治理提供了现实条件。全球科技治理包括以下三个方面：国际科技活动制度和规则、全球创新资源配置、全球科技成果共享。

国际科技活动制度和规则主要指全球科技活动主体按照相同的国际规则进行科技成果的交易，并为科技成果的持有者提供知识产权保护。通过制定统一的国际科技活动制度和规则，可以反映不同科技活动主体的要求和利益，建立一种新的国际科技活动秩序，打破各元体之间存在的壁垒，从而使其相互融合。在 3D 打印产业全球创新网络内，通过建立相同的国际科技制度和规则，可以为经济发展程度、社会制度和科技水平不一致的各网络主体开展国际科技成果交易创造了条件，增强了网络主体创新合作的意愿，极大地促进了网络主体创新活动交流和合作的展开，提升 3D 打印科技成果交易的市场化效率。全球创新资源配置是指为获得最大化的科技产出成果，按照比较优势原则在全球范围内配置创新资源。在经济、科技全球化的背景下，全球创新资源在全球创新网络中的合理配置不仅为科技创新提供了重要支撑，而且对企业和产业创新能力提升有一定的促进作用,同时对不同产业领域实现协同创新具有重要的推动作用。全球科技成果共享是指全球研究开发成果的应用是全球性的,科技成果可在全球科技活动主体间溢出和扩散。通过全球科技成果共享,可使全球创新网络中的网络主体,尤其是一些落后的3D打印企业共享一部分3D打印产业全球创新网络先进的科技成果,将科技成果应用于生产领域,并通过生产规模的扩大和成果反复应用,不断地进行自主创新活动,进而提高3D打印企业创新效率和企业竞争力。

二 研究假设

本节首先对现有研究创新网络影响因素的理论模型进行梳理,然后在借鉴现有理论模型的基础上提出本书研究假设。

郑小勇等(2014)构建了产业创新网络的理论模型(如图4-1所示)。提出产业创新环境因素通过影响产业创新主体因素中的经济理性动因和企业家动因进而影响其创新合作行为,从而导致不同形态特征的产业创新网络形成。

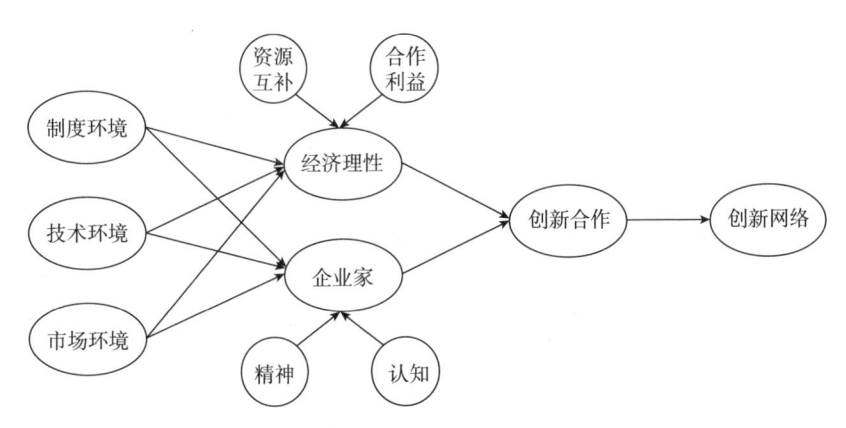

图4-1 产业创新网络形成的影响因素分析模型

田钢等(2008)依据霍兰的复杂适应系统理论,运用刺激—反应模型和回声模型对集群创新网络形成的影响因素、合作机制进行了深入阐释（如图 4-2 所示）。剖析了集群创新网络形成的特征、影响因素以及作用条件。

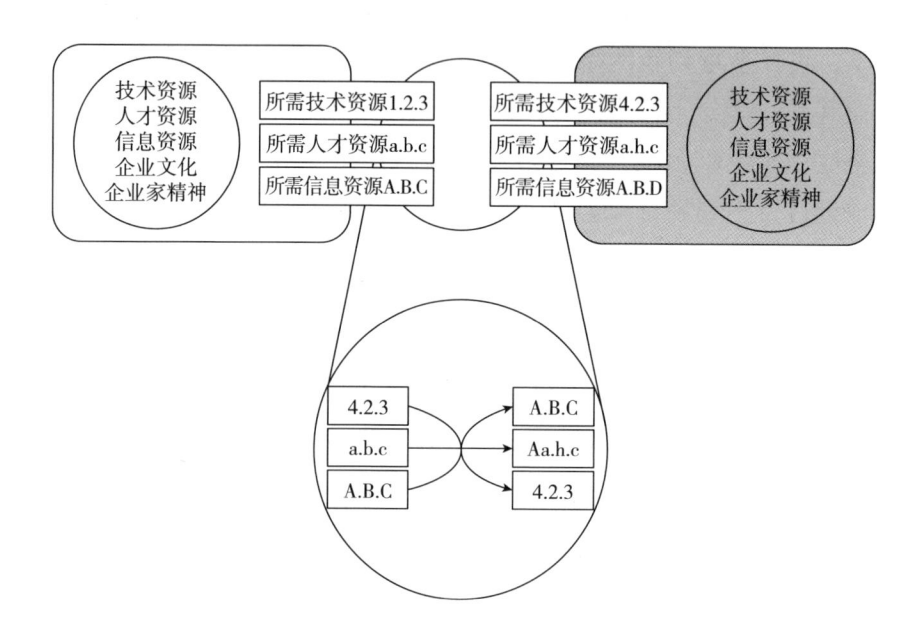

图 4-2　集群创新网络影响因素分析模型

杨春白雪等（2018）通过对影响新兴技术"多核心"创新网络形成因素的分析，构建影响因素模型（如图 4-3 所示）。实证研究发现，知识状态和认知邻近性均显著影响网络特征，知识转移在知识因素对网络中心性和网络连接强度的影响过程中起中介作用。

综上所述，现有研究创新网络影响因素的理论模型中或强调环境对组织的影响，或强调由于组织资源的互补性而产生了创新合作行为，进而演化为创新网络。事实上，全球创新网络的形成与主体和资源都是分不开的。因此，本书通过借鉴现有研究创新网络影响因素的理论模型，结合上文识别出的影响因素，提出以下研究假设，构建3D打印产业全球创新网络影响因素理论模型。

（一）主体需求、资源流动和外部环境与创新合作的关系

主体需求的满足、资源流动的发生和外部环境的适应主要通过

组织间合作得以实现，从而形成了创新网络。创新合作的增多促进了网络的形成和演进，使网络特征不断发生变化，网络规模和密度不断增大，网络关系不断增强。因此，本书加入创新合作作为中介变量。

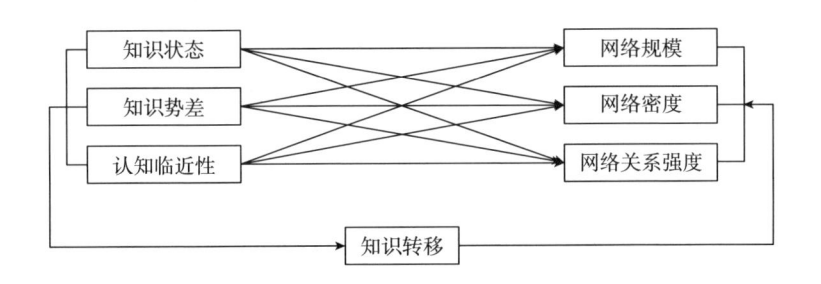

图4-3 新兴技术"多核心"创新网络影响因素分析模型

1. 主体需求与创新合作

随着3D打印市场和技术的不确定性增加、3D打印产品生命周期的缩短和竞争的加剧，单一3D打印企业研发成本加大（如企业开发的设备利用率变低），同时给企业的发展带来较大的风险，即使资金雄厚的3D打印企业也会面临一定的研发风险。在这种情况下，3D打印企业之间的通力合作、共同开发可以在一定程度上降低研发风险。金融机构为企业提供的资金也为企业承担了部分研发风险。可见，企业降低研发风险的主体需求对创新合作有一定的促进作用。由于3D打印产业创新资源在各网络主体中分布不均衡，所以创新网络主体存在获取互补的、缺少的或低成本的创新资源的需求，共同开发3D打印技术可以发挥不同网络主体的资源能力优势。可见，企业获取互补资源的主体需求对创新合作有一定的促进作用。3D打印企业通过与能力互补的网络主体合作，帮助3D打印企业抢先进入市场。网络主体间关于3D打印知识的互补性体现在通过合作研发减小单独企业研发的不确定性，提高研发的效率，从而提高3D打印产品研发的平均速度，快速进入市场。同时选取合适的网络合作主体，如3D打印技术较强但产品营销能力较弱的网络主体与营销能力较强的网络主体合作，极大地缩短了3D打印企业产业化的过程，帮助企业快速进入市场。可见，企业提升竞争力的主体需求对创新合作有一定促进作用。基于以上分析，本书提出以下假设：

H1a：企业降低研发风险需求对组织创新合作有正向作用；

H1b：企业获取互补资源需求对组织创新合作有正向作用；

H1c：企业提升竞争力需求对组织创新合作有正向作用。

2. 资源流动与创新合作

知识流动是创新资源流动中最有活力的流动，这种流动在全球创新网络中主要体现在3D打印技术知识势差较低的企业和3D打印知识势差高的企业、全球范围内的科研院所、大学等之间的3D打印知识合作、知识转移和知识共享。因此，知识的有效流动对于主体创新合作有促进作用。3D打印产业人才为寻求更好的职业发展机遇、加入优秀的技术团队、提升技术创新能力、接触先进的3D打印技术设备而选择在3D打印产业全球创新网络内进行国际流动。这类3D打印人才对于不同企业均有一定的了解且具有一定话语权，因此由他们作为纽带可以有效推动企业间的合作。3D打印资本流动主要包括商业资本、借贷资本和银行资本在全球创新网络内的国际流动。商业资本的流动促进了3D打印企业间合作，银行资本的流动促进了金融机构和3D打印企业的合作。基于以上分析，本书提出以下假设：

H1d：知识流动对组织创新合作有正向作用；

H1e：人才流动对组织创新合作有正向作用；

H1f：资本流动对组织创新合作有正向作用。

3. 外部环境与创新合作

在经济全球化的背景下，单个3D打印企业独立进行研发创新耗时耗力，突出重围的可能性极小，3D打印企业间通过创新合作为企业提高研发效率、占领市场先机提供了保障。因此，经济全球化促进了企业的创新合作。在科技全球化大环境下，各网络主体打破原有的国家、区域、企业之间的分割，将各主体的创新资源结合起来，才可能获得比各自更多的 3D 打印创新资源，同时通过制定一定的国际制度和规则，3D 打印企业间所进行的技术合作或技术转移会更加顺畅，使落后的 3D 打印企业分享先进的研究经验和成果，缩短与先进企业的差距。可见全球科技治理的过程通过促进主体的创新合作完成，因此全球科技治理对主体创新合作有促进作用。基于以上分析，本书提出以下假设：

H1g：经济全球化对组织创新合作有正向作用；

H1h：全球科技治理对组织创新合作有正向作用。

（二）主体需求、资源流动和外部环境与创新网络的关系

1. 主体需求与创新网络

3D 打印作为新兴产业，具有高资本与高风险等特征，研发过程存在极大的不确定性，3D 打印企业仅仅依靠自身的资金会承受巨大压力。为了降低创新风险，国际上 3D 打印企业大多通过商业合作、研发合作、金融合作及许可合作等方式分担研发风险。由此可见，3D 打印企业为了解决可以预见的创新瓶颈，通过融入全球创新网络采取创新合作战略，达到降低研发成本和整合资源的目的，以此来降低研发风险。因此，降低研发风险的主体需求促进了 3D 打印产业全球创新网络形成和演进。

各网络主体之间建立合作关系，同时，3D 打印产业全球创新网络能将符合实际需求的 3D 打印创新资源聚集在一起，这些互补性的 3D 打印资源能够产生一定的协同效应，创造更多的创新资源，而所创造出的资源不仅稀缺而且难以模仿，能够帮助 3D 打印产业全球创新网络主体在市场上获得和保持竞争优势。3D 打印产业全球创新网络形成和演进与其他网络主体合作是为了在其缺乏相对竞争优势的领域获得互补性资源与知识。现阶段，国际上只有极少数 3D 打印企业能够具备和完成开发一个 3D 打印系统所需要的所有知识和能力。互补性的 3D 打印知识资源能为 3D 打印企业提供与产品设计、概念以及开发相关的新想法，打破研发中固有的规则与程序。以知识资

源为例，3D打印产业全球创新网络形成和演进与其他网络主体合作必须具备足够的知识互补基础，包括对相关材料、工艺、技术的理解，能有效沟通、克服组织间学习的认知障碍等。在3D打印产业全球创新网络中，当不同的3D打印企业带来独特的知识资源时，这些知识资源能够被整合并创造新的价值。3D打印产业全球创新网络知识资源互补性高，企业融入全球创新网络与其他网络主体合作能够更好地整合对方的知识资源，从而创造新的知识与技能。知识资源互补性为3D打印产业全球创新网络形成和演进与其他网络主体合作提供了互相学习、触发新思路、增强知识转移的机会。

随着经济全球化程度加强，不同产业的企业间的竞争也越来越激烈，3D打印企业要想提升企业竞争力必须具有较强的创新能力。3D打印产业全球创新网络在资源整合、联合发展创新方面拥有天然优势，3D打印企业通过树立协同竞争观念，与网络中技术发达的网络主体进行知识、技术、资本、市场等领域的交流合作，广泛建立全球合作关系，获取不同类别资源，可提升自身创新能力，实现自身的发展壮大。基于以上分析，本书提出以下假设：

H2a：企业降低研发风险需求对全球创新网络形成和演进有正向作用；

H2b：企业获取互补资源需求对全球创新网络形成和演进有正向作用；

H2c：企业提升竞争力需求对全球创新网络形成和演进有正向作用。

2. 资源流动与创新网络

按3D打印技术特点，可将3D打印知识分为3D打印材料知识、3D打印软件知识和3D打印工艺知识。通过3D打印知识流动进行重新组合然后产生新知识。

人才资源在3D打印技术创新能力提升方面发挥着不可或缺的基础支撑作用，任何3D打印企业对人才资源都存在极大的需求，无论是3D打印领军人才、管理人才还是技术研发人员。主要原因是3D

打印技术创新过程中的复杂性促使3D打印企业为获得发展和交换各种知识、信息和其他资源与全球创新网络中其他网络主体产生联系，而这些联系的发生主要靠人才资源。现阶段，全球3D打印企业的人才资源的分布呈现不均衡的特征，不同3D打印企业对人才资源的需求在3D打印技术发展的不同阶段也存在较大差异，因此，3D打印人才资源分布不均和3D打印技术发展需求不相适应，正是由于这种不相适应成为人才资源在3D打印产业全球创新网络内产生流动的原因，也是促进3D打印产业全球创新网络寻找合适人才资源并开展创新合作的动力。

资本流动可使3D打印企业为获取多渠道融资而融入全球创新网络。3D打印产品因研发产出和市场前景的不确定性而伴有一定的研发风险，通过单一渠道寻找投资较为困难。而在3D打印产业全球创新网络中资本的形式丰富且流动性较高，3D打印企业可以通过国际证券、国际风险投资等多种融资渠道进行研发投资。3D打印产业全球创新网络中资金供给的增加，扩大了可利用的资本规模，也降低了资金的使用成本，从而降低了3D打印企业的研发成本。3D打印产业全球创新网络中的风险投资，不仅能够提供研发项目所需要的资金，还能提供全球市场信息和一定程度的经营管理指导，从而提高3D打印企业的研发成功概率。因此，资本流动促进了3D打印产业全球创新网络形成和演进。基于以上分析，本书提出以下假设：

H2d：知识流动对全球创新网络形成和演进有正向作用；

H2e：人才流动对全球创新网络形成和演进有正向作用；

H2f：资本流动对全球创新网络形成和演进有正向作用。

3. 外部环境与创新网络

在经济和科技全球化的大背景下，在3D打印产业创新资源将实现全球配置，各国3D打印企业可按照共同的国际规则进行成果交易，同时享有知识产权保护，3D打印研究开发成果全球共享。3D打印产业全球创新网络正是在这样的背景下应运而生，而最终目的是在网络主体中实现3D打印创新资源的自由流动和合理配置，3D

打印产品和相关工艺、技术的成果共享（受到知识产权保护）以及在相同规则下进行自由交易。

在经济和科技全球化背景下，在3D打印产业全球创新网络内，3D打印创新资源可自由流动和配置，3D打印知识和技术可在主体间共享，3D打印产品按照共同的规则自由交易并受到知识产权保护，这些优势为国际顶尖和先进3D企业所带来的利益不言而喻。与此同时，这些优势也可以使一些落后的3D打印企业共享一部分3D打印产业全球创新网络的先进技术和利益成果，通过积极融入全球创新网络缩小与先进企业的差距，进而提高3D打印企业创新效率和企业竞争力。融入全球创新网络不仅为顶尖和先进的3D打印企业带来利益，也为落后的3D打印企业提供了一种快速提升创新能力的途径。因此，企业通过融入全球创新网络可以低投入获取全球最新知识资源，充分发挥后发优势。基于以上分析，本书提出以下假设：

H2g：经济全球化对全球创新网络形成和演进有正向作用；

H2h：全球科技治理对全球创新网络形成和演进有正向作用。

（三）创新合作的中介作用

创新合作与创新网络的形成和演进之间有着非常强的关系，当网络主体间广泛开展创新合作，主体间联系增加，创新网络便随之形成并不断演进，网络特征也随之变化，如创新网络密度和规模增大等。近年来，学者们从不同的视角验证了创新合作能够对创新网络的形成和演进产生积极影响，曾刚等（2014）通过研究集群创新网络的形成与演进，发现企业间的合作创新促进了网络的形成。郑胜华等（2017）以区域创新网络为研究对象，认为区域组织的创新合作促进了区域创新网络的形成与发展。因此在某些程度上组织创新合作对创新网络的形成和演进能够产生直接的决定作用。在3D打印产业全球创新网络中，只有当3D打印网络主体认为合作创新对自身发展是有利的，并且积极开展合作创新时，才能促进3D打印产业全球创新网络的形成与发展。同时，结合上文对主体需求、资源流动、外部环境与创新合作的分析，本书提出如下假设：

H3a：创新合作在降低研发风险与创新网络形成和演进间具有正向中介作用；

H3b：创新合作在获取互补资源与创新网络形成和演进间具有正向中介作用；

H3c：创新合作在提升竞争力与创新网络形成和演进间具有正向中介作用；

H3d：创新合作在知识流动与创新网络形成和演进间具有正向中介作用；

H3e：创新合作在人才流动与创新网络形成和演进间具有正向中介作用；

H3f：创新合作在资本流动与创新网络形成和演进间具有正向中介作用；

H3g：创新合作在经济全球化与创新网络形成和演进间具有正向中介作用；

H3h：创新合作在全球科技治理与创新网络形成和演进间具有正向中介作用。

(四) 主体需求、资源流动与外部环境的关系

前文具体分析了不同影响因素对于3D打印产业全球创新网络形成和演进的促进作用，而实际上，外部环境对于主体需求和资源流动也具有一定的促进作用。

1. 外部环境和主体需求

经济科技全球化是技术发展和产业分工格局变化的必然结果，因此必然以"共赢"效应为前提。经济全球化帮助3D打印企业降低研发风险和获得互补资源。全球科技治理可实现互补型3D打印企业由于企业内部研发、合作研发和知识溢出带来的协同效应，实现了3D打印企业提升竞争力和协同发展的目标。可见，经济全球化和全球科技治理对主体实现降低研发风险、获取互补资源和提升竞争力具有一定的促进作用。

2. 外部环境和资源流动

在经济科技全球化背景下，全球 3D 打印科技活动主体的交互活动（包括全球范围内的企业间研发合作、高校科研院所和企业间的产学研等）频繁开展，各科技活动主体相互影响、相互依赖，此时需要创新资源国际流动适应大范围的创新行为。3D 打印科技活动主体竞争的领域和空间不断拓展也使创新资源变得更为关键，各 3D 打印科技活动主体不遗余力地争夺创新资源，促进了创新资源（知识、人才、资本等）在全球范围流动加快。经济全球化和全球科技治理正是通过提供广阔的领域和空间并制定一定的国际制度和规则，使 3D 打印创新资源自由流动和合理配置，使不同网络主体加强全球范围的科技研发合作，实现协同发展互利共赢的战略目标。本书提出以下假设：

H4a：外部环境的经济全球化对降低研发风险具有正向作用；

H4b：外部环境的经济全球化对获取互补资源具有正向作用；

H4c：外部环境的经济全球化对提升竞争力具有正向作用；

H4d：外部环境的全球科技治理对降低研发风险具有正向作用；

H4e：外部环境的全球科技治理对获取互补资源具有正向作用；

H4f：外部环境的全球科技治理对提升竞争力具有正向作用；

H5a：外部环境的经济全球化对知识流动具有正向作用；

H5b：外部环境的经济全球化对人才流动具有正向作用；

H5c：外部环境的经济全球化对资本流动具有正向作用；

H5d：外部环境的全球科技治理对知识流动具有正向作用；

H5e：外部环境的全球科技治理对人才流动具有正向作用；

H5f：外部环境的全球科技治理对资本流动具有正向作用。

三　理论模型构建

基于上文对影响 3D 打印产业全球创新网络形成与演进因素的理论分析，借鉴现有创新网络影响因素的理论模型并结合研究假设，本书构建了 3D 打印产业全球创新网络形成和演进影响因素作用机理的理论模型（如图 4-4 所示）。

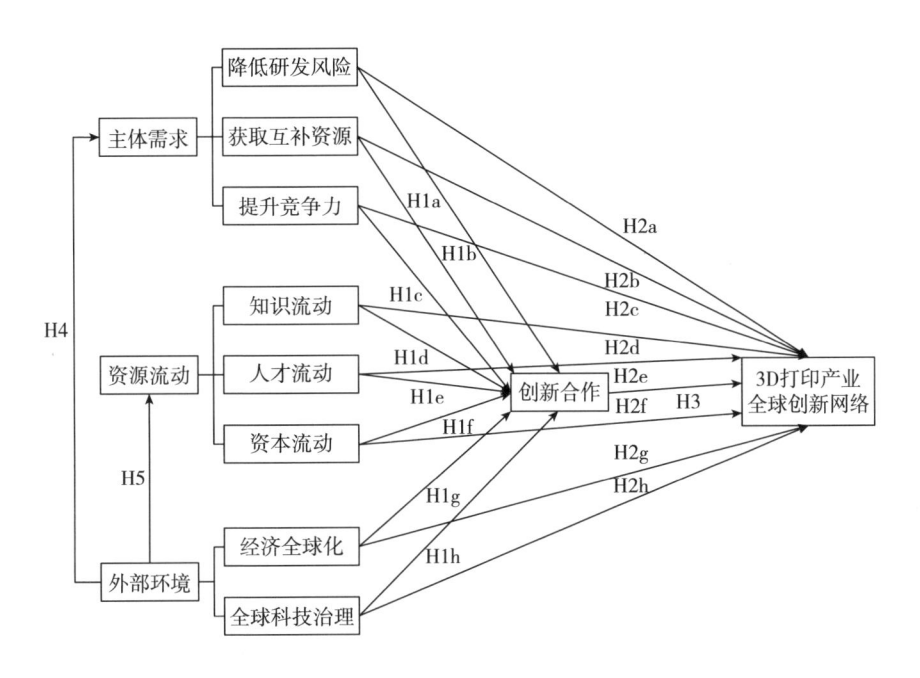

图4-4 3D打印产业全球创新网络形成和演进影响因素理论模型

在3D打印产业全球创新网络形成和演进影响因素理论模型中，共包含三个部分：第一部分主要从主体需求、资源流动和外部环境三个主要变量整合分析3D打印产业全球创新网络形成和演进的影响因素，并探究三个主要变量各构成维度之间的关系，其中，主体需求包含降低研发风险、获取互补资源和提升竞争力三个维度，资源流动包含知识流动、人才流动和资本流动三个维度，外部环境包含经济全球化和全球科技治理两个维度。第二部分主要探究主体需求、资源流动和外部环境三个主要变量各构成维度对创新合作的影响作用关系，以及创新合作在三个主要变量的各构成维度与3D打印产业全球创新网络之间的中介作用。第三部分主要探讨主体需求、资源流动和外部环境三个主要变量各构成维度对3D打印产业全球创新网络的直接影响关系。研究3D打印产业全球创新网络形成和演进影响因素的作用机理。

第二节　数据来源

一　问卷设计

1. 问卷设计原则和问卷结构

本研究的数据主要采取发放调查问卷的形式获取。首先，确定问卷设计的原则。问卷调查的目的是通过调查对象了解到研究内容的现实情况，因此对于调查问卷的测量题项和问卷的调查范围要严格把关。测量题项需紧密围绕本研究的研究假设展开，确保问卷内容与调查目的一致，同时问卷题项的设计兼顾清晰简洁和逻辑性。本研究以创新网络领域的成熟量表为基础，借鉴国内外研究中已有的测量题项，选取广泛使用、认可度较高、与本研究目的高度相关的测量题项，同时，通过与3D打印产业和创新网络领域相关专家学者深度探讨，结合3D打印产业全球创新网络的特性，对不同变量的测量题项逐个拟定、调整和补充。由于3D打印企业为3D打印产业全球创新网络的核心网络主体，因此本研究调查对象主要针对国内外3D打印企业进行。研究还向对3D打印领域和全球创新网络有相关研究的专家发放问卷。其中，企业的调查主要对3D打印企业参与技术研发人员或企业高层管理者进行，确保问卷填写者对本企业参与3D打印产业全球创新网络的情况有全面的了解。

本书所设计的调查问卷见附录二。3D打印产业全球创新网络形成与演进影响因素调查问卷主要包括三部分：第一部分为引导语；第二部分为受访者基本信息和联系方式；第三部分为测量量表部分，也是问卷的主体部分，对上文分析的三个影响因素所包含的10个影响因素设计调查问题（如表4-1所示）。问卷主体采用李克特5级量表法。

2. 测量题项

在本研究的调查问卷中，涉及 10 个测量变量和 35 个测量题项，具体题项如表 4-1 所示。

表 4-1   3D 打印产业全球创新网络形成与演进影响因素测量题项

潜变量		测量变量（题项）	测量依据
主体需求	降低研发风险（X1）	3D 打印企业需减少因面临重大技术困难而导致研究工作失败风险（JDFX1）	Herstad 等（2014）；Gerybadze 等（2016）；卢艳秋等（2010）；曾刚等（2014）
		3D 打印企业需减少技术开发尚处在研究过程中，已经由其他人成功研究出同样的技术的研发风险（JDFX2）	
		3D 打印企业需减少所开发的技术变化不可预测风险（JDFX3）	
		3D 打印企业需减少开发的技术是产业前沿所带来的研发风险（JDFX4）	
	获取互补资源（X2）	3D 打印企业需要与全球创新网络中在 3D 打印材料或技术方面和本企业互补性很强的主体合作（ZYHB1）	
		3D 打印企业需要与全球创新网络中在人力资源素质方面和本企业互补性很强的主体合作（ZYHB2）	
		3D 打印企业需要与全球创新网络中在资金成本方面和本企业相差悬殊的主体合作（ZYHB3）	
		3D 打印企业需要与全球创新网络中在实物设备方面和本企业相差悬殊的主体合作（ZYHB4）	
	提升竞争力（X3）	3D 打印企业有拥有具备领先研发能力的研发团队的需求（TJZL1）	
		3D 打印企业有拥有优质供应商网络资源、3D 打印原材料成本可控且具备优势的需求（TJZL2）	
		3D 打印企业有拥有潜在客户资源和成熟销售网络的需求（TJZL3）	
		3D 打印企业有具备良好融资平台资金管理能力强的需求（TJZL4）	

续表

潜变量		测量变量（题项）	测量依据
资源流动	知识流动（X4）	3D打印材料制备方法相关知识可在全球创新网络内流动（ZSLD1）	Malecki（2017）；Hassan 等（2015）；Markova 等（2016）；赵婷婷等（2015）；郑胜华等（2017）
		3D打印软件开发相关知识可在全球创新网络内流动（ZSLD2）	
		3D打印生产的工艺流程相关知识可在全球创新网络内流动（ZSLD3）	
		3D打印材料性能相关知识可在全球创新网络内流动（ZSLD4）	
	人才流动（X5）	3D打印产业领军人才可在全球创新网络内流动（RCLD1）	
		3D打印企业高层管理者可在全球创新网络内流动（RCLD2）	
		3D打印产业研发技术人员可在全球创新网络内流动（RCLD3）	
	资本流动（X6）	3D打印产业商业资本可在全球创新网络内流动（ZBLD1）	
		3D打印产业借贷资本可在全球创新网络内流动（ZBLD2）	
		3D打印产业银行资本可在全球创新网络内流动（ZBLD3）	
外部环境	经济全球化（X7）	3D打印产业生产国际化程度较高（JJHJ1）	Camagni（2017）；Cano-Kollmann 等（2017）；马琳等（2011）；祝影等（2005）；黄新亮等（2006）
		3D打印产业国际贸易迅速增长（JJHJ2）	
		3D打印产业国际市场范围扩大（JJHJ3）	
	全球科技治理（X8）	3D打印材料制备、软件开发和工艺流程方面的科技成果交易具有统一的国际规则（KJHJ1）	
		3D打印知识、人才和资本资源在全球范围内合理配置（KJHJ2）	
		3D打印材料制备、软件开发和工艺流程方面的科技成果全球范围内的科技活动主体间共享（KJHJ3）	

续表

潜变量		测量变量（题项）	测量依据
创新合作	创新合作（X9）	3D打印企业与合作伙伴创新合作实现了降低研发风险目标（CXHZ1）	张绪英（2013）；Bouabid 等（2016）
		3D打印企业与合作伙伴创新合作实现了获取互补资源目标（CXHZ2）	
		3D打印企业与合作伙伴创新合作实现了提升竞争力目标（CXHZ3）	
3D打印产业全球创新网络形成和演进	创新网络（X10）	3D打印产业全球创新网络密度增大（RWXW1）	郑胜华等（2017）；Ahuja（2016）
		3D打印产业全球创新网络规模变大（RWXW2）	
		3D打印产业全球创新网络主体交流频度增强（RWXW3）	
		3D打印产业全球创新网络主体关系稳定性增强（RWXW4）	

二 问卷实施

本书的调查问卷主要通过以下两种方式发放。

1. 3D打印产业相关展览会和学术会议现场发放。在笔者参加国内举办的3D打印领域学术研讨会、展览会（主要是国际展览会，展会中包括国外3D打印企业）等会议期间（2018年5—8月），进行现场问卷调查。通过现场发放问卷303份，回收265份，初步筛选获得有效问卷243份。

2. 邮箱邀请发放。对国内研究3D打印产业相关专家进行问卷调查邀请。中国3D打印媒体平台——南极熊3D打印网共列出21位国内3D打印知名专家，包括卢秉恒院士、王华明院士及史玉升教授等。在撰写本书之前，笔者作为中国科学技术协会"我国科研创新团队状况调查"课题的主要负责人，在2016年9月至2017年6月构建了1352个科研创新团队基本信息数据库，基于网络采集了424个科研创新团队详细数据，并随导师对北京、上海、武汉、广州等8市的高校、科研机构的143个科研创新团队进行访谈调研。受访的团队中覆盖了 3D 打印领域 11 个知名专家所带团队,因此笔者通过与 11 个知名专家团队的科研助理进行联系,请团队负责人及主要骨干填写问卷,最终回收调查问卷 52 份,初步筛选获得 35 份有效问卷。

通过长达半年的问卷调查,我们前后发放调查问卷 450 份,其中回收问卷 317 份,通过问卷筛选和问卷整合,共整理出有效调查问卷 271 份。

第三节 信度和效度检验

一 信度检验

信度（Reliability）用来测量研究数据的可信度,通常来看,是指对研究数据采用不同方法进行收集或测度后,得到的结果与原研究数据的相似程度。[①] 一般来说,α 信度系数法（全称为 Cronbach α 信度系数）是最常用的方法,计算公式见式 4.1。

$$\alpha = \frac{n}{n-1}\left(1 - \frac{\sum S_i^2}{S_T^2}\right) \quad (4.1)$$

其中,n 表示问卷中题项（问题）数量,S_i^2 表示第 i 题得分的题内方差,S_T^2 表示全部调查问题进行测评后的方差。根据信度分析方法一般性经验,当 α 系数大于 0.7 时问卷可信,有使用价值。

测度结果如表 4-2 所示,全部变量和整体的 α 值都在 0.7 以上,这说明本书所设计的测量项目比较合理。

二 效度检验

效度检验,即对所得调查问卷的有效性程度进行检验,包括内容效度和结构效度。本研究设计调查问卷题项通过借鉴国内外具有

---

① 徐万里：《结构方程模式在信度检验中的应用》，《统计与信息论坛》2008 年第 23 期。

良好内容效度的成熟量表,同时邀请创新网络领域的专家对问卷的结构、题项内容进行反复修正,因此,本书调查问卷具有良好的内容效度。

表 4-2 各变量信度分析结果

潜变量		Cronbachα 信度系数	整体 Cronbachα 信度系数
主体需求	降低研发风险	0.829	
	获得互补资源	0.784	
	提升竞争力	0.762	
资源流动	知识流动	0.814	
	人才流动	0.855	0.775
	资本流动	0.842	
外部环境	国际科技活动制度和规则	0.769	
	全球创新资源配置	0.711	
创新合作	创新合作	0.728	
3D 打印产业全球创新网络形成和演进	3D 打印产业全球创新网络	0.881	

结构效度是指测量结果与理论结构的准确性程度。本研究先采用 SPSS 软件对问卷进行探索性因子分析,来找出影响观测变量的因子个数,以及各个因子和各个观测变量之间的相关程度。同时,本书 3D 打印产业全球创新网络形成和演进的影响因素研究采用结构方程模型进行拟合,结构方程模型包括测量方程和结构方程,因此,为了确保模型应用的准确性和对比数据拟合结果的一致性,本研究通过 AMOS 软件进行验证性因子分析。

(一)探索性因子分析

本书首先通过 SPSS 进行探索性因子分析,如表 4-3 所示,调研问卷的 KMO 值为 0.697,Bartlett 球形检验显著性水平小于 0.000,说明调研问卷适合做因子分析。然后通过最大方差法进行因子旋转,在3D打印产业全球创新网络形成和演进影响因素量表中提取10个因素，累计方差贡献率为82.775%，得到的因子负荷矩阵，数值均超过了0.5且交叉因子载荷均小于0.45，表明10个因子可以表达31个题项的含义。如表4-3所示，因子1表示降低合作风险，因子2表示获取互补资源，因子3表示提升竞争力，因子4表示知识流动，因子5表示人才流动，因子6表示资本流动，因子7表示经济全球化，因子8表示全球科技治理，因子9表示创新合作，因子10表示3D打印产业全球创新网络。由此可见，通过探索性因子分析得到10个共同因素，这表明研究问卷具有较高的结构效度。

表4-3　　　　　　　　　　探索性因子分析结果

题项	因子1	因子2	因子3	因子4	因子5	因子6	因子7	因子8	因子9	因子10
KMO 样本充分性检验					0.697					
Barlett 球形检验					Sig（0.000）					
JDFX1	0.765									
JDFX2	0.727									
JDFX3	0.767									
JDFX4	0.016									
ZYHB1		0.728								
ZYHB2		0.685								
ZYHB3		0.694								
ZYHB4		0.027								
TJZL1			0.741							
TJZL2			0.755							
TJZL3			0.795							
TJZL4			0.043							
ZSLD1				0.556						
ZSLD2				0.798						
ZSLD3				0.724						
ZSLD4				0.055						
RCLD1					0.664					

续表

KMO 样本充分性检验					0.697					
Barlett's 球形检验					Sig（0.000）					
题项	因子1	因子2	因子3	因子4	因子5	因子6	因子7	因子8	因子9	因子10
RCLD2					0.776					
RCLD3					0.712					
ZBLD1						0.712				
ZBLD2						0.794				
ZBLD3						0.766				
JJHJ1							0.669			
JJHJ2							0.674			
JJHJ3							0.722			
KJHJ1								0.712		
KJHJ2								0.733		
KJHJ3								0.798		
CXHZ1									0.741	
CXHZ2									0.721	
CXHZ3									0.709	
RWXW1										0.711
RWXW2										0.709
RWXW3										0.728
RWXW4										0.735

（二）验证性因子分析

为了检验观测变量的因子个数和因子载荷是否与前文建立的理论预期保持基本一致，本研究通过 AMOS 软件对问卷的结构效度做验证性因子分析检验，在进行检验前，先剔除在探索性因子分析中因子负荷值较小的 4 个题项。

本研究采用一阶验证性因子分析方法对这 10 个因子作验证性的统计分析。验证性因子分析的检验的指标包括卡方自由度比（χ^2/df），适配的标准：指标值 <2，较好；指标值 <5，接受。渐进残差均方和平方根（RMSEA），适配的标准：指标值 <0.05，适配良好；

指标值<0.08，适配合理。适配度指数（GFI），适配的标准：指标值>0.8，接受；指标值>0.9，较好。调整后适配度指数（AGFI），适配的标准：指标值>0.8，接受；指标值>0.9，较好。规准适配指数（NFI），适配的标准：指标值>0.8，接受；指标值>0.9，较好。比较适配指数（CFI），适配的标准：指标值>0.8，接受；指标值>0.9，较好。临界比值为t检验的t值，比值如果大于1.96，表示达到0.05显著水平。但是在实际分析中，一般不要求所有的指标都满足条件，而是根据实际需要，选择几个指标来说明模型的配适度问题，常用的指标有卡方自由度比、RMSEA、GFI、NFI、CFI等。

1. 主体需求的三维度模型拟合结果

由表4-4可以看出，主体需求的三维度模型拟合效果较好，其中，绝对适配度指数 χ^2/df 的值为1.176，小于临界值2；RMSEA的值为0.025，小于指标值0.05，为"非常好的拟合"；相对适配度指数GFI、AGFI、NFI、CFI的值分别为0.968、0.978、0.901、0.965，均大于临界值0.9。而且，各测量题项标准化因子载荷系数高于0.5（见图4-5）。综合上述各项指标，可以认为该结构模型得到了较好的验证。

表4-4　　　　　　主体需求的三维度模型拟合结果

测量变量	测量题目	标准化因子负荷	临界比	各因子适配度指标
降低合作风险	JDFX1	0.816	—	$\chi^2/df = 1.176$ RMSEA = 0.025 GFI = 0.968 AGFI = 0.978 NFI = 0.901 CFI = 0.965
降低合作风险	JDFX2	0.821	8.745	
降低合作风险	JDFX3	0.803	11.257	
获得互补资源	ZYHB1	0.816	—	
获得互补资源	ZYHB2	0.822	11.206	
获得互补资源	ZYHB3	0.817	8.664	
提升竞争力	TJZL1	0.811	—	
提升竞争力	TJZL2	0.815	9.549	
提升竞争力	TJZL3	0.822	8.815	

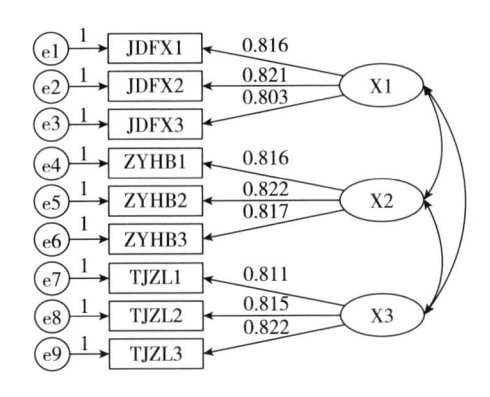

图4-5 主体需求的三维度结构模型

2. 资源流动的三维度模型拟合结果

由表4-5可以看出，资源流动的三维度模型拟合效果较好，其中，绝对适配度指数 χ^2/df 的值为1.374，小于临界值2；RMSEA的值为0.032，小于指标值0.05，为"非常好的拟合"；相对适配度指数 GFI、AGFI、NFI、CFI 的值分别为 0.961、0.967、0.911、0.961，均大于临界值0.9。而且，各测量题项标准化因子载荷系数高于0.5（见图4-6）。综合上述各项指标，可以认为该结构模型得到了较好的验证。

表4-5　　　　　　资源流动的三维度模型拟合结果

测量变量	测量题目	标准化因子负荷	临界比	各因子适配度指标
知识流动	ZSLD1	0.827	—	$\chi^2/df = 1.374$ RMSEA = 0.032 GFI = 0.961 AGFI = 0.967 NFI = 0.911 CFI = 0.961
知识流动	ZSLD2	0.801	8.146	
知识流动	ZSLD3	0.785	11.176	
人才流动	RCLD1	0.797	—	
人才流动	RCLD2	0.806	12.649	
人才流动	RCLD3	0.808	8.134	
资本流动	ZBLD1	0.799	—	
资本流动	ZBLD2	0.812	12.147	
资本流动	ZBLD3	0.817	8.351	

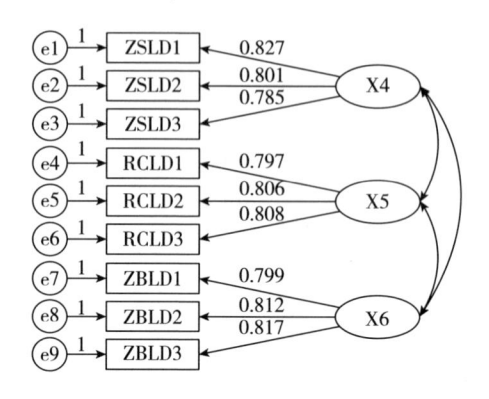

图 4-6　资源流动的三维度结构模型

3. 外部环境的二维度模型拟合结果

由表 4-6 可以看出，外部环境的二维度模型拟合效果较好，其中，绝对适配度指数 χ^2/df 的值为 1.174，小于临界值 2；RMSEA 的值为 0.038，小于指标值 0.05，为"非常好的拟合"；相对适配度指数 GFI、AGFI、NFI、CFI 的值分别为 0.979、0.983、0.928、0.916，均大于临界值 0.9。而且，各测量题项标准化因子载荷系数高于 0.5（见图 4-7）。综合上述各项指标，可以认为该结构模型得到了较好的验证。

表 4-6　外部环境的二维度模型拟合结果

测量变量	测量题目	标准化因子负荷	临界比	各因子适配度指标
经济全球化	JJHJ1	0.825	—	$\chi^2/df = 1.174$
	JJHJ2	0.815	8.672	RMSEA = 0.038
	JJHJ3	0.822	12.364	GFI = 0.979
全球科技治理	KJHJ1	0.808	—	AGFI = 0.983
	KJHJ2	0.809	11.649	NFI = 0.928
	KJHJ3	0.818	12.462	CFI = 0.916

第四章　3D打印产业全球创新网络影响因素研究　153

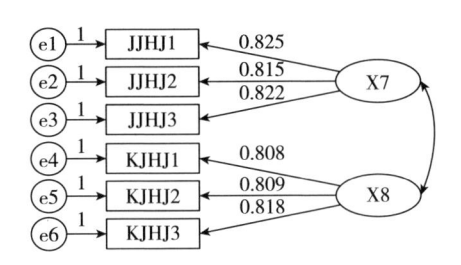

图4-7　外部环境的二维度结构模型

4. 创新合作的单维度模型拟合结果

由表4-7可以看出，创新合作的单维度模型拟合效果较好，其中，绝对适配度指数 χ^2/df 的值为1.261，小于临界值2；RMSEA的值为0.012，小于指标值0.05，为"非常好的拟合"；相对适配度指数 GFI、AGFI、NFI、CFI 的值分别为 0.964、0.974、0.925、0.916，均大于临界值0.9。而且，各测量题项标准化因子载荷系数高于0.5（见图4-8）。综合上述各项指标，可以认为该结构模型得到了较好的验证。

表4-7　　　　　　　　创新合作的单维度模型拟合结果

测量变量	测量题目	标准化因子负荷	临界比	各因子适配度指标	
创新合作	CXHZ1	0.808	—	$\chi^2/df = 1.261$	AGFI = 0.974
	CXHZ2	0.814	8.451	RMSEA = 0.012	NFI = 0.925
	CXHZ3	0.813	9.426	GFI = 0.964	CFI = 0.916

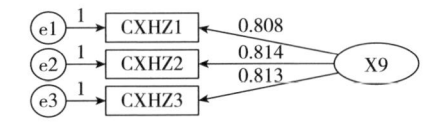

图4-8　创新合作的单维度结构模型

5. 3D打印产业全球创新网络形成和演进的单维度模型拟合结果

由表4-8可以看出，3D打印产业全球创新网络形成和演进的单维度模型拟合效果较好，其中，绝对适配度指数 χ^2/df 的值为 1.161，小于临界值 2；RMSEA 的值为 0.039，小于指标值 0.05，为"非常好的拟合"；相对适配度指数 GFI、AGFI、NFI、CFI 的值分别为 0.971、0.926、0.933、0.927，均大于临界值 0.9。而且，各测量题项标准化因子载荷系数高于 0.5（见图 4-9）。综合上述各项指标，可以认为该结构模型得到了较好的验证。

表 4-8　3D 打印产业全球创新网络形成和演进的单维度模型拟合结果

测量变量	测量题目	标准化因子负荷	临界比	各因子适配度指标	
3D 打印产业全球创新网络形成和演进	RWXW1	0.812	—	$\chi^2/df = 1.161$	AGFI = 0.926
	RWXW2	0.817	8.623	RMSEA = 0.039	NFI = 0.933
	RWXW3	0.836	8.451	GFI = 0.971	CFI = 0.927
	RWXW4	0.832	9.224		

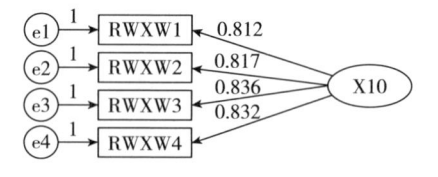

图 4-9　3D 打印产业全球创新网络形成和演进的单维度结构模型

6. 相关变量整体拟合结果

由表 4-9 可以看出，这 10 个因子进行一阶验证性分析的效果较好，各因子模型均具有非常好的配适度，满足实际分析的需要。模型整体的拟合度指数 χ^2/df 的值为 1.181，小于临界值 2；RMSEA 的值为 0.032，小于 0.05，为"非常好的拟合"；相对适配度指数 GFI、AGFI、NFI、CFI 的值分别为 0.972、0.961、0.963、0.994，均大于临界值 0.9。同时，各测量题项标准化因子载荷系数高于 0.7。综合上述各项指标，该结构模型得到了较好的验证。如图 4-10 所示。

表 4-9　　　　　　　　　　相关变量整体拟合结果

测量变量	测量题目	标准化因子负荷	临界比	模型整体适配度指标
降低合作风险	JDFX1	0.804	—	
	JDFX2	0.819	8.735	
	JDFX3	0.801	11.217	
获得互补资源	ZYHB1	0.811	—	
	ZYHB2	0.807	11.212	
	ZYHB3	0.816	8.634	
提升竞争力	TJZL1	0.809	—	
	TJZL2	0.811	9.542	
	TJZL3	0.821	8.816	
知识流动	ZSLD1	0.808	—	
	ZSLD2	0.814	8.452	
	ZSLD3	0.813	9.424	
人才流动	RCLD1	0.822	—	$\chi^2/\mathrm{df}=1.181$
	RCLD2	0.799	8.141	RMSEA = 0.032
	RCLD3	0.784	11.171	GFI = 0.972
资本流动	ZBLD1	0.795	—	AGFI = 0.961
	ZBLD2	0.804	12.644	NFI = 0.963
	ZBLD3	0.806	8.132	CFI = 0.994
经济全球化	JJHJ1	0.794	—	
	JJHJ2	0.811	12.145	
	JJHJ3	0.816	8.356	
全球科技治理	KJHJ1	0.824	—	
	KJHJ2	0.805	8.679	
	KJHJ3	0.821	12.314	
创新合作	CXHZ1	0.794	—	
	CXHZ2	0.805	8.617	
	CXHZ3	0.784	9.227	
3D打印全球创新网络形成和演进	RWXW1	0.813	—	
	RWXW2	0.819	8.622	
	RWXW3	0.816	8.457	
	RWXW4	0.812	9.221	

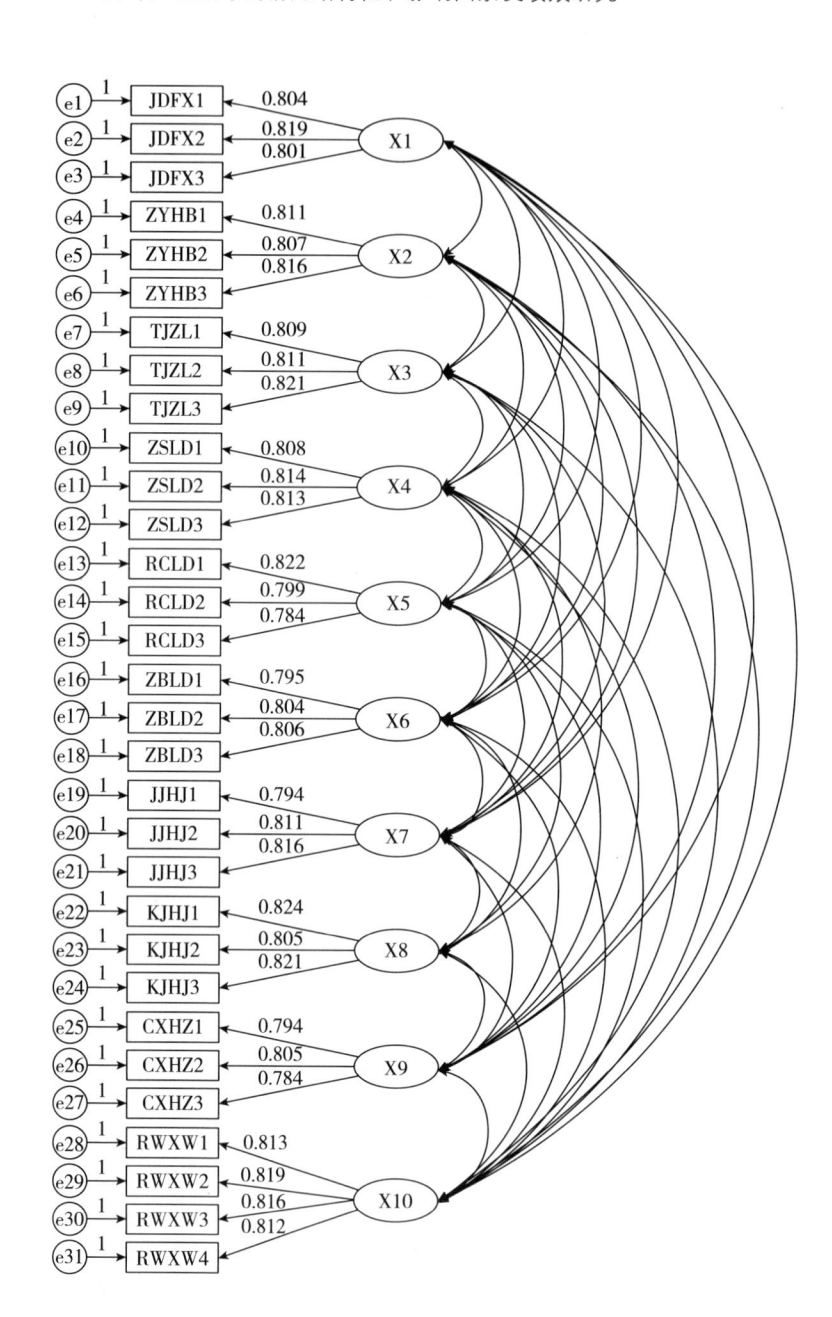

图 4-10　相关变量整体结构模型

第四节 假设检验与结果分析

一 模型拟合与参数估计

本研究通过进行一阶验证性因子分析，发现各项指标均符合各自拟合标准，模型整体拟合度良好，因此模型无须修订。

1. 自变量间的影响分析

本书利用 AMOS 软件，用结构方程对自变量间的影响关系进行拟合，验证研究假设。拟合结果如表 4-10 所示，相对拟合指标 AGFI 为 0.969、RMSEA 为 0.042、NFI 为 0.918、GFI 为 0.907、CFI 为 0.911，均高于可接受标准 0.9，模型拟合效果较好。

表 4-10　　　　　　　　　自变量间的影响分析

假设回归路径	标准化路径系数	显著性水平	是否支持假设
经济全球化→降低研发风险	0.151	***	是
经济全球化→获取互补资源	0.102	***	是
经济全球化→提升竞争力	0.189	0.065*	是
全球科技治理→降低研发风险	0.211	***	是
全球科技治理→获取互补资源	0.192	***	是
全球科技治理→提升竞争力	0.148	0.018**	是
经济全球化→知识流动	0.111	0.142	否
经济全球化→人才流动	0.109	***	是
经济全球化→资本流动	0.121	0.075*	是
全球科技治理→知识流动	0.197	***	是
全球科技治理→人才流动	0.215	0.016**	是
全球科技治理→资本流动	0.116	0.117	否

拟合优度指标值：$\chi^2/df = 1.212$　AGFI = 0.969　RMSEA = 0.042　NFI = 0.918　GFI = 0.907　CFI = 0.911

注：*表示 $p<0.1$；**表示 $p<0.05$；***表示 $p<0.01$。

整体来看，模型中经济全球化和全球科技治理对降低研发风险、获取互补资源和资本流动产生了较为显著的正向影响，标准化的路径系数 β 如图 4-11 所示。

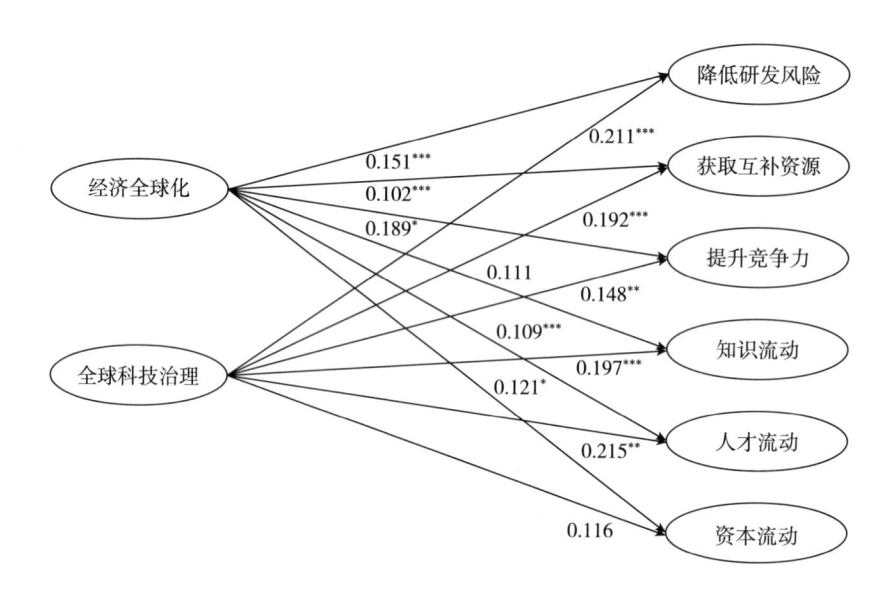

图 4-11　自变量间的影响关系拟合模型

2. 自变量、中介变量与因变量间的影响分析

本研究利用 AMOS 软件，用结构方程对自变量（降低研发风险、获取互补资源、提升竞争力、知识流动、人才流动、资本流动、经济全球化和全球科技治理）、中介变量（创新合作）和因变量（3D 打印产业全球创新网络）进行拟合。拟合结果如表 4-11 所示，为"非常好的拟合"；相对拟合指标 AGFI 为 0.945、NFI 为 0.945、GFI 为 0.912、CFI 为 0.909，均高于可接受标准 0.9，模型拟合效果较好。

在自变量对中介变量的影响中，整体来看，降低研发风险、获取互补资源、提升竞争力、知识流动、人才流动、资本流动、经济全球化和全球科技治理都对创新合作具有较为显著的正向影响，标

表4-11　　　　　　　　　　结构模型的参数估计

假设回归路径	标准化路径系数	显著性水平	是否支持假设
降低研发风险→创新合作	0.551	***	是
获取互补资源→创新合作	0.502	***	是
提升竞争力→创新合作	0.589	0.018**	是
知识流动→创新合作	0.411	***	是
人才流动→创新合作	0.492	0.016**	是
资本流动→创新合作	0.448	0.094*	是
经济全球化→创新合作	0.411	0.029**	是
全球科技治理→创新合作	0.409	0.076*	是
降低研发风险→3D打印产业全球创新网络形成和演进	0.422	***	是
获取互补资源→3D打印产业全球创新网络形成和演进	0.454	0.006**	是
提升竞争力→3D打印产业全球创新网络形成和演进	0.469	0.065*	是
知识流动→3D打印产业全球创新网络形成和演进	0.356	0.022**	是
人才流动→3D打印产业全球创新网络形成和演进	0.382	0.019**	是
资本流动→3D打印产业全球创新网络形成和演进	0.394	0.082*	是
经济全球化→3D打印产业全球创新网络形成和演进	0.349	0.064*	是
全球科技治理→3D打印产业全球创新网络形成和演进	0.344	0.051*	是
创新合作→3D打印产业全球创新网络形成和演进	0.608	***	是

拟合优度指标值：$\chi^2/df = 1.201$　　AGFI = 0.945　　RMSEA = 0.033　　NFI = 0.945　　GFI = 0.912　　CFI = 0.909

注：* 表示 $p < 0.1$；** 表示 $p < 0.05$；*** 表示 $p < 0.01$。

准化路径系数 β 如图 4-12 所示。在自变量对因变量的影响中，降低研发风险、获取互补资源、知识流动、人才流动、资本流动、经济全球化和全球科技治理均对 3D 打印产业全球创新网络形成和演进具有较为显著的正向影响。最后，在中介变量对因变量的影响中，创新合作对 3D 打印产业全球创新网络形成和演进具有显著的正向影响，其标准化路径系数 β 为 0.608（p<0.05）。

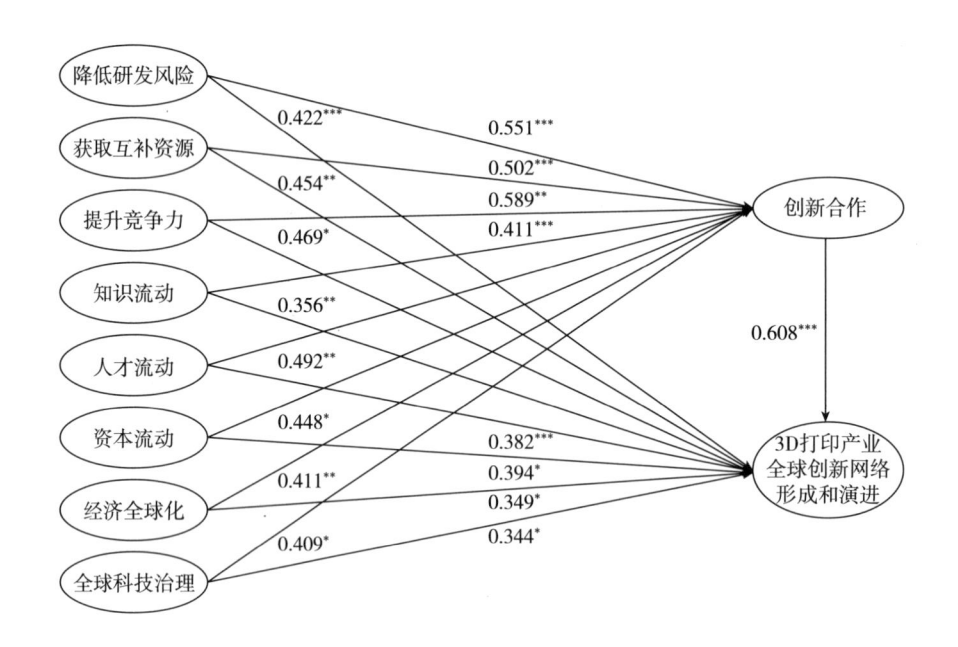

图 4-12 结构模型拟合关系

二 中介效用的分析与检验

为了检验创新合作在主体需求、资源流动和外部环境三个主要变量的各构成维度对合作创新行为影响过程是否起到中介影响作用，本书参考学者 Baron 和 Kenny（1986）对中介效应研究的成果，并利用结构方程模型对中介效用进行判定，具体分析如下。

首先，利用前期收集整理的原始数据将自变量对因变量的影响关系进行拟合，判断其回归系数显著性。拟合结果如表4-12所示，绝对拟合指标卡方自由度比 χ^2/df 为1.222，小于临界值2；渐进残差均方和平方根 RMSEA 为0.037，为"非常好的拟合"；相对拟合指标 AGFI 为0.948、NFI 为0.916、GFI 为0.913、CFI 为0.904，均高于可接受标准0.9，模型拟合效果较好。

从表4-12中可以看出降低研发风险、获取互补资源、提升竞争力、知识流动、人才流动、资本流动、经济全球化和全球科技治理都对3D打印产业全球创新网络形成和演进产生了较为显著的正向影响，标准化路径系数 β 分别为0.437、0.486、0.471、0.381、0.401、0.399、0.355 和0.367。

表4-12　　　　　　　　自变量对因变量的影响分析

假设回归路径	标准化路径系数	显著性水平
降低研发风险→3D打印产业全球创新网络形成和演进	0.437	***
获取互补资源→3D打印产业全球创新网络形成和演进	0.486	0.022**
提升竞争力→3D打印产业全球创新网络形成和演进	0.471	0.083*
知识流动→3D打印产业全球创新网络形成和演进	0.381	0.024**
人才流动→3D打印产业全球创新网络形成和演进	0.401	0.028**
资本流动→3D打印产业全球创新网络形成和演进	0.399	0.095*
经济全球化→3D打印产业全球创新网络形成和演进	0.355	0.067*
全球科技治理→3D打印产业全球创新网络形成和演进	0.367	0.056*

拟合优度指标值：$\chi^2/df = 1.222$　　AGFI = 0.948　　RMSEA = 0.037　　NFI = 0.916　　GFI = 0.913　　CFI = 0.904

注：* 表示 $p < 0.1$；** 表示 $p < 0.05$；*** 表示 $p < 0.01$。

然后，将自变量和中介变量共同对因变量的影响关系进行拟合，判定其回归系数是否显著，具体分析结果如表4-11所示。将表4-11与表4-12中的标准化路径系数与显著性概率进行综合比较，比较结果如表4-13所示。

表4-13　　　　　　　直接效用与间接效用模型参数比较

假设回归路径	直接效用模型 标准化路径系数	直接效用模型 显著性水平	间接效用模型 标准化路径系数	间接效用模型 显著性水平
降低研发风险→3D打印产业全球创新网络形成和演进	0.437	***	0.422	***
获取互补资源→3D打印产业全球创新网络形成和演进	0.486	0.022**	0.454	0.006**
提升竞争力→3D打印产业全球创新网络形成和演进	0.471	0.083*	0.469	0.065*
知识流动→3D打印产业全球创新网络形成和演进	0.381	0.024**	0.356	0.022**
人才流动→3D打印产业全球创新网络形成和演进	0.401	0.028**	0.382	0.019**
资本流动→3D打印产业全球创新网络形成和演进	0.399	0.095*	0.394	0.082*
经济全球化→3D打印产业全球创新网络形成和演进	0.355	0.067*	0.349	0.064*
全球科技治理→3D打印产业全球创新网络形成和演进	0.367	0.056*	0.344	0.051*

注：*表示$p<0.1$；**表示$p<0.05$；***表示$p<0.01$。

从表4-13中可以看出，自变量降低研发风险、获取互补资源、提升竞争力、知识流动、人才流动、资本流动、经济全球化和全球科技治理的影响路径系数均有所减少，概率值p都较为显著，说明中介变量具有一定的中介作用。综上所述，创新合作在自变量和因变量间起到了显著的中介作用。

三　关系假设的验证

本书通过对样本数据进行验证性因子分析和结构方程建模，对

3D 打印产业全球创新网络形成与演进的影响因素进行拟合、检验研究假设。从表 4-14 可以看出，问卷拟合结果很好地支持了研究假设。未得到现有数据验证的两个假设为 H5a 外部环境的经济全球化对知识流动具有正向作用和 H5f 外部环境的全球科技治理对资本流动具有正向作用，说明经济全球化的国际环境主要对人才流动和资本流动有较好的促进作用，而对知识流动的促进作用不显著，相应的全球科技治理的国际环境对知识流动和人才流动的促进作用较为明显，而对资本流动的促进作用不显著。现有研究结果的分析过程见本章第五节 3D 打印产业全球创新网络影响机制分析。

表 4-14　　　　　　　　假设检验结果汇总

编号	假设内容	检验结果
H1a	降低研发风险需求对组织创新合作有正向作用	支持
H1b	获取互补资源需求对组织创新合作有正向作用	支持
H1c	提升竞争力需求对组织创新合作有正向作用	支持
H1d	知识流动对组织创新合作有正向作用	支持
H1e	人才流动对组织创新合作有正向作用	支持
H1f	资本流动对组织创新合作有正向作用	支持
H1g	经济全球化对组织创新合作有正向作用	支持
H1h	全球科技治理对组织创新合作有正向作用	支持
H2a	降低研发风险需求对全球创新网络形成和演进有正向作用	支持
H2b	获取互补资源需求对全球创新网络形成和演进有正向作用	支持
H2c	提升竞争力需求对全球创新网络形成和演进有正向作用	支持
H2d	知识流动对全球创新网络形成和演进有正向作用	支持
H2e	人才流动对全球创新网络形成和演进有正向作用	支持
H2f	资本流动对全球创新网络形成和演进有正向作用	支持
H2g	经济全球化对全球创新网络形成和演进有正向作用	支持
H2h	全球科技治理对全球创新网络形成和演进有正向作用	支持
H3a	创新合作在降低研发风险与创新网络形成和演进间具有正向中介作用	支持
H3b	创新合作在获取互补资源与创新网络形成和演进间具有正向中介作用	支持
H3c	创新合作在提升竞争力与创新网络形成和演进间具有正向中介作用	支持

续表

编号	假设内容	检验结果
H3d	创新合作在知识流动与创新网络形成和演进间具有正向中介作用	支持
H3e	创新合作在人才流动与创新网络形成和演进间具有正向中介作用	支持
H3f	创新合作在资本流动与创新网络形成和演进间具有正向中介作用	支持
H3g	创新合作在经济全球化与创新网络形成和演进间具有正向中介作用	支持
H3h	创新合作在全球科技治理与创新网络形成和演进间具有正向中介作用	支持
H4a	外部环境的经济全球化对降低研发风险具有正向作用	支持
H4b	外部环境的经济全球化对获取互补资源具有正向作用	支持
H4c	外部环境的经济全球化对提升竞争力具有正向作用	支持
H4d	外部环境的全球科技治理对降低研发风险具有正向作用	支持
H4e	外部环境的全球科技治理对获取互补资源具有正向作用	支持
H4f	外部环境的全球科技治理对提升竞争力具有正向作用	支持
H5a	外部环境的经济全球化对知识流动具有正向作用	不支持
H5b	外部环境的经济全球化对人才流动具有正向作用	支持
H5c	外部环境的经济全球化对资本流动具有正向作用	支持
H5d	外部环境的全球科技治理对知识流动具有正向作用	支持
H5e	外部环境的全球科技治理对人才流动具有正向作用	支持
H5f	外部环境的全球科技治理对资本流动具有正向作用	不支持

第五节 3D 打印产业全球创新网络影响机制分析

基于上文对 3D 打印产业全球创新网络形成和演进影响因素的实证分析，根据路径系数和显著性水平，可以发现在自变量对中介变量影响中，主体需求的三个影响因素对组织创新合作的正向推动作用最强，其次为资源流动三个相关影响因素，最后为外部环境的两个影响因素，以上结果说明企业的主观需求对组织创新合作起主导作用，而知识、人才等创新资源的流动对于企业创新合作起到一定的推动作用，外部经济和科技环境对于组织间创新合作有一定的促进作用。在自变量对因变量影响中，主体需求的三个影响因素是3D打印产业全球创新网络形成和演进的根本动力，也是3D打印企业获取经济利益最大化的手段；资源流动三个相关影响因素为3D打印产业全球创新网络形成和演进提供了现实的条件；外部环境的两个影响因素是3D打印产业全球创新网络形成和演进的前提条件。鉴于主体需求和资源流动对创新合作和3D打印产业全球创新网络形成和演进的影响较大，而外部环境主要通过影响主体需求和资源流动对创新合作及网络形成和演进起作用，本书对两类影响因素进行分析如下。

3D打印作为新兴产业，研发过程及产出成果的不确定性较大，技术复杂程度较高，需要投入的创新资源较多，并凸显出一定的全球性特征。若某一3D打印企业独立进行研发创新，失败的风险系数极高，甚至超出企业所能承担的程度。因此，通过与其他企业合作并融入3D打印产业全球创新网络，在更广泛的范围内，研发人员共同攻关，共享创新资源，分摊研发经费，共担科研风险，分享3D打印研发成果，能够提高3D打印企业研发产出能力，实现3D打印产业全球创新网络主体互利共赢。同时，全球创新网络开放程度更高，受到技术、人才、资源的限制更少，更利于3D打印企业寻找合作伙伴和获取适合本企业的互补资源。企业通过合作创新并融入全球创新网络可实现资源共享。另外，提升竞争力是3D打印企业间发生合作的关键动因，促进了3D打印产业全球创新网络形成和演进。通过融入3D打印产业全球创新网络可以共享知识和信息资源，从而提高研发效率。网络主体间3D打印知识的共享不仅能够提高企业新产品的研发速度，还可以在知识交换过程中增强自己的技术能力，为未来的3D打印产品研发打下基础。可见，只有主体有发展的需求，组织间的合作才可能发生，网络才可能形成，因此，企业的主体需求是根本动力，在三类因素中对3D打印产业全球创新网络的形成和演化的影响最大。

知识流动使3D打印产业全球创新网络内资源得到了有效配置和

高效使用，3D打印企业通过融网，更容易实现效率目标，使3D打印企业为了获得知识有效共享权利而融入全球创新网络，提高自身创新能力，可以帮助3D打印企业为建立多样化的网络关系而融入全球创新网络，实现资源互补、互利共赢的战略目标。3D打印人才资源分布在全球创新网络的不同网络主体中，网络主体密切交流、相互联系和相互适应，3D打印人才资源也随之产生流动。因此，3D打印人才在运用全球创新网络资源、提升企业素质方面发挥了重要作用，3D打印人才流动在全球创新网络中起到连接不同网络主体的桥梁作用，促进了企业创新合作，进而促进3D打印产业全球创新网络形成和演进。资本流动可使3D打印企业为获取多渠道融资而融入全球创新网络。通过资本流动不仅能够提供研发项目所需要的资金，还可提供全球市场信息和一定程度的经营管理指导，从而提高3D打印企业的研发成功概率。因此，资本流动促进了组织间创新合作和3D打印产业全球创新网络形成和演进。综上，资源流动使主体间合作得以实现，主体需求得到满足，网络随之形成，因此，资源流动是促进因素，在三类因素中对3D打印产业全球创新网络的形成和演进具有较大影响。

在自变量对因变量的影响中，组织创新合作具有显著的正向中介作用，这在一定程度上说明通过组织间广泛开展创新合作，主体间联系增加，创新网络得以形成并不断演进，网络特征也随之变化。因此，创新合作在主体需求、资源流动和外部环境与3D打印产业全球创新网络形成和演进中起到重要中介作用。外部环境是实现主体需求和资源流动的前提条件，是企业进行创新合作的前提条件，没有全球经济和科技一体化的国际大环境，3D打印产业全球创新网络难以形成。可见，企业外部环境通过主体需求和资源流动促进组织进行创新合作，最终推动3D打印创新网络的形成和演进。

综上所述，本书在现有对3D产业创新网络形成和演化的影响因素模型基础上，基于实证研究结论，对3D打印产业全球创新网络影响机制总结如图4-13所示。具体分析如下：外部环境因素（经济

第四章　3D 打印产业全球创新网络影响因素研究　　167

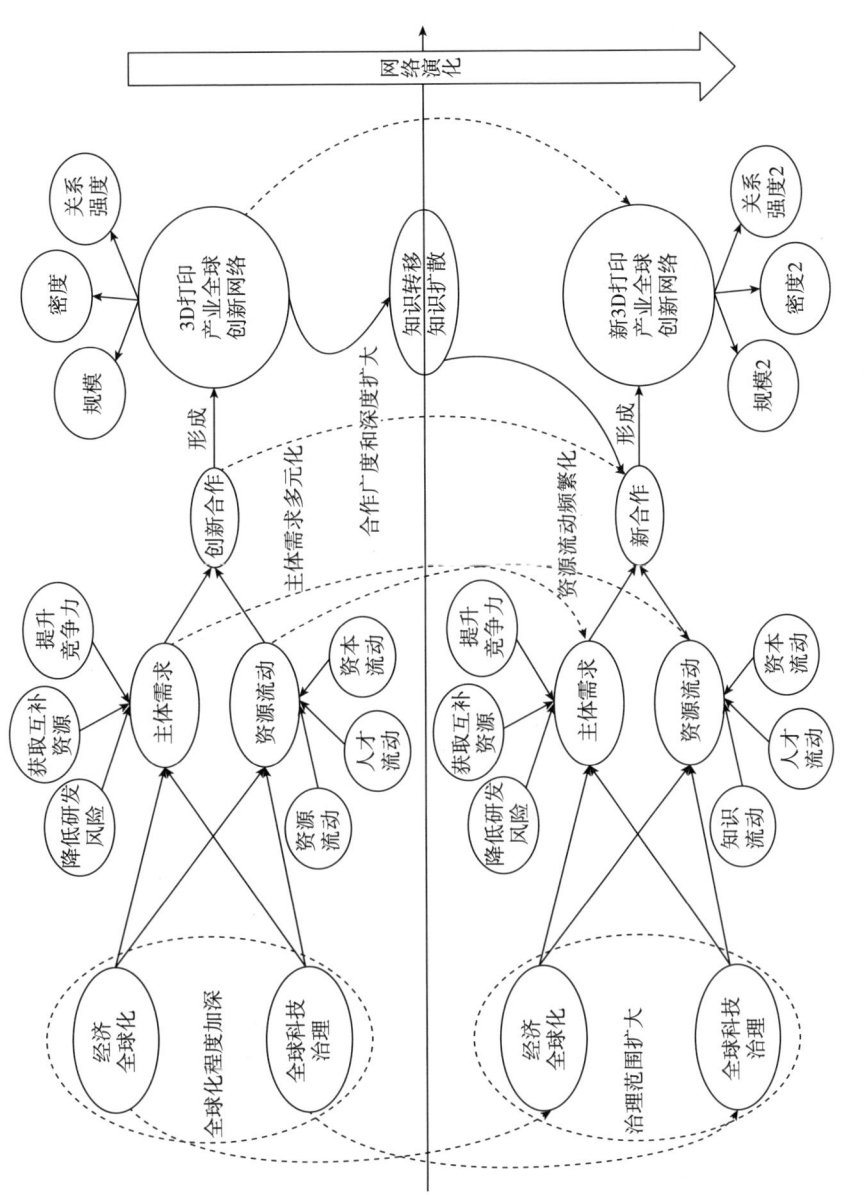

图 4-13　3D 打印产业全球创新网络影响机制模型

全球化和全球科技治理）是网络形成和演进的前提条件，通过影响网络主体需求和资源流动来影响3D打印企业的创新合作，进而影响3D打印产业全球创新网络的构建。网络主体需求因素（降低研发风险、获取互补资源和提升竞争力）对3D打印产业全球创新网络形成和演进影响最大，是网络形成和演进的根本动力；资源流动因素（知识流动、人才流动和资本流动），是网络形成和演进的推动因素。三类影响因素通过直接影响网络主体创新合作，进而影响3D打印企业间的创新合作关系，最终促使具有不同形态特性的3D打印产业全球创新网络形成。随着时间的推移，经济全球化程度加深、全球治理范围扩大，3D打印主体的需求更加多元化，如由前一阶段主要寻求自身盈利能力增强的需求演进为寻求组织间互利共赢协同发展，3D打印资源的流动更加频繁。这些影响因素的变化都促进了组织间的创新合作广度和深度不断增加，前一阶段形成的3D打印产业全球创新网络中的网络主体由于合作和交流次数的增加，不断通过知识转移和知识溢出等多种途径提高3D打印产业全球创新网络整体创新能力。创新资源丰富和高创新水平的3D打印产业全球创新网络不断演进，网络特征发生变化、网络规模和密度增大、网络关系稳定增强。

第六节　本章小结

本章首先基于复杂系统理论等多个理论视角，对3D打印产业全球创新网络的影响因素进行识别；然后借鉴现有模型，构建3D打印产业全球创新网络影响因素理论分析模型，基于271份有效调查问卷数据，采用结构方程模型对研究假设进行验证；最后根据研究结果分析3D打印产业全球创新网络形成和演化的影响机制。研究结果如下。

1. 识别出影响3D打印产业全球创新网络形成和演进的影响因素

基于复杂系统等理论研究视角，结合预调研结果，本书识别出降低研发风险、获取互补资源、提升竞争力、知识流动、人才流动、资本流动、经济全球化、全球科技治理等影响因素。

2. 构建了 3D 打印产业全球创新网络影响因素理论分析模型

在 3D 打印产业全球创新网络形成和演进影响因素理论模型中，共包含三个部分：第一部分从主体需求、资源流动和外部环境三个主要变量整合分析 3D 打印产业全球创新网络形成和演进的影响因素，并探究三个主要变量各构成维度之间的关系。第二部分探究主体需求、资源流动、外部环境三个主要变量各构成维度对创新合作的影响作用关系，以及创新合作在三个主要变量的各构成维度与 3D 打印产业全球创新网络之间的中介作用。第三部分探讨主体需求、资源流动和外部环境三个主要变量各构成维度对 3D 打印产业全球创新网络的直接影响关系，研究 3D 打印产业全球创新网络形成和演进影响因素的作用机理。

3. 3D 打印产业全球创新网络形成和演进影响因素的作用机理

外部环境因素（经济全球化和全球科技治理）是网络形成和演进的前提条件，通过影响网络主体需求和资源流动来影响 3D 打印企业的创新合作，进而影响 3D 打印产业全球创新网络的构建。网络主体需求因素（降低研发风险、获取互补资源和提升竞争力）对 3D 打印产业全球创新网络形成和演进影响最大，是网络形成和演进的根本动力；资源流动因素（知识流动、人才流动和资本流动）是网络形成和演进的推动因素。三类影响因素通过直接影响网络主体创新合作，进而影响 3D 打印企业间的创新合作关系，最终促使具有不同形态特性的 3D 打印产业全球创新网络形成。随着时间的推移，3D 打印产业全球创新网络内网络主体合作和交流次数增加，通过组织学习、知识转移、知识溢出等多种途径提高 3D 打印产业全球创新网络整体创新能力，创新资源丰富和高创新水平的 3D 打印产业全球创新网络不断演进。

第 五 章

全球创新网络对不同经济体
3D 打印产业绩效影响研究

本书在第三章和第四章对 3D 打印产业全球创新网络特征（C）和 3D 打印产业全球创新网络形成和演进行为的影响因素（I）进行了研究，而 3D 打印产业网络主体通过融入全球创新网络对于产业绩效（P）是否有积极影响以及哪些网络特征对于产业绩效有影响是本章讨论的主要内容。因此，本章将在前述章节研究的基础上，构建 3D 打印产业全球创新网络特征对不同经济体产业绩效影响模型，基于欧洲专利局（EPO）全球专利统计数据库（Worldwide）3D 打印专利数据和 Wohlers Report 中各经济体 3D 打印产业相关数据，采用面板数据模型研究 3D 打印产业全球创新网络特征对产业绩效的影响。

第一节　研究假设和模型构建

随着知识创造活动日益复杂，越来越多的研发活动的实施成为一种集体行为。这使合作网络的重要性得以显现，通过合作网络可以实现在几个地理上分散的合作伙伴之间传播创新并达成共识，有效降低新产品、新技术的研发风险，简化开发过程的复杂性（Guan et al.，2016）。创新活动通过一些网络主体复杂的组合方式来配置现有的知识，研究表明合作并形成创新网络对创新有积极影响，对研究人员创新产出十分有利。科学技术进步是经济持续高速增长的重要推动力，因此各国都在不遗余力地增加科技研发投入。但是，各国研发投入的规模和强度是有限的，因此不同经济体应该加强国内外研发合作，以提高产业绩效。与此同时，信息化和经济全球化为国际交流提供了便利条件，在全球创新背景下逐渐形成了跨国研发合作网络。在过去的20年中，经济、科技日益全球化，研发网络不再仅仅限于发达经济体之间，发达经济体与发展中经济体之间也开展了有效合作，逐渐形成了全球创新网络。因此，在现有背景下探讨全球创新网络对不同经济体产业绩效的影响是十分必要的。

从价值链视角上分析，高技术产业生产过程包括技术创造和经济生产两个阶段，因此高技术产业绩效的测度应包括创新绩效和经济绩效两个部分。我国科技部在2013年公布的《国家高技术研究发展计划》中就将3D打印产业列入其中。因此，3D打印产业作为高技术产业，对3D打印产业绩效的测度不仅应包括传统产业对经济绩效的测度，还应包括对创新绩效的测度。在本书中，对经济绩效测度的指标选用现有研究中较为常见的测度指标——主营业务收入。而对创新绩效测度指标的选取，笔者通过对现有研究创新绩效的文献进行归纳（如表5-1所示），发现现有研究基本通过两个方面来衡量创新绩效，即结果导向的输出绩效（如专利数量、专利被引数量和产品销售收入等）和面向过程的效率绩效（如研发活动的相对效率、区域创新效率和研发效率等）。使用特定的创新产出指标衡量创新成果是非常重要的。全球创新网络中网络主体创新效率水平的高低自然与主体合作研发过程的运作有关，如研发活动的实施，组织或管理者的投入和输出等。产业研发效率能体现出全球创新网络的网络主体对创新资源是否有效利用，有助于揭示网络主体从研发投入到研发产出整个运行过程的有效性。综上所述，本书通过研发效率指标来测度 3D 打印产业创新绩效。

表 5-1　　　　　　　网络特征与创新绩效研究相关文献

创新绩效测度指标	方法模型	作者、年份
研发活动的相对效率	DEA	Liu 和 Buck（2007）
新产品产值	面板数据模型	Chiu（2008）
论文质量 专利数量	负二项式模型 广义估计方程	He 等（2009）
国家专利数	负二项式模型	Chen 等（2010）
专利被引数量	面板数据模型	Lee（2010）
区域创新效率	DEA	陈伟等（2010）
企业新产品数量	负二项式回归	Liu 等（2011）
USPTO 专利的授权数量、 USPTO 专利的跨国被引用频次和 取得的新产品产值	负二项式模型	叶选挺（2011）
新产品在总量中的贡献 产品创新速度 产品创新成功率	面板数据模型	Sarvan 等（2011）
论文数量 论文被引数量	Spearman 相关回归和 泊松多元回归	Abbasi 等（2012）
专利申请数、新产品 产值、产品销售收入	负二项式模型	张经强（2013）
论文数量	泊松回归模型	Eslami 等（2013）
新产品销售收入	面板数据模型	Bae（2015）
专利数量	负二项式模型	Guan 等（2015）
专利数量、研发效率	面板数据模型	Guan 等（2016）

资料来源：笔者整理。

本书结合 Guan 等（2015）提出的网络特征指标，以网络中心性、结构洞和聚集性三个指标作为测度全球创新网络特征的主要指标，并对主要经济体 3D 打印产业绩效进行测度。下文提出具体的研究假设。

一 网络中心性与产业绩效

中心性是网络特征中反映节点重要性的指标，用于标识网络节点在网络中的权力或地位的重要程度，也可以反映一个网络节点在网络中作为网络中介的程度，获得有效信息资源的程度或其控制信息资源的方式。[①] 如第四章研究方法所介绍，中心性指标主要包括度数中心性、中介中心性和接近中心性三个指标。每个指标都反映了节点在社会网络中的独特作用，但有不同的定义和测量方式。度数中心性高的节点通常占据了网络的重要战略位置；中介中心性水平反映了节点的桥梁作用，该指标水平高说明该节点可以通过少量的中间渠道到达许多其他节点；接近中心性越小表明其在网络中越容易通过较短的路径与其他网络节点建立联系。现有的研究表明，高中心性水平的网络主体具有网络信息优势且拥有更多控制其他网络成员的权利。由此可以认为，一个具有较好中心性水平的网络主体可以接触到创新网络中不同资源或信息，可以改善研发过程的组织和管理，并具有较高的产业绩效。因此，本书提出以下假设：

H6：全球创新网络主体度数中心性水平与3D打印产业绩效正相关；

H6a：全球创新网络主体度数中心性水平与3D打印产业主营业务收入正相关；

H6b：全球创新网络主体度数中心性水平与3D打印产业研发效率正相关；

H7：全球创新网络主体的中介中心性水平与3D打印产业绩效正相关；

H7a：全球创新网络主体中介中心性水平与3D打印产业主营业务收入正相关；

[①] Freeman,"Visualizing Social Networks", *Social Network Data Analytics*, 2000, 6(4).

H7b：全球创新网络主体中介中心性水平与 3D 打印产业研发效率正相关；

H8：全球创新网络主体接近中心性水平与 3D 打印产业绩效负相关；

H8a：全球创新网络主体接近中心性水平与 3D 打印产业主营业务收入负相关；

H8b：全球创新网络主体接近中心性水平与 3D 打印产业研发效率负相关。

二 结构洞与产业绩效

结构洞理论（Structural Holes）是由 Burt 于 1992 年首次提出的。在社会网络中，网络主体之间并非都直接相连，有些网络主体间是间断的，有些主体之间通过某一中介形成了联系，因此，在整个网络中会出现视觉上的洞穴。企业在社会网络中若拥有结构洞，对于企业的技术创新、信息获取以及提升经济绩效都十分重要（Wooldridge，2020）。由于结构洞的存在，个体或组织为了获取更多的资源及信息会将关系紧密的网络连接起来，继而产生竞争优势，结构洞越丰富这种优势也就越强。同样，对于创新网络，拥有的结构洞越多，取得信息的数量及效率就越高，更有可能利用高价值的信息实现创新。因此，对于创新网络主体而言，拥有丰富的结构洞使其更容易获得和控制网络资源和信息，从而提高研发效率。由于网络结构洞常用的指标为限制度，而限制度指标越小表明拥有的结构洞越丰富，在资源获取和信息控制方面有特殊优势。

基于以上分析，本书提出如下假设：

H9：全球创新网络主体结构洞限制度指标与 3D 打印产业绩效负相关；

H9a：全球创新网络主体结构洞限制度指标与 3D 打印产业主营业务收入负相关；

H9b：全球创新网络主体结构洞限制度指标与 3D 打印产业研发

效率负相关。

三 聚类系数与产业绩效

聚类系数用于体现网络内各节点的聚集程度,网络中一些节点互通信息频繁、多次进行知识转移活动则会形成关系紧密的不同小团体。这种相互关系可以利用聚类系数进行量化表示(Wooldridge,2003)。现有研究表明拥有高聚类系数的网络主体之间的联系较为充分,规范和均匀信息可能会在密集的高度集群的自我网络中扩散,这样就会减少异常行为并促进创新性的产生。由于网络中知识和信息频繁传递,促进了创新想法的产生,因此网络主体间知识的传播能力也会得到提升。网络参与者之间的集聚会产生大量的有效资源和信息,促进多元化和创新的观点的产生,进而提升网络主体创新能力,并提高产业研发效率。基于以上讨论,我们提出以下假设:

H10:全球创新网络主体聚类系数与 3D 打印产业绩效正相关;

H10a:全球创新网络主体聚类系数与 3D 打印产业主营业务收入正相关;

H10b:全球创新网络主体聚类系数与 3D 打印产业研发效率正相关。

四 其他影响因素与产业绩效

现有文献表明,产业绩效可能受到其他社会经济因素的影响(Guan et al.,2016)。这些社会因素对各经济体单独进行 3D 打印技术研发或融入全球创新网络并与其他主体合作研发的过程均会产生一定的影响,从而影响 3D 打印产业绩效。金融机构所具有的雄厚资金实力为创新企业提供了大量的资金支持和金融中介服务,使资本流动有效运行,同时金融机构的介入可以与企业共同承担风险,从而提高企业竞争力,可见,经济体的金融服务可获性水平影响产业绩效;安全的创新环境和统一的行业标准规则为企业的创新发展营造了健康的市场环境,对企业提高创新效率有重要影响,可见知识产权保护在一定程度上影响产业绩效；政府采购先进技术产品，反映了政府对技术创新的支持程度，可见政府采购先进技术产品对产业绩效也有一定影响。因此，本书提出以下假设：

H11：经济体金融服务可获性水平与3D打印产业绩效正相关；

H11a：经济体金融服务可获性水平与3D打印产业主营业务收入正相关；

H11b：经济体金融服务可获性水平与3D打印产业研发效率正相关；

H12：经济体知识产权保护力度与3D打印产业绩效正相关；

H12a：经济体知识产权保护力度与3D打印产业主营业务收入正相关；

H12b：经济体知识产权保护力度与3D打印产业研发效率正相关；

H13：经济体政府采购先进技术产品力度与3D打印产业绩效正相关；

H13a：经济体政府采购先进技术产品力度与3D打印产业主营业务收入正相关；

H13b：经济体政府采购先进技术产品力度与3D打印产业研发效率正相关。

五　模型构建

如前文所述，随着知识创造活动日益复杂，通过全球性的合作网络可以使地理位置分散的合作体之间进行知识创新的分享与传播，通过降低新产品、新技术的研发风险来提高产业的经济绩效和创新绩效，因而本章旨在测度全球创新网络对产业绩效的影响，对于全球创新网络，本书通过网络中心性、结构洞和聚类系数几个指标来测度；本书的产业绩效通过产业主营业务收入和研发效率来反映。基础逻辑关系如图5-1所示。通过合作，各国3D打印企业研发人员不仅交换和组合知识，增加研发产出，而且增加资源和成本，提高研发效率。由于研发活动本身是复杂的系统，因此，研发效率的测度需要由多个指标来测算，同时，投入和产出之间的关系往往是非线性、不确定的，所以构建适当的评估研发活动效率的函数也较为困难。本书借鉴 Guan 等（2016）所构建的研发效率测度方法，提出采用基于 DEA 的 Malmquist 生产率指数来衡量 3D 打印产业研发效率的变化，通过分析多个经济体不同研发投入和产出数据集来测度研发效率。

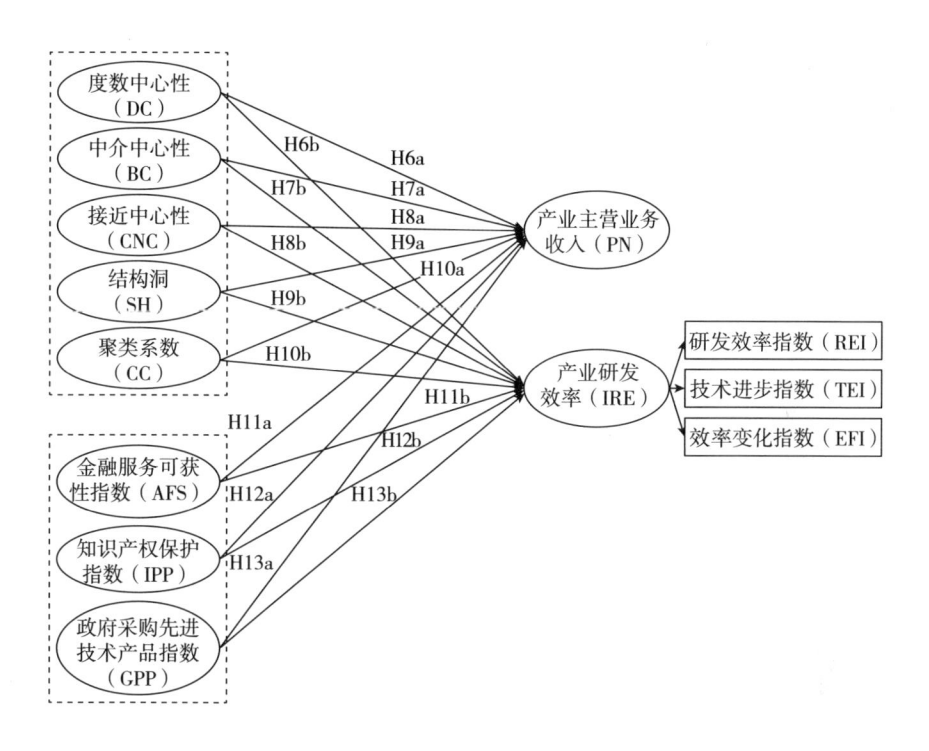

图 5-1　3D 打印产业全球创新网络特征对产业绩效影响模型

3D 打印产业全球创新网络既包括由不同企业形成的全球创新网络，也包括不同城市所形成的全球创新网络，还包括由不同经济体形成的全球创新网络。企业及城市级的创新网络专利数据及论文数据都较少，且相应的投入数据包括研发人员投入和研发资金投入等不易获得，而各经济体的研发投入和产出数据相对容易收集。因此，本书选取经济体作为全球创新网络的网络主体，研究3D打印产业全球创新网络特征对不同经济体产业绩效的影响。本研究的网络特征测度数据来源于欧洲专利局（EPO）全球专利统计数据库（Worldwide）3D打印专利数据，将各个经济体作为一个网络节点来构建3D打印产业全球创新网络。研发效率模型中投入变量包括各经济体3D打印产业研发人员数量和各经济体3D打印产业研发投入金额，输出变量包括各经济体3D打印产业授权专利数量和各经济体3D打印论文数量。基于此，用面板数据模型来研究网络特征与产业主营业务收入和研发效率之间的关系。

第二节　数据来源和变量选取

一　数据来源

1. 研究对象和研究期间

本研究数据从2009年开始选取，主要原因为2009年以前的3D打印专利数量过少且经济体间进行国际合作的专利数量不多，难以进行全球创新网络分析，因此，本书研究数据涉及时间为2009—2017年。本书研究对象为34个3D打印经济体，包括中国、美国、印度、日本、韩国、新加坡、中国台湾、澳大利亚、新西兰、奥地利、比利时、丹麦、芬兰、法国、德国、意大利、荷兰、挪威、波兰、葡萄牙、罗马尼亚、俄罗斯、斯洛文尼亚、西班牙、瑞典、瑞士、土耳其、英国、以色列、巴西、加拿大、埃及、伊朗和南非。选取以上经济体作为3D打印产业全球创新网络主体的主要原因是，上述经济体在计算期（2009—2017年）内不同程度地参与全球创新网络（通过国际合作专利判断），另外本书通过Wohlers Report获取计算产业研发效率的数据，该报告披露了以上经济体的3D打印产业研发投入和产出相关指标。因此，本章选择上述经济体为3D打印产业全球创新网络研究对象。还有一个需要考虑的因素是滞后期，鉴于迄今为止研发产出的时间长度并没有被普遍接受，创新投入和创新产出之间通常存在一定的时间延迟，参考现有研究中对滞后期的选择，本书选择了三年的研发活动滞后期。

2. 3D 打印产业研发投入和产出数据

产业研发投入的衡量指标一般是研发人员和研发资金，3D 打印作为新兴产业，截至目前未见任何报告直接披露出各经济体的 3D 打印产业研发人员和研发资金，正如 Wohlers Report 对 3D 打印产业研发投入和投资的描述为"under the radar"，即低调而神秘的。因此，由于 3D 打印产业研发的保密性，现阶段基本不可能通过任何行业研究报告来直接获取各经济体研发人员和研发资金的数据，现有的所谓全球 3D 打印行业分析报告大部分是对全球 3D 打印行业发展特点、全球 3D 打印行业市场规模和全球 3D 打印市场竞争格局等进行的简要分析，真正涉及不同经济体 3D 打印产业研发人员和研发费用的数据基本上没有任何报告进行披露。同时，各经济体现有的 3D 打印上市公司（除美国、德国外）数量较为有限，因此，用上市公司研发人员的数量和研发费用来代替该经济体 3D 打印研发投入并不合适。

笔者在采集数据过程中发现，国际上关于不同经济体 3D 打印产业相关数据最为权威的报告是 Additive Manufacturing State of the Industry Annual Worldwide Progress Report，由 Wohlers Associates 发布，简称为 Wohlers Report，该报告被誉为 3D 打印业界非官方"国情咨文"，自 1993 年开始每年都会发布，提供对全球范围内的 3D 打印产业分析，包含该产业的产品、服务及未来前景分析，涵盖政府资助的研究与发展、合作与联盟，以及 110 个学术研究机构和 11 个研究机构的研究与活动等情况分析。笔者通过研读 Wohlers Report 发现可通过"文本挖掘"的方式来获取不同经济体 3D 打印产业研发投入及研发产出数据，据此来测度 3D 打印产业研发效率。因此，本书关于不同经济体 3D 打印产业研发投入和产出的数据通过查阅 Wohlers Report 获取，具体的获取数据方式如下。

（1）研发投入数据

人力和资金是与研发活动显著相关的量化投入。现有的研究中较多使用全时人工当量（Full-time Equivalent Researchers，FTE）来衡量研发人力投入，而 Wohlers Report 中关于研发人员的数据尚未披露全时人工当量或研发人数。Wholers Report 列示了报告期年度内不同经济体中技术水平最高、创新能力最强、市场占有率最大的3D打印领先企业和研发水平最高、极具行业影响力的3D打印科研团队（分布在各大高校和科研院所中），分别在报告的第三部分（Part3：System Manufacturers）和第七部分（Part7：Research and Development）进行详细阐述。Wohlers Report 是3D打印领域最具权威的报告，因此可以认为，报告中列示的企业和科研团队将前沿的3D打印科研成果进行产业化的概率更大，对于该经济体3D打印产业研发产出和产业绩效具有直接和重要的影响。综上，该报告中所披露的科研团队和企业均为在其所在经济体中起到3D打印产业支撑作用的团体。因此，用这些科研团队和企业的相关数据合计来代表3D打印产业研发投入是较为科学合理的。基于以上分析，本书选取 Wohlers Report 中不同年度不同经济体3D打印企业和科研团队的研发人员作为研发人员投入。在产业研发投入（Industry R&D Investment）方面，主要包括政府研发投资（Government R&D Budget or Expenditure）和企业研发投入两个方面。由于本书的研究对象为3D打印产业，而 OECD、世界银行等官方统计数据库中未见披露至具体产业的数据，现有报告中只有 Wohlers Report 披露出各经济体对3D打印产业的政府投资数据，政府研发投资数据于 Wohlers Report Part 7：Research and Development 的 Government Sponsored R&D 部分列出，因此本书通过 Government Sponsored R&D 数据，代表各经济体的政府研发投入。企业研发投入通过 Wohlers Report Part4：System Manufacturers 部分获取。

3D 打印研发人员（Research Development Personnel，RDP）数量获取具体方式如下：3D打印科研团队研发人员的数量根据 Wohlers Report 中所列示的科研团队，找到该团队的官方网站，根据网站上所披露的科研团队人员进行研发人员数量计算，包括教授（Professor）、副教授（Associate Professor）、讲师（Lecturer）、技术支持人员（Technology Support Technician）、机械师（Master Machnist）、博士后（Postdoctoral）、博士研究生（Doctoral Student），但硕士及以下人员不计入研发人员数量内（包括博士研究生主要是为了保持与世界银行中对各国研发人员数据统计口径一致）；企业研发人员的数量通过其官方网站的企业介绍获取，由于3D打印企业中90%以上的人员均属于科研岗位，因此，企业研发人员按官方网站上所介绍的公司人数进行计算；3D打印产业研发投入方面（Industry R&D Investment，IRI），3D打印政府研发投资（Government R&D Investment，GRI）数据获取具体方式如下：根据Government Sponsored R&D数据资料，本研究数据选取的方式为2012—2017年的政府投资分别为583.33万欧元，这6年如有其他项目投资，需加上其他项目的政府投资。企业研发投入（Company R&D Investment，CRI）数据获取具体方式如下：按照经济体对Wohlers Report所披露的3D打印企业研发投入进行求和处理，有些企业在Wohlers Report中未披露出年研发投入，通过企业的官方网站所披露的财务报告获取。

同时，通过笔者对3D打印产业研发投入数据采集过程可以发现，各国不遗余力地增加3D打印产业政府投入力度，如2016年美国政府资助橡树岭国家实验室（ORNL）和Ames实验室500万美元研发新型金属粉末材料。同年，澳大利亚政府向进行3D生物打印相关研究的大学、企业和医疗机构提供总金额370万澳元（约合1773万人民币）的资金支持。事实上，美国确是当前全球金属打印最领先的国家之一，澳大利亚是生物打印最领先的国家之一。可见，各国通过增加3D打印产业研发投入力度，极大地促进了3D打印机构相关技术创新水平的提高。企业技术创新能力增强能使企业有效地融入全球创新网络。因而，加大政府投入力度是3D打印企业快速融入全球创新网络的有效途径。

(2) 3D 打印产业研发产出数据

如上文所述关于研发产出的变量包括专利授权量和论文产出量。3D 打印专利数据来源与本书第三章一致。而 3D 打印论文数据来源为 WOS 数据库，该数据库作为一个综合性的学术信息资源，具有收录期刊数量多、覆盖面广、检索便捷、涵盖专利引用信息、很强的引文分析功能和更新频率快等优点。WOS 不仅是一部文献检索工具，也可以作为科研评价和资源监测的一种依据。WOS 收录的论文总量，可以反映整个机构的科研尤其是基础研究的水平；WOS 收录科学家的论文数量及被引用次数，反映了学者的研究能力与学术水平。其子数据库 SCI 和 SSCI 数据库的内容涵盖自然科学、工程技术、生物医学等诸多领域内经过同行专家评审的高质量的学术期刊，因此选取该数据库作为目标数据库。检索策略与 3D 打印专利检索保持一致。检索时间界定为 2011—2017 年，根据通讯作者的国别对各经济体的 3D 打印论文数量进行统计。

综上，本书以 3D 打印论文数量和欧洲专利商标局（EPO）授予的 3D 打印专利数量和两个指标代表研发产出。由于不同经济体的合作期成果只有在这个阶段结束之后才能反映出来（Guan 等，2015），因此，如前文所述，我们选择三年作为滞后期。本章计算 3D 打印产业全球创新网络特征对产业绩效的影响，3D 打印授权数量专利作为计算研发效率产出指标的专利检索所涉期间为 2011 年 1 月 1 日至 2017 年 12 月 31 日，3D 打印授权专利作为计算各经济体 3D 打印产业全球创新网络特征指标的专利检索所涉期间为 2009 年 1 月 1 日至 2014 年 12 月 31 日。文中关于 3D 打印产业全球创新网络中心性水平、结构洞及聚类系数的指标主要采用专利数据通过 Ucinet 软件测度。用授权专利数量来衡量全球创新网络成员的网络特征，主要因为专利更具有新颖性、创造性和实用性，符合对全球创新网络特征的研究需要，因此，本书采用专利指标对 3D 打印产业全球创新网络进行测度。3D 打印产业投入产出数据来源如表 5-2 所示。

表5-2　　　　　　　　　3D打印产业产出数据来源

指标	变量		单位	来源
	英文缩写	变量名称		
经济绩效	PN（2011—2017年）	产业主营业务收入	百万美元	Wohlers Report
创新绩效—产业研发效率投入指标	RDP（2008—2014年）	研发人员数量	人	Wohlers Report（http://www.wohlersassociates.com/）及团队、企业官网
	IRI（2008—2014年）	产业研发资金投入	百万美元	Wohlers Report
创新绩效—产业研发效率产出指标	Paper（2011—2017年）	3D打印论文数量	篇	WOS
	Patent（2011—2017年）	3D打印授权专利数量	件	EPO（Worldwide）数据库

资料来源：作者整理。

二　变量选取

1. 自变量

本研究选取网络中心性、结构洞和聚集系数作为自变量。

网络中心性：如第四章研究方法所述，主要包括度数中心性（DC）、中介中心性（BC）和接近中心性（CNC）三个指标。本节数据采用前文所下载的3D打印授权专利来计算3D打印产业全球创新网络中不同经济体网络中心性指标。由于计算出的三个变量的数值较大，在面板数据回归模型中，本书对这三个变量进行取对数处理。

结构洞：本书采用结构洞最常用指标限制度来测度不同网络主体的结构洞指数。通常来看，结构洞（SH）指数用来代表在网络中不同网络节点分享和接受信息的冗余程度。在网络中，某个节点与其他网络节点保持联系需要投入很大成本，因此，企业需要集中有限的精力将之投入有价值的联系中。结构洞限制度系数越高，网络节点接受和分享信息的能力越弱，得到新知识进行创新的可能性越小。具体的测量方法如下：网络节点j限制网络节点i获取知识，即结构洞限制度的计算公式为：

$$C_{ij} = \left(P_{ij} + \sum_{q(q \neq i, q \neq j)} P_{iq} M_{qj} \right)^2 \quad (5.1)$$

其中 P_{iq} 是指在网络节 i 的全部联结关系中，与网络节点 q 发生联结关系占总关系的比例。M_{qj} 代表网络节点 j 到网络节点 q 之间关系的边际强度，计算方式为网络节点 j 到网络节点 q 的联结关系数值与网络节点 j 到网络其他点关系中的最大值之和。因此，节点 i 的结构洞限制度公式为：

$$C_i = \sum_q C_{ij} \quad (5.2)$$

聚类系数：聚类系数表明了在网络中，某一网络节点与网络中其他节点，主要是与其相邻节点之间的联系程度。如式 5.3，其中 k_i 表示节点 i 的度，e_i 代表网络节点 i 与该点联结点之间所存在的边数，CC_i 代表网络节点 i 的聚类系数。网络聚类系数 CC_i 的计算公式为：

$$CC_i = 2e_i/k_i(k_i - 1) \frac{n!}{r!(n-r)!} \quad (5.3)$$

由于计算出的变量数值较大，在面板数据回归模型中，本书对该变量进行取对数处理。

2. 因变量

在本章中，我们探讨经济体的合作网络特征对 3D 打印产业主营业务收入（PN）、研发效率指数（REI）、技术进步指数（TEI）和效率变化指数（EFI）四个绩效指标的影响（因变量）。如前文所述，我们采用主营业务收入、研发效率指数、技术进步指数和效率变化指数来测度产业绩效，其中研发效率、技术进步和效率变化三个指数反映研发效率，后三个指数通过基于数据包络分析（DEA）的 Malmquist 指数模型进行测算，计算过程见本节最后一部分。对于主营业务收入数据的获取过程如下：根据 Wohlers 报告，3D 打印产业主营业务收入是指增材制造系统销售所获取的收入。数据来源于 Wohlers Report 中第四部分（INDUSTRY GROWTH），该部分披露了各经济体不同年份的增材制造系统销售数量，同时给出了对应年份全球增材制造系统平均销售价格，因此主营业务销售收入通过计算销售数量和销售价格的乘积获取。增材制造系统在广泛意义上主要指 3D 打印机系统，包括主机和其他附属设备，具体来看，以金属增材制造系统为例，主要包括金属增材制造系统、激光熔融系统软件、增材制造解决方案中心、金属粉末供应、辅助设备、应用和产品培训等全体系组成部分。由于该变量的数值较大，在面板数据回归模型中，本书对该变量进行取对数处理。

3. 控制变量

根据前文分析，本研究第一个引入的社会因素变量是经济体的金融服务可获性指数（Availability of Financial Services，AFS），该指标反映了经济体金融服务体系是否健全，中小企业融资是否困难；第二个引入的社会因素变量是知识产权保护指数（Intellectual Property Protection，IPP），该指标反映了一个经济体对科学研究和技术应用开发的制度安排和法律设计，对技术研发的知识产权等方面的保护情况；第三个引入的社会因素变量是政府采购先进技术产品指数（Government Procurement of Advanced Tech Products，GPP），该指标反映的是政府对技术创新的支持情况。这三个指标数值均从 World Economic Forum（WEF）发布的全球竞争力报告 The Global Competitiveness Report 中获取。这些变量的数值为 WEF 每年通过收集调查意见或根据一些硬指标综合计算而得到的排名和分数（scores）。在本书中，这三个变量的数值选取分数指标，取值区间为 1.00 至 7.00，无须取对数处理（见表 5-3）。

表 5-3　　　　　　　　　控制变量数据来源

变量英文缩写	变量名称	来源
AFS（2009—2014 年）	金融服务可获性指数	WEF, The Global Competitiveness Report
IPP（2009—2014 年）	知识产权保护指数	WEF, The Global Competitiveness Report
GPP（2009—2014 年）	政府采购先进技术产品指数	WEF, The Global Competitiveness Report

资料来源：作者整理。

在数据整理过程中，本书发现我国金融服务可获性水平在126个经济体中列第54位（以2018年为例），且近三年的排名基本没有发生变化。知识产权保护水平列第49位（以2018年为例），近三年有上升趋势。政府采购先进技术产品水平列第10位（以2018年为例），有上升趋势。笔者特针对我国3D打印企业的融资问题，进行了实地调研，发现我国大型3D打印企业融资情况相对较好，中小企业进行融资较为困难，企业通过境内外上市、发行非金融企业债务融资工具等方式进行直接融资情况较少，国家针对3D打印产业的贷款公司进行政策性金融支持较少，知识产权质押融资等信贷产品创新也较少。

得到准确回归分析所需样本量最普遍接受的规则是至少有200个以上样本量，同时兼顾3D打印产业的专利数量在2008年前均处于较低水平，无法满足对构建全球创新网络数据库的分析要求，因此本书基于以上分析，解释变量数据的选取时间为2009—2014年，被解释变量数据的选取时间为2012—2017年，本研究包含了34个经济体6年间的204个样本数据。研究在模型中使用了五个解释变量（度数中心性、中介中心性和接近中心性、结构洞及聚类系数），三个控制变量（金融服务可获性指数、知识产权保护指数和政府采购先进技术产品指数）。因此，本章的数据样本量是客观可靠的。

本书运用基于DEA的Malmquist指数模型完成对各经济体3D打印产业研发效率的测度工作，经济体和时间区间的选择见本章第二节，对于产业研发效率测度主要有以下步骤：首先，要选择基于DEA的Malmquist指数模型所要用的投入产出指标，投入指标包括产业研发投入和研发人员数量，产出指标包括3D打印授权专利数量和各经济体3D打印论文数量两个指标（本章第二节中详述投入和产出指标）；其次，要对所选的指标数据进行收集和处理，书中选定3年作为滞后期，如想测度34个经济体6年的Malmquist指数，则需选取7年的有效投入产出数据。因此3D打印产业研发投入和研发人员数据采集期间为2008—2014年，两个指标数据均来自Wohlers Report

表 5－4　变量描述性统计结果

描述性统计	主营业务收入（百万美元）	研发效率指数	技术进步指数	效率变化指数	度数中心性	中介中心性	接近中心性	结构洞	聚类系数	金融服务可获性指数	知识产权保护指数	政府采购先进技术产品指数
观测值	204	204	204	204	204	204	204	204	204	204	204	204
平均数	83.144	1.025	1.164	1.061	12.615	3.231	31.000	0.825	3.645	5.873	4.221	6.876
方差	106.750	0.283	0.428	0.374	10.888	6.416	3.291	0.394	3.835	28.804	63.223	37.782
最大值	530.012	1.225	1.467	1.322	34.000	19.833	25.000	0.546	0.933	9.35	9.58	9.35
最小值	0.000	0.825	0.862	0.801	0.000	0.000	36.000	1.103	6.357	2.39	1.27	1.15

表 5－5　变量相关回归结果

	Log(PN)	Log(REI)	Log(TEI)	Log(EFI)	Log(DC)	Log(BC)	Log(CNC)	SH	Log(CC)	AFS	IPP	GPP
Log(PN)	1											
Log(REI)	0.024	1										
Log(TEI)	0.186**	0.419**	1									
Log(EFI)	−0.112	0.784**	−0.327*	1								
Log(DC)	−0.475**	0.189**	0.172**	−.0034	1							
Log(BC)	0.897**	0.085	0.128	−.0005	0.401**	1						
Log(CNC)	0.154**	0.112	0.115	0.003	0.205**	0.169*	1					
SH	−0.412**	−0.202*	−0.236**	0.052	−0.533*	0.401	0.402*	1				
Log(CC)	0.462**	−0.007	0.327**	0.041	0.199**	0.257**	−0.013	0.223*	1			
AFS	0.241*	−0.128*	−0.322*	0.072	0.302	0.289*	−0.086	−0.452	−0.222	1		
IPP	0.211	0.163	0.244	0.138*	0.289	0.107	−0.278	−0.226	−0.215	0.223	1	
GPP	0.222	0.275	−0.185	0.285	0.422*	0.687	−0.216	−0.215	−0.202	0.315	0.202	1

报告；3D 打印授权专利数量数据采集期间为 2011—2017 年，数据来源为欧洲专利商标局（EPO）的 Worldwide 数据库，3D 打印论文数据采集期间为 2011—2017 年，数据来源为 Web of Science（WOS）数据库；再次，选取可测度出不同时期多个经济体样本效率模型——基于 DEA 的 Malmquist 指数模型，样本效率在本书中为研发效率指数，将研发效率指数继续细分为技术进步指数和技术效率指数；最后，选择合适的效率测算软件并测算，本书选择 DEAP 2.1 软件进行测算，测算结果见表 5-4。

在对面板数据进行回归分析时，对于回归方法的选择应当十分谨慎。本书通过豪斯曼（Hausman）检验来确定选择固定效应模型还是随机效应模型。根据豪斯曼检验结果，P 值小于 0.05。因此本书中全球创新网络特征与产业绩效的回归模型中采用固定效应模型。文中面板数据回归分析及稳健性分析均采用软件 Eviews 8.0 处理。

第三节 回归结果和稳健性分析

一 回归结果

由于 3D 打印技术发展相对较晚，直到近些年每年才有较大的专利申请量，因此，本书样本中包含了 6 年的数据。如表 5-4 所示为变量的描述性统计。表 5-5 中给出了各变量间的相关性矩阵，表明所选取的独立变量之间存在较高的相关系数。例如，中介中心性和聚类系数之间的相关系数是 0.257，而度数中心性和结构洞之间的相关性是 0.533。这些高相关系数会导致多重共线性问题。本书通过分别舍弃度数中心性指标、中介中心性指标、接近中心性指标、结构洞指标和聚类系数指标运行几个回归来确定哪些变量存在共线性。回归结果显示，舍弃以上五个指标与不舍弃以上五个指标回归结果几乎没有差异。因此，本书将以上五个指标作为自变量回归分析。

如果变量间存在内生性或自相关问题，回归结果便失去了意义，因此在确定变量前需要对变量的内生性和自相关的问题进行检验。对于内生性问题，本书借助 Durbin – Wu – Hausman 检验（Wooldridge，2002）。表5-6显示了测试结果，这些结果说明，当研发效率指数、效率变化指数和技术进步指数被用作因变量时，所有解释变量都不会遇到内生性问题。当产业主营业务收入为因变量时，度数中心性、中介中间性、接近中间性、结构洞和聚类系数等解释变量也都不存在内生性问题。对于自相关问题，Wooldridge（2003）在面板数据模型中引入了自相关的测试方法，本书也采用这个方法，以确保分析不受自相关问题的影响。测试结果表明不排除存在没有一阶自相关的零假设，因此，本书的数据并不存在自相关问题。

表5-6　　　　　　　　Dubin – WU – Hausman 检验结果

变量	主营业务收入	研发效率指数	技术进步指数	效率变化指数
度数中心性	220.615	82.841	64.222	104.405
中介中心性	155.895	119.323	103.937	115.615
接近中心性	174.705	48.075	61.379	100.795
结构洞	186.485	106.685	97.665	126.921
聚集系数	206.531	110.485	93.575	120.365

注：表5-6中所列数据为变量对应卡方值。

表5-7中是以产业主营业务收入为因变量的固定效应面板最小二乘模型的回归结果。基线模型表明各经济体金融服务可获性、知识产权保护和政府采购先进技术产品三个指标对产业主营业务收入有显著的正向影响，说明其对产业绩效有一定的正向影响。模型1、模型2、模型3体现了网络主体中心性特征对产业主营业务收入的影响，结果显示这三个中心性指标对于产业主营业务收入都有一定的影响，度数中心性和中介中心性对产业主营业务收入都有显著的正向影响，而接近中心性对产业主营业务收入有一定的负向影响。

表5-7　　　以产业主营业务收入作为因变量的面板
数据固定效应最小二乘模型

	Baseline model 1	Model 1	Model 2	Model 3	Model 4	Model 5	Model 6
AFS	0.112** (0.0115)	0.102*** (0.0117)	0.123*** (0.0113)	0.123*** (0.0162)	0.121*** (0.0114)	0.123*** (0.0138)	0.121*** (0.0111)
IPP	0.139** (0.0122)	0.131** (0.0128)	0.131** (0.0125)	0.131** (0.0123)	0.131** (0.0120)	0.130** (0.0124)	0.132*** (0.0125)
GPP	0.129** (0.0116)	0.192** (0.0109)	0.188** (0.0101)	0.190** (0.0129)	0.191** (0.0134)	0.193** (0.0122)	0.191*** (0.0105)
Log(DC)		1.646*** (0.0228)					1.366*** (0.0184)
Log(BC)			1.132*** (0.0246)				0.952*** (0.0193)
Log(CNC)				-1.079** (0.0317)			-0.952** (0.0276)
SH					-2.151*** (0.0296)		-0.957*** (0.0258)
Log(CC)						0.142*** (0.0156)	0.188** (0.0111)
Constant	4.134*** (0.0849)	4.086*** (0.0952)	0.995*** (0.0741)	2.734** (0.0765)	3.942*** (0.0652)	2.992** (0.0555)	3.578*** (0.0438)
R^2	0.557	0.522	0.611	0.578	0.612	0.579	0.685
No. observations	204	204	204	204	204	204	204

注：标准误于括号中显示。*代表$p<0.05$；**代表$p<0.01$；***代表$p<0.001$。

表5-8所示为将研发效率指数作为因变量的面板固定效应模型的结果。研究结果表明，在六个模型中，金融服务可获性、知识产权保护和政府采购先进技术产品系数都是正的且为显著的，说明三者对研发效率具有正向影响。模型7、模型8、模型9显示了三个中心性指标对研发效率的影响，其中度数中心性和中介中心性指标对于研发效率的影响较大，呈正相关且影响程度较大；而接近中心性

指标与研发效率指数负相关，且影响程度不及度数中心性和中介中心性指标。在模型 10 中，网络主体的结构洞限制度指标与研发效率有显著的负相关关系。模型 11 表明聚类系数和研发效率指数正相关。

表 5 – 8　　　　以研发效率指数作为因变量的面板数据
　　　　　　　　固定效应最小二乘模型

	Baseline model 2	Model 7	Model 8	Model 9	Model 10	Model 11	Model 12
AFS	0.119** (0.0224)	0.101** (0.0213)	0.103** (0.0247)	0.102*** (0.0296)	0.102** (0.0197)	0.101* (0.0341)	0.102*** (0.0211)
IPP	0.118** (0.0176)	0.119** (0.0184)	0.119** (0.0172)	0.119** (0.0179)	0.119** (0.0199)	0.119** (0.0155)	0.118** (0.0167)
GPP	0.112** (0.0134)	0.114** (0.0139)	0.111** (0.0137)	0.115** (0.0167)	0.112** (0.0133)	0.115*** (0.0117)	0.111** (0.0124)
Log(DC)		0.177*** (0.0227)					0.145*** (0.0214)
Log(BC)			0.133** (0.0251)				0.165*** (0.0197)
Log(CNC)				-0.154** (0.0279)			-0.111** (0.0255)
SH					-0.441*** (0.0311)		-0.204*** (0.0264)
Log(CC)						0.030*** (0.0187)	0.037*** (0.0146)
Constant	0.988** (0.0227)	0.996*** (0.0284)	0.983** (0.0267)	0.679** (0.0226)	1.012** (0.0308)	0.781** (0.0311)	0.907*** (0.0222)
R^2	0.595	0.508	0.516	0.502	0.596	0.527	0.539
No. observations	204	204	204	204	204	204	204

注：标准误于括号中显示。* 代表 $p<0.05$；** 代表 $p<0.01$；*** 代表 $p<0.001$。

如前所述，本书将研发效率指数分解为技术进步指数和效率变化指数作为因变量。表 5 – 9 所示为技术进步指数作为因变量的面板数据固定效应模型的结果，表5-10所示为效率变化指数作为因变量的面板数据固定效应模型的结果。技术进步指数作为因变量的回归结果与研发效率指数作为因变量的回归结果极为类似。金融服务可获性、知识产权保护和政府采购先进技术产品系数都是正的且为显著的，说明三者对技术进步指数具有正向影响。网络中心性指标方面，模型13、模型14中显示出度数中心性和中介中心性对效率变化指数的影响均为正向且影响显著，而模型15则显示出接近中心性指标对于效率变化指数的影响为负且显著性水平不高。结构洞限制度指标与效率变化指数呈显著的负相关（模型16）。聚类系数与技术进步变化指数正相关（模型17）。

表5-9　以技术进步指数作为因变量的面板数据固定效应最小二乘模型

	Baseline model 3	Model 13	Model 14	Model 15	Model 16	Model 17	Model 18
AFS	0.191 ** (0.0198)	0.101 *** (0.0191)	0.189 *** (0.0184)	0.196 *** (0.0187)	0.197 ** (0.0193)	0.102 *** (0.0182)	0.102 *** (0.0171)
IPP	0.107 ** (0.0185)	0.107 ** (0.0184)	0.106 * (0.0183)	0.106 ** (0.0197)	0.105 ** (0.0177)	0.112 ** (0.0173)	0.103 *** (0.0166)
GPP	0.116 ** (0.0155)	0.116 ** (0.0174)	0.119 ** (0.0184)	0.114 ** (0.0152)	0.114 ** (0.0147)	0.128 ** (0.0186)	0.110 *** (0.0146)
Log（DC）		0.314 *** (0.0288)					0.161 *** (0.0274)
Log（BC）			0.445 *** (0.0227)				0.109 *** (0.0219)
Log（CNC）				-0.112 ** (0.0231)			-0.072 ** (0.0224)
SH					-0.158 *** (0.0196)		-0.150 *** (0.0191)
Log（CC）						0.127 ** (0.0188)	0.159 *** (0.0179)

续表

	Baseline model 3	Model 13	Model 14	Model 15	Model 16	Model 17	Model 18
Constant	0.897** (0.0236)	0.896** (0.0317)	1.125*** (0.0312)	1.040** (0.0295)	0.969*** (0.0284)	0.851*** (0.0302)	0.741*** (0.0273)
R^2	0.571	0.594	0.559	0.503	0.598	0.587	0.680
No. observations	204	204	204	204	204	204	204

注：标准误于括号中显示。*代表 $p<0.05$；**代表 $p<0.01$；***代表 $p<0.001$。

表 5–10　　　　以效率变化指数作为因变量的面板
数据固定效应最小二乘模型

	Baseline model 4	Model 19	Model 20	Model 21	Model 22	Model 23	Model 24
AFS	0.181** (0.0176)	0.182** (0.0184)	0.182** (0.0169)	0.101** (0.0168)	0.175*** (0.0164)	0.169** (0.0162)	0.104** (0.0159)
IPP	0.107** (0.0145)	0.107** (0.0149)	0.107*** (0.0151)	0.108** (0.0157)	0.107* (0.0153)	0.106** (0.0142)	0.108*** (0.0141)
GPP	0.102*** (0.0123)	0.101*** (0.0135)	0.101** (0.0138)	0.102** (0.0137)	0.102*** (0.0129)	0.100** (0.0124)	0.101** (0.0119)
Log(DC)		0.176*** (0.0222)					0.160*** (0.0211)
Log(BC)			0.393*** (0.0219)				0.487*** (0.0209)
Log(CNC)				-0.191* (0.0197)			-0.123** (0.0192)
SH					-0.025** (0.0298)		-0.064** (0.0211)
Log(CC)						0.104*** (0.0284)	0.125*** (0.0222)
Constant	0.990** (0.0238)	0.989** (0.0278)	1.028** (0.0212)	0.987** (0.0277)	0.969** (0.0211)	0.990** (0.0241)	1.171*** (0.0209)
R^2	0.512	0.520	0.514	0.513	0.512	0.527	0.538
No. observations	204	204	204	204	204	204	204

注：标准误于括号中显示。*代表 $p<0.05$；**代表 $p<0.01$；***代表 $p<0.001$。

表 5-10 为以效率变化指数作为因变量的面板数据固定效应模型的结果，与研发效率和技术进步指数作为因变量的结果相似，金融服务可获性、知识产权保护和政府采购先进技术产品系数都是正的且为显著的，说明三者对效率变化指数具有正向影响。从特征指标系数上看，解释变量对于效率变化指数的影响相对小一些。在网络中心性指标方面，模型 19、模型 20 中显示出度数中心性和中介中心性对于效率变化指数的影响均为正向且影响显著，而模型 21 则显示出接近中心性指标对于效率变化指数的影响为负。结构洞限制度指标与效率变化指数呈显著的负相关（模型 22）。聚类系数与效率变化指数正相关（模型 23）。

综上所述，本节的实证结果中，H6a 和 H6b，H7a 和 H7b，H8a 和 H8b，H9a 和 H9b，H10a 和 H10b 均获得支持。具体而言，全球创新网络特征的中心性指标包括度数中心性和中介中心性指标与产业绩效（本书中指产业主营业务收入和研发效率）呈正相关关系；接近中心性指标和结构洞限制度指标与产业绩效呈负相关关系。以上结果表明通过提高网络主体中心性水平和占有丰富的结构洞均能有效提升产业研发绩效，也就是说，倘若经济体间能够进行有效的合作，并在创新网络中积极提升网络地位，对产业研发绩效的提高是有一定积极影响的。本书实证结果支持聚类系数与产业研发绩效之间存在显著的正相关关系。回归结果显示提高金融服务可获性水平、知识产权保护水平和政府采购先进技术产品力度对产业主营业务收入增加和研发效率提高有显著的正向影响，实证结果支持 H11a 和 H11b，H12a 和 H12b，H13a 和 H13b。

二　稳健性分析

为了检验模型估计的稳健性，本书使用了 SYS-GMM 回归模型并运用相同的解释变量和控制变量。检验结果与以主营业务收入、研发效率、技术变化指数和效率变化指数为因变量的 OLS 模型非常相似，表明本书中 OLS 模型是稳健的。稳健性分析的结果见表 5-11 至

表 5-14。具体分析如下。

表 5-11 所示是以产业主营业务收入作为因变量的面板数据 SYS-GMM 模型。基线模型表明各经济体金融服务可获性、知识产权保护和政府采购先进技术产品三个指标对产业主营业务收入有显著的正向影响，说明对于产业绩效有一定的正向影响。模型 25、模型 26、模型 27 体现了网络主体中心性特征对产业主营业务收入的影响，结果显示这三个中心性指标对于产业主营业务收入都有一定的影响，度数中心性和中介中心性对产业主营业务收入都有显著的正向影响，而接近中心性对产业主营业务收入有一定的负向影响。模型 28 表明网络主体的结构洞对各经济体产业主营业务收入有显著影响，结构洞的限制度越小，拥有的结构洞越丰富，故该变量与产业主营业务收入负相关。聚类系数与产业主营业务收入正相关。

表 5-11　　　　以产业主营业务收入作为因变量的面板数据 SYS-GMM 模型

	Baseline model 5	Model 25	Model 26	Model 27	Model 28	Model 29	Model 30
AFS	0.111 ** (0.0112)	0.122 *** (0.0118)	0.125 *** (0.0112)	0.103 *** (0.0115)	0.102 *** (0.0136)	0.111 *** (0.0121)	0.125 *** (0.0109)
IPP	0.137 *** (0.0117)	0.136 ** (0.0129)	0.135 ** (0.0121)	0.134 ** (0.0125)	0.131 ** (0.0133)	0.130 ** (0.0122)	0.129 ** (0.0119)
GPP	0.138 ** (0.0113)	0.191 ** (0.0111)	0.188 ** (0.0102)	0.195 ** (0.0127)	0.192 ** (0.0131)	0.193 ** (0.0121)	0.189 ** (0.0104)
Log (DC)		1.638 *** (0.0224)					1.356 *** (0.0122)
Log (BC)			1.144 *** (0.0244)				0.948 *** (0.0188)
Log (CNC)				−1.076 ** (0.0311)			−0.946 ** (0.0211)
SH					−2.152 *** (0.0217)		−0.934 *** (0.0244)

续表

	Baseline model 5	Model 25	Model 26	Model 27	Model 28	Model 29	Model 30
Log（CC）						0.142** (0.0122)	0.176*** (0.0105)
Constant	4.155** (0.0222)	4.022** (0.0244)	0.956** (0.0217)	2.732** (0.0241)	3.941** (0.0211)	2.991** (0.0246)	3.585*** (0.0211)
R^2	0.555	0.546	0.563	0.654	0.548	0.555	0.666
No. observations	204	204	204	204	204	204	204

注：标准误于括号中显示。*代表 $p<0.05$；**代表 $p<0.01$；***代表 $p<0.001$。

表5-12所示为以研发效率指数作为因变量的面板数据 SYS-GMM 模型的结果。研究结果表明，在六个模型中，金融服务可获性、知识产权保护和政府采购先进技术产品系数均是正的且为显著的，说明三者对研发效率具有正向影响。模型31、模型32、模型33显示了三个中心性指标对研发效率的影响，其中度数中心性和中介中心性指标对于研发效率的影响较大，呈正相关且影响程度较大；而接近中心性指标与研发效率指数负相关，且影响程度不及度数中心性和中介中心性指标。在模型34中，网络主体的结构洞限制度指标与研发效率有显著的负相关关系。模型35表明聚类系数和研发效率指数正相关。

表5-12　　　　以研发效率指数作为因变量的面板
数据 SYS-GMM 模型

	Baseline model 6	Model 31	Model 32	Model 33	Model 34	Model 35	Model 36
AFS	0.109** (0.0221)	0.102** (0.0211)	0.102** (0.0241)	0.103*** (0.0284)	0.192** (0.0185)	0.111** (0.0311)	0.192*** (0.0122)
IPP	0.117** (0.0173)	0.117*** (0.0175)	0.118** (0.0184)	0.117** (0.0165)	0.118*** (0.0196)	0.120** (0.0144)	0.118*** (0.0159)

续表

	Baseline model 6	Model 31	Model 32	Model 33	Model 34	Model 35	Model 36
GPP	0.115*** (0.0144)	0.117** (0.0124)	0.111** (0.0122)	0.110** (0.0154)	0.113*** (0.0122)	0.114** (0.0121)	0.116*** (0.0128)
Log (DC)		0.192*** (0.0221)					0.143*** (0.0208)
Log (BC)			0.129** (0.0242)				0.168*** (0.0244)
Log (CNC)				-0.144** (0.0281)			-0.119** (0.0261)
SH					-0.456*** (0.0339)		-0.405*** (0.0125)
Log (CC)						0.136*** (0.0184)	0.135*** (0.0111)
Constant	0.978*** (0.0211)	0.995** (0.0275)	0.979*** (0.0259)	0.686** (0.0221)	1.005** (0.0301)	0.789*** (0.0285)	0.909*** (0.0211)
R^2	0.599	0.506	0.518	0.504	0.599	0.529	0.636
No. observations	204	204	204	204	204	204	204

注：标准误于括号中显示。*代表 $p<0.05$；**代表 $p<0.01$；***代表 $p<0.001$。

表 5-13 所示为技术变化指数作为因变量的面板数据 SYS-GMM 模型的结果，表 5-14 所示为效率变化指数作为因变量的面板数据固定效应模型的结果。技术进步指数作为因变量的回归结果与研发效率指数作为因变量的回归结果极为类似。金融服务可获性、知识产权保护和政府采购先进技术产品系数均是正的且为显著的，说明三者对技术进步指数具有正向影响。网络中心性指标方面，模型 37、模型 38 中显示出度数中心性和中介中心性对于效率变化指数的影响均为正向且影响显著，而模型 39 则显示出接近中心性指标对于效率变化指数的影响为负且显著性水平不高。结构洞限制度指标与效率变化指数呈显著的负相关（模型 40）。聚类系数与技术进步

变化指数正相关(模型41)。

表5–13 以技术变化指数作为因变量的面板数据 SYS–GMM 模型

	Baseline model 7	Model 37	Model 38	Model 39	Model 40	Model 41	Model 42
AFS	0.192*** (0.0195)	0.102*** (0.0198)	0.199** (0.0177)	0.195** (0.0166)	0.191** (0.0185)	0.115** (0.0181)	0.116*** (0.0175)
IPP	0.106** (0.0181)	0.104** (0.0189)	0.109** (0.0176)	0.105** (0.0194)	0.106*** (0.0166)	0.113** (0.0169)	0.102** (0.0136)
GPP	0.115** (0.0168)	0.118*** (0.0171)	0.117*** (0.0188)	0.118*** (0.0441)	0.112** (0.0139)	0.127*** (0.0174)	0.115*** (0.0143)
Log(DC)		0.312*** (0.0222)					0.159*** (0.0221)
Log(BC)			0.443*** (0.0221)				0.106** (0.0218)
Log(CNC)				-0.114* (0.0239)			-0.175** (0.0232)
SH					-0.128** (0.0185)		-0.156** (0.0175)
Log(CC)						0.117*** (0.0177)	0.157*** (0.0174)
Constant	0.896** (0.0221)	0.899** (0.0319)	1.121*** (0.0309)	1.044*** (0.0294)	0.962*** (0.0288)	0.858*** (0.0301)	0.742*** (0.0211)
R^2	0.572	0.596	0.558	0.505	0.597	0.586	0.689
No. observations	204	204	204	204	204	204	204

注:标准误于括号中显示。*代表 $p<0.05$;**代表 $p<0.01$;***代表 $p<0.001$。

表5–14为效率变化指数作为因变量的面板固定效应模型的结果,结果与研发效率和技术进步指数作为因变量的结果相似,金融服务可获性、知识产权保护和政府采购先进技术产品系数均是正的且为显著的,说明三者对效率变化指数具有正向影响。从特征指标系数上看,解释变量对于效率变化指数的影响相对小一些。网络中

心性指标方面，模型43、模型44中显示出度数中心性和中介中心性对于效率变化指数的影响均为正向且影响显著，而模型45则显示出接近中心性指标对于效率变化指数的影响为负。结构洞限制度指标与效率变化指数呈显著的负相关（模型46）。聚类系数与效率变化指数正相关（模型47）。

表5-14　以效率变化指数作为因变量的面板数据 SYS-GMM 模型

	Baseline model 8	Model 43	Model 44	Model 45	Model 46	Model 47	Model 48
AFS	0.182 ** (0.0175)	0.181 ** (0.0195)	0.184 ** (0.0164)	0.105 ** (0.0163)	0.176 ** (0.0177)	0.179 ** (0.0184)	0.103 ** (0.0143)
IPP	0.107 ** (0.0149)	0.105 ** (0.0153)	0.106 *** (0.0165)	0.104 ** (0.0167)	0.106 *** (0.0157)	0.107 *** (0.0148)	0.109 *** (0.0135)
GPP	0.101 *** (0.0117)	0.102 *** (0.0148)	0.101 *** (0.0139)	0.102 *** (0.0144)	0.102 *** (0.0131)	0.100 *** (0.0129)	0.101 *** (0.0118)
Log (DC)		0.175 *** (0.0211)					0.161 *** (0.0205)
Log (BC)			0.382 *** (0.0209)				0.485 *** (0.0198)
Log (CNC)				-0.102 ** (0.0204)			-0.124 ** (0.0196)
SH					-0.127 ** (0.0306)		-0.166 ** (0.0281)
Log (CC)						0.103 ** (0.0211)	0.126 ** (0.0201)
Constant	0.991 ** (0.0236)	0.988 ** (0.0266)	1.027 ** (0.0204)	0.986 ** (0.0211)	0.969 ** (0.0228)	0.998 ** (0.0256)	1.172 *** (0.0188)
R^2	0.519	0.522	0.513	0.515	0.513	0.529	0.536
No. observations	204	204	204	204	204	204	204

注：标准误于括号中显示。*代表 $p<0.05$；**代表 $p<0.01$；***代表 $p<0.001$。

综上所述，本节的实证结果中，假设 H6a 和 H6b，H7a 和 H7b，

H8a 和 H8b，H9a 和 H9b，H10a 和 H10b 均获得支持。同时，回归结果显示提高金融服务可获性水平、知识产权保护水平和政府采购先进技术产品力度对产业主营业务收入增加和研发效率提高有显著的正向影响，实证结果支持 H11a 和 H11b，H12a 和 H12b，H13a 和 H13b。

第四节　实证研究结果分析

一　网络中心性水平与产业绩效回归结果讨论

创新网络特征在一定程度上影响到经济体的经济绩效和投入产出效率。前文研究表明，网络中心性对于产业绩效的提高具有正向影响。具体来看，模型 1、模型 2、模型 3 体现了网络主体中心性特征对产业主营业务收入的影响，结果显示这三个中心性指标对于产业主营业务收入均有一定的影响，其中度数中心性和中介中心性对产业主营业务收入有显著的正向影响，而接近中心性对产业主营业务收入有一定的负向影响；模型 7、模型 8、模型 9 显示，度数中心性和中介中心性指标对于研发效率的影响较大，呈正相关且影响程度较大，而接近中心性指标与研发效率指数负相关且影响程度不及度数中心性和中介中心性指标，模型 13、模型 14 和模型 15 以及模型 19、模型 20 和模型 21 与模型 7、模型 8、模型 9 检验结果相似。这一研究结论与 Guan 等（2015，2016）等学者的研究结论基本一致，类似的结果也由范群林等在 2015 年提出。本章研究结果表明，在全球创新网络中，具有高网络中心性水平的经济体 3D 打印产业绩效较强。一般情况下，一个高中心性水平的经济体拥有两个有利条件：首先，该经济体会有较多的积极的科学家进行科学研究；其次，这个经济体的科学家是全球性的，他们承担了大量的国际合作项目。网络中心性测定了网络主体在网络中控制信息的能力，一个高网络中心性水平的经济体意味着这个经济体的科学家可能有更多的机会获得新的知识，同时意味着这个经济体的科学家可以很容易地获得互补的、非冗余的信息。因此，在网络中心性水平高的经济体中，科学家们接触到新的知识、新的发现和新的想法，往往更容易形成较好的研究效果，相应的具有较高的产业绩效。

由上文实证研究可知，网络中心性水平对于一个网络主体获得信息来源、有效地形成知识产出、提高产业绩效都是十分重要的条件。我国 3D 打印企业在全球创新网络中提高主体地位，即提高网络中心性水平是十分迫切的，而提高主体地位的主要途径是通过提高技术水平和加强自主研发。因此，加强基础性研究和核心技术研发是我国 3D 打印产业融入全球创新网络的关键所在。

二 结构洞及聚类系数与产业绩效回归结果讨论

拥有丰富结构洞的经济体可以从其创新网络关系中获取和控制关键资源，本章的研究结论证实了网络主体所拥有的结构洞与经济体产业绩效呈现正相关关系。具体来看，模型 4 表明网络主体的结构洞对各经济体 3D 打印产业主营业务收入有显著影响，模型 10、模型 16 和模型 22 的检验结果表明网络主体的结构洞对各经济体 3D 打印产业研发效率有显著影响。由于结构洞的限制度越小，拥有结构洞越丰富，故模型 4 表明网络主体的结构洞限制度指标与产业主营业务收入负相关。模型 10、模型 16 和模型 22 表明网络主体的结构洞限制度指标与研发效率有显著的负相关关系。以上结果与崔海云等（2016）和孙笑明等（2014）等的研究结果一致。综上，实证研究结果表明，一个处于高中心性水平的经济体和拥有丰富结构洞的经济体可以从其创新网络关系中获取和控制关键资源，对于提高经济体产业绩效有一定的促进作用。

本书实证分析结果表明聚类系数与产业绩效有明显的正相关关系。具体来看，模型 5 表明聚类系数和产业主营业务收入有显著的正相关性，模型 11、模型 17 和模型 23 表明聚类系数对于 3D 打印产业的研发效率影响显著。综上，本书回归结果有效地验证了聚类系数与产业绩效有正相关关系。传统观点认为网络参与者之间的集聚会产生大量的有效资源和信息，促进多元化和创新的观点产生，进而促进网络主体创新能力的提升，并提高产业研发效率。而本书的研究结果验证了聚类系数对产业绩效产生正向影响，说明3D打印产业中经济体在全球创新网络的聚类系数越高，越有利于网络主体之间进行知识扩散，进而提高产业经济绩效和创新绩效。

三 其他影响因素与产业绩效回归结果讨论

欧阳秋珍等（2016）的研究结论中认为外部环境变量可以影响研发效率，在本书中，金融服务可获性、知识产权保护力度和政府采购先进技术产品力度是影响研发效率和产业绩效的外部环境。回归结果中，表5-7至表5-10的回归模型表明金融服务可获性、知识产权保护力度和政府采购先进技术产品力度系数都是正向显著的，即提高金融服务可获性水平、加大知识产权保护力度和增强政府采购先进技术产品力度在一定程度上可以提高经济体的产业绩效。以上回归结果的原因如下：通过提高金融服务可获性水平，促进金融机构参与到企业研发过程中与企业共同承担风险，3D打印企业可以更容易获取研发资金；通过加大知识产权保护力度，可以促进3D打印行业组织进行标准体系、行业规则的制定和安全监管，3D打印企业可在安全的环境和统一的规则秩序中健康快速发展；通过加强政府采购先进技术产品力度，可提高3D打印企业技术创新热情，增强3D打印企业的创新水平。这些外部环境对于3D打印产业相关研发机构提高自身技术创新能力水平是十分重要的，而强大的技术创新能力对于嵌入全球创新网络且占据网络重要位置是非常重要的，占据网络重要位置对其获得信息来源，有效地形成知识产出和提高产业绩效都起到了极大的促进作用。综上所述，提高金融服务可获性水平、加大知识产权保护力度和增强政府采购先进技术产品力度是3D打印产业全球创新网络发展的有效途径，对于我国提高3D打印产业绩效，促进3D打印企业快速融入全球创新网络并占据网络中心地位有着十分重要的作用。

第五节 本章小结

本章以前文下载的 3D 打印授权专利数量为数据基础，构建了 3D 打印产业 34 个主要经济体在 2009—2014 年的合作创新网络，基于该合作网络计算出各个经济体的度数中心性、中介中心性、接近中心性、结构洞和聚类系数作为网络特征指标，以 3D 打印产业主营业务收入和研发效率作为 3D 打印产业绩效的衡量指标，研究和测度了 3D 打印产业全球创新网络特征对主要经济体 3D 打印产业绩效的影响。研究引入研发效率作为产业绩效的主要衡量指标之一，这个指标的提出更能从根本上体现研发活动的管理和运行绩效，有助于揭示网络特征对于研发产出改善的根本原因。在此基础上，采用面板数据固定效应最小二乘模型来研究全球创新网络特征与研发效率和产业主营业务收入之间的关系，同时，使用了 SYS‐GMM 回归模型检验前文模型估计的稳健性。实证研究结果验证了研究假设，研究结果如下。

高中心性水平的经济体意味着这个经济体的科学家们容易接触到新的知识，往往更容易形成较好的研究效果；拥有丰富结构洞和较高聚类系数的经济体可以从其创新网络关系中获取和控制关键资源；全球创新网络度数中心性、中介中心性、结构洞和聚类系数对产业研发效率均有显著的相关性，可以认为，增强经济体在全球创新网络中的合作地位对于提高经济体产业绩效有促进作用；提高金融服务可获性水平、加大知识产权保护力度和增强政府采购先进技术产品力度，是 3D 打印企业融入全球创新网络的有效途径，对于提高 3D 打印产业绩效有一定的促进作用。

第六章

全球创新网络对我国3D打印企业绩效影响研究

本书在前面章节对全球创新网络特征（C）和影响因素（I）进行了研究，并针对全球创新网络对不同经济体的产业绩效（P）的影响进行探讨，而3D打印产业全球创新网络对我国企业绩效是否具有影响，以及哪些因素会对中国3D打印企业绩效有显著影响是本章讨论的主要内容。本章将在前述章节的研究基础上，首先构建3D打印产业全球创新网络对我国企业绩效影响模型并提出研究假设；然后通过向融入全球创新网络的国内3D打印企业发放问卷来收集数据，实证分析3D打印产业全球创新网络特征、全球创新网络关系特征、融网意愿（指企业融入3D打印产业全球创新网络意愿）和融网能力（指企业融入3D打印产业全球创新网络能力）对中国3D打印企业绩效的影响；最后通过模型检验和回归分析验证模型提出的研究假设。

第一节 研究假设和模型构建

一 研究假设

在动荡的商业环境中,企业只有不断开发新产品、新技术才能生存,通过融入全球创新网络,企业可以低投入从外部获取新知识、新技术,因此通过融入全球创新网络,企业在一定时间内会发生绩效的改变,如技术研发水平提升、企业市场占有率增强等,即企业绩效的提升。国内外学者对于创新网络与企业绩效关系进行了一系列的研究(蔡坚等,2013;刘学元等,2016;Bernd et al.,2013;Lee et al.,2017),从对企业绩效有影响的创新网络因素来看,可以归纳为全球创新网络特征、全球创新网络关系特征、融网意愿、融网能力四个方面。

基于综述中对全球创新网络演化过程的分析,全球创新网络是由全球研发网络不断演化而来,而任何网络的发展根源都是由社会网络理论演化而来,因此将社会网络理论的观点应用于全球创新网络研究,是有一定理论依据的。本书基于社会网络理论,根据前文3D打印产业全球创新网络分析框架中对3D打印产业全球创新网络构成及特征的描述,并结合陈鸿鹰(2010)对企业创新网络特征的维度划分,将3D打印产业全球创新网络特征划分为两个维度,分别是结构维度和关系维度。

1. 全球创新网络特征

本书通过对现有研究创新网络相关文献进行分析,发现针对创新网络特征的研究大多数是以社会网络理论为出发点,而不断扩展发展的。如 Akcigit 等(2016)在其对企业创新网络与企业绩效关系研究的文章中分析企业创新网络特征时主要考虑网络规模。Acemoglu 等(2016)在研究企业创新网络与企业竞争力的关系中,提出企业在网络中的位置对企业竞争力有一定影响。Ma 等(2017)通过对创新网络的网络主体位置、规模和密度等测度指标进行分析，实证研究这些指标对于网络主体企业绩效的影响。全球创新网络结构特征主要指网络节点在网络中的位置、规模和密度等，本书选取网络中心性、网络规模两个指标。社会网络理论的中心性分析如第三章研究方法所进行的描述，主要包括度数中心性、中间中心性和接近中心性。本书中全球创新网络主体的度数中心性考察企业是否在网络合作中处于支配地位，全球创新网络主体的中间中心性考察不同创新企业的合作研发过程是否都需要该企业参与才能实现，全球创新网络主体的接近中心性主要考察企业是否不需要依赖其他创新企业便可以传递信息给其他网络主体。网络规模是绝对值，通常用已经和企业建立交流与合作关系的其他企业、高校科研机构、非政府组织、中介机构以及金融机构的数量来衡量。

基于以上综述，本书提出以下研究假设：

H14：3D打印产业全球创新网络结构特征与企业绩效正相关；

H14a：3D打印产业全球创新网络中心性与企业绩效正相关；

H14b：3D打印产业全球创新网络规模与企业创新转移绩效正相关。

2. 全球创新网络关系特征

创新网络关系能够影响企业绩效（潘松挺等，2011），因此，有效管理国内3D打印企业的全球创新网络关系是企业获取创新网络中多样有效信息的关键，通过增加国内3D打印企业的信息和资源，实现企业绩效的显著提高。全球创新网络关系特征用来表述创新网络主体与不同网络节点间的联结关系，本书选取最具代表性的三个指标——关系强度、稳定性和互惠性来进行分析。关系强度反映了网络主体之间联系的频率高低；关系稳定性主要考察了3D打印企业与其他3D打印企业、高校、非政府组织、金融机构和中介机构等进行技术等交流合作的关系持久度，稳定性影响组织从网络中获得转移知识的准确程度；互利互惠的网络关系是合作双方平等性的象征，互惠性是指创新网络中主体间的互换信息对称程度。基于以上综述，本书提出以下研究假设：

H15：3D 打印产业全球创新网络关系特征与企业绩效正相关；

H15a：3D 打印产业全球创新网络关系强度与企业绩效正相关；

H15b：3D 打印产业全球创新网络关系稳定性与企业绩效正相关；

H15c：3D 打印产业全球创新网络互惠性与企业绩效正相关。

3. 融网意愿

融网意愿是指中国 3D 打印企业融入 3D 打印产业全球创新网络意愿。融网意愿是指中国 3D 打印企业融入全球创新网络共享先进知识的先决条件，是企业调配人财物获取全球创新网络先进资源和信息的基础，体现在企业融网意识和国际化创新战略两个方面。心理学家 Surana 等（2017）表示，在知识的共享学习过程中，积极主动的心态可以更好、更快地掌握知识，相反，消极的心态则会阻碍新知识的吸收。所以说，中国 3D 打印企业积极主动地融入全球创新网络，能够有效地学习网络知识和共享网络资源，进而提高企业绩效。同时，国际化创新战略是中国 3D 打印企业产品与服务在本土之外的发展战略，企业的组织、人员、资本和市场将与全球企业发生交织和联系，因此会在很大程度上影响我国 3D 打印企业融入全球创新网络的进程及在网络中所处的位置，进而影响企业绩效。

基于以上综述，本书提出以下研究假设：

H16：中国 3D 打印企业融网意愿与企业绩效正相关；

H16a：中国 3D 打印企业融网意识与企业绩效正相关；

H16b：中国 3D 打印企业国际化创新战略与企业绩效正相关。

4. 融网能力

融网能力是指中国 3D 打印企业融入 3D 打印产业全球创新网络能力。基于企业能力理论，中国 3D 打印企业融入全球创新网络能力是指企业在国际范围内进行资源配置的能力，以及通过共享全球创新网络先进知识和信息等资源提高企业绩效的能力。企业的融网能力主要包括组织国际化、人员国际化、资本国际化和市场国际化四个方面。企业组织、人员、资本和市场四个维度的国际化程度越高,越容易融入全球创新网络并在网络中占有重要的位置,这对于企业共享全球创新网络先进知识技术和获取信息资源等十分有利,进而能够有效提高企业绩效。

基于以上综述,本书提出以下研究假设:

H17:中国3D打印企业融网能力与企业绩效正相关;

H17a:中国3D打印企业组织国际化与企业绩效正相关;

H17b:中国3D打印企业人员国际化与企业绩效正相关;

H17c:中国3D打印企业资本国际化与企业绩效正相关;

H17d:中国3D打印企业市场国际化与企业绩效正相关。

5. 企业规模和发展阶段

企业规模越大,技术创新密度越大,这是熊彼得的经典理论。近年来对企业规模和企业绩效的关系一直是研究的热点。可知,一个企业的人员规模和企业的发展阶段在一定程度上对企业的绩效也具有显著影响。因此本书提出以下研究假设:

H18:中国3D打印企业的企业规模与企业绩效正相关;

H19:中国3D打印企业的发展阶段与企业绩效正相关。

二 模型构建

如上文所述,随着全球化进程不断加速,技术复杂程度不断提高,单个企业内部创新无法适应现实的需求。企业通过融入全球创新网络,以低投入获取更多的新知识、新技术,降低研发成本,进而提高企业绩效。因此,本章旨在测度全球创新网络对我国企业绩效的影响。基于全球创新网络理论和企业绩效理论,结合上文研究假设,本书构建3D打印产业全球创新网络对中国企业绩效影响模型。将影响企业绩效的因素分为全球创新网络结构特征、全球创新网络关系特征、融网意愿和融网能力四个方面,其中每个方面又包括若干因素。对于全球创新网络结构特征因素,主要从网络中心性特征、网络规模两个方面考察;对于全球创新网络关系特征因素,主要从网络关系强度、网络关系稳定性和互惠性几个方面考察；对于融网意愿，主要从中国 3D 打印企业融网意识和中国 3D 打印企业国际化创新战略两个方面考察；对于融网能力，主要从中国 3D 打印企业组织国际化、人员国际化、资本国际化和市场国际化四个方面考察。另外包括企业规模和企业发展阶段两个统计性因素。本章沿袭第五章对高技术产业绩效的定义，分为经济绩效和创新绩效，因此 3D 打印企业绩效也分为 3D 打印企业经济绩效和 3D 打印企业创新绩效。3D 打印产业全球创新网络对中国企业绩效影响模型如图 6-1 所示。

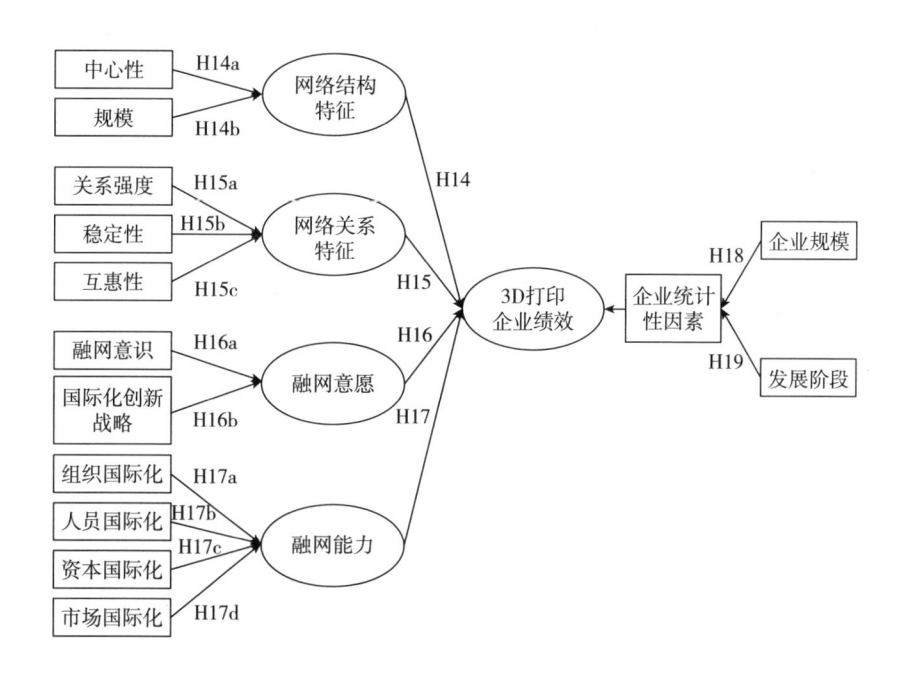

图 6-1 3D 打印产业全球创新网络对我国企业绩效影响模型

三　变量的定义与测度

1. 全球创新网络结构特征测度

由上文构建模型可知 3D 打印产业全球创新网络结构特征是解释变量。3D 打印产业全球创新网络结构特征主要测度中国 3D 打印企业在全球创新网络中网络位置的分布情况和全球创新网络不同网络主体的数量情况。3D打印产业全球创新网络结构特征测度量表如表6-1所示。

表6-1　　　　　　　全球创新网络结构特征测量题项

结构特征	测量题项	测量依据
中心性	企业在全球创新网络中处于支配地位（JGTZ1）	陈鸿鹰，2010；王文亮等，2012；Saatchi等，2012；Famili等，2016
	在全球创新网络中，不同3D打印企业的合作研发过程都需要本企业参与才能实现（JGTZ2）	
	在全球创新网络中，企业不需要依赖于其他3D打印企业便可以传递信息给其他网络主体（JGTZ3）	
规模	全球创新网络中3D打印企业数量（JGTZ4）	
	全球创新网络中高校、科研院所数量（JGTZ5）	
	全球创新网络中非政府组织数量（JGTZ6）	
	全球创新网络中金融机构数量（JGTZ7）	
	全球创新网络中咨询公司等中介机构数量（JGTZ8）	

2. 全球创新网络关系特征的测度

由上文构建模型可知3D打印产业全球创新网络结构特征是解释变量，关系维度主要测度全球创新网络中不同主体之间的关联程度。3D打印产业全球创新网络关系特征主要测度全球创新网络不同网络主体交流频度、合作时间长度和互惠程度。3D打印产业全球创新网络关系特征测量题项如表6-2所示。

3. 3D打印企业融网意愿的测度

由上文构建模型可知融网意愿是解释变量，融网意愿是中国3D打印企业融入全球创新网络共享先进知识的先决条件，是企业调配人财物获取全球创新网络先进资源和信息的基础。融网意愿主要测度中国3D打印企业融入全球创新网络意愿程度，包括融网意愿和国际化创新战略两方面。3D打印企业融网意愿测量题项如表6-3所示。

表 6-2　　　　　　　　全球创新网络关系特征测量题项

关系特征	测量题项	测量依据
关系强度	企业与全球创新网络中其他 3D 打印企业交流频度（GXTZ1）	刘兰剑，2010；彭迪云等，2013；张骁等，2016；Latkin 等，2003；Matook 等，2015
	企业与全球创新网络中高校、科研院所交流频度（GXTZ2）	
	企业与全球创新网络中非政府组织交流频度（GXTZ3）	
	企业与全球创新网络中金融机构交流频度（GXTZ4）	
	企业与全球创新网络中中介机构交流频度（GXTZ5）	
关系稳定性	企业与全球创新网络中其他 3D 打印企业的合作时间长度（GXTZ6）	
	企业与全球创新网络中高校、科研院所等的合作时间长度（GXTZ7）	
	企业与全球创新网络中非政府组织的合作时间长度（GXTZ8）	
	企业与全球创新网络中金融机构的合作时间长度（GXTZ9）	
	企业与全球创新网络中中介机构的合作时间长度（GXTZ10）	
互惠性	企业与全球创新网络中其他 3D 打印企业之间是否相互交换本单位机密信息（GXTZ11）	
	企业与全球创新网络中其他 3D 打印企业之间是否相互履行承诺（GXTZ12）	
	即使有机会，企业与全球创新网络中其他 3D 打印企业之间也不会相互利用对方（GXTZ13）	
	企业与全球创新网络中其他 3D 打印企业是否相互信任（GXTZ14）	

表 6-3　　　　　　　　3D 打印企业融网意愿测量题项

融网意愿	测量题项	测量依据
融网意识	企业领导对于企业融入全球创新网络普遍持支持和理解态度（RWYY1）	Madsen 等，1997；曾兰等，2012；樊威等，2012
	企业全体员工对于企业融入全球创新网络普遍持支持和理解态度（RWYY2）	
	企业非常重视与国外 3D 打印企业开展实质性的国际合作（RWYY3）	
	企业领导具有海外工作或留学经历（RWYY4）	
国际化创新战略	在企业的整体战略规划中，国际化创新战略是重点考虑因素之一（RWYY5）	
	企业制定了长期的 3D 打印国际化创新战略（RWYY6）	
	企业能够有效执行 3D 打印国际化创新战略（RWYY7）	

4. 3D 打印企业融网能力的测度

由上文构建模型可知融网能力是解释变量。企业的组织、人员、资本和市场四个维度的国际化能力体现了企业在国际范围内有效配置和利用资源的能力，进而促进其融入全球创新网络。融网能力主要测度中国 3D 打印企业融入全球创新网络能力强弱，包括组织国际化、人员国际化、资本国际化和市场国际化四方面。3D 打印企业融网能力测量题项如表 6-4 所示。

表 6-4　　　　　　　　3D 打印企业融网能力测量题项

融网能力	测量题项	测量依据
组织国际化	企业拥有全球范围内经营的网络结构（RWNL1）	Salom 等，2010；Alexeeva 等，2016；Mclaren，2017
	企业设立了较多的海外子公司（RWNL2）	
	企业设立了较多的海外办事处（RWNL3）	
人员国际化	企业外籍员工比例高于 3D 打印产业其他企业（RWNL4）	
	企业海外派遣人员比例高于 3D 打印产业其他企业（RWNL5）	
	企业高管中外籍人员比例高于 3D 打印产业其他企业（RWNL6）	
资本国际化	企业海外资产比例高于 3D 打印产业其他企业（RWNL7）	
	企业海外投资拥有股份比例高于 3D 打印产业其他企业（RWNL8）	
	企业外汇现金流量占现金流量比例高于 3D 打印产业其他企业（RWNL9）	
	企业开展跨国并购或投资活动（RWNL10）	
市场国际化	企业海外市场主营业务收入占总收入比例高于 3D 打印产业其他企业（RWNL11）	
	企业海外市场的全球分布相较于其他 3D 打印企业更合理（RWNL12）	
	企业拥有大量的海外商标（RWNL13）	
	企业开展有效的国际品牌推广（RWNL14）	

5. 企业规模和企业发展阶段测度

由上文构建模型可知企业规模和企业发展阶段是控制变量。企业规模和企业发展阶段均属于企业统计性因素，因此所设置的题项体现在问卷的企业一般信息中，为了后期回归分析时处理数据的一致性，控制变量的题项也均列为5个选项，A 代表1分，以此类推 E 代表5分。具体的题项设置为企业规模：A. 微型企业（50 人以下）、B. 小型企业（51—100 人）、C. 中等企业（101—200 人）、D. 大型企业（201—500 人）、E. 特大企业（500 人以上）；企业发展阶段：A. 初创阶段、B 投入阶段、C. 成长阶段、D. 成熟阶段、E. 衰退阶段。

6. 企业绩效的测度

企业绩效是对企业盈利能力的综合评价，3D 打印企业作为高技术企业，对企业绩效的测度不仅需要对企业经济绩效进行衡量，还需要对企业创新绩效进行衡量。在目前有关企业绩效的研究中，大部分学者把企业绩效作为因变量，研究在不同影响因素的作用下，企业绩效如何得到提升。不同学者根据自己研究问题的需要提出了不同的评价企业绩效的指标。对于企业经济绩效的研究，Hsiao（2014）提出以销售（营业）利润率、成本费用利润率作为企业经济绩效的衡量指标。Qin（2015）认为企业经济绩效可以根据两个指标进行评价，即净资产收益率和总资产报酬率。对于企业创新绩效的研究，Ramamurthy（2017）认为专利数量、新产品数和新产品产值是非常关键的企业绩效衡量指标。Ogendo（2017）提出以新产品开发速度、专利数量和创新项目成功率作为衡量标准。

本书选取企业绩效作为因变量，企业绩效的衡量主要通过企业 3D 打印专利授权数量、3D 打印新产品产值、企业提高销售（营业）利润率和提高成本费用利润率四个指标来进行衡量，具体的测量量表如表6-5所示。

表6-5　　　　　　　　　知识转移绩效测量题项

因变量	测量题项	测量依据
企业绩效	通过融入全球创新网络，企业拥有更多的3D打印专利授权数量（CXJX1）	Hsiao 等，2017；Qin 等，2017；Ogendo，2017；Ramamurthy，2017
	通过融入全球创新网络，企业提高了新产品产值（CXJX2）	
	通过融入全球创新网络，企业提高了销售（营业）利润率（CXJX3）	
	通过融入全球创新网络，企业提高了成本费用利润率（CXJX4）	

第二节　问卷设计及问卷实施

一　问卷设计

本研究的数据来源主要采取发放调查问卷的形式获取，针对国内融入全球创新网络的3D打印企业进行问卷发放。本书首先对于国内参与全球创新网络的3D打印企业进行界定，界定的标准为根据企业官网介绍，囊括国际3D打印技术研发人才或国际知名3D打印企业高级技术人员；拥有全球销售服务网络；中外合资经营3D打印企业；外资3D打印企业；与国际研究机构有合作的3D打印企业。为了获取足够样本的有效调查问卷，本书将符合以上任一种条件的企业界定为融入全球创新网络的3D打印企业。同时为了获取有效信息，笔者对问卷的调查范围进行合理的控制。调查范围包括参与全球创新网络的工业级3D打印设备企业、桌面级3D打印设备企业、特种3D打印设备企业、3D打印材料企业、3D打印应用服务企业、3D扫描仪企业和3D打印供应链企业，尽量覆盖不同类型的3D打印企业。这样保证进行问卷调查的企业相对全面，且对我国3D打印产业的研发产出具有直接或重要影响。因此，这些样本企业基本可代表我国3D打印产业的整体情况。在问卷发放对象选择上，主要针对3D打印企业参与技术研发人员或企业中高层管理者（为从多角度多层面获得信息,每个企业对多个技术研发人员或企业中高层管理者进行问卷调查),确保问卷填写者对本企业参与3D打印产业全球创新网络的情况有全面了解。

1. 设计原则

调查问卷题项的设计对调查所得结果非常重要,因此在设计调查问卷时要把握好几个原则,这样能确保问卷填写者易读、易答,保证问卷本身既严谨又符合逻辑。因此,本问卷设计包括合理性、非诱导性、逻辑性和易读性几个原则。

2. 问卷结构

本书所设计的调查问卷见附录三。3D打印产业全球创新网络对我国企业绩效影响调查问卷主要包括三大部分:第一部分为引导语;第二部分为受调查者的基本信息、单位信息,如所有制类型、企业规模、发展阶段等;第三部分为问卷的主体部分,结合王文亮等(2012)、樊威等(2012)等对创新网络相关研究中所设计的调查问卷并针对全球创新网络自身特征,本书问卷对3D打印产业全球创新网络结构特征、全球创新网络关系特征、融网意愿和融网能力四个因素设计了47个调查问题。问卷主体采用李克特5级量表法,其中,1分表示非常不同意;5分表示非常同意。部分题项根据问题设置回答的标准,在问卷中有标注。

二 问卷实施

1. 问卷发放

本书的调查问卷主要通过以下四种方式发放。

(1)学术会议现场发放。在笔者参加国内举办的3D打印领域学术研讨会、展览会等期间(2017年11月至2018年7月),进行现场问卷调查。通过学术会议现场发放问卷200份,回收71份,初步筛选获得有效问卷66份。

(2)邮箱邀请发放。研究首先对国内3D打印企业概况进行了解，主要通过查询企业官方网站介绍，对于参加全球创新网络的 3D 打印企业（上文中已进行界定）进行信息收集，主要包括网址、电话和邮箱等相关信息。相关信息见附录三。2017 年 10 月至 2018 年 7 月，向这些研究人员的邮箱发送问卷调查邀请，有些发放至企业负责人邮箱，并请负责人转发至企业研究人员或管理人员 5—10 份，共发放问卷 1147 份，最终回收 45 份，初步筛选获得 37 份有效问卷。

（3）在线调查。本研究通过问卷星在线问卷调查平台（网址为 https：//www.wjx.cn）设计在线调查问卷，并向 3D 打印领域的研究人员发起在线调查（通过联系南极熊 3D 打印科技服务有限公司领导，同意发放问卷至"中国增材制造产业联盟""中国制造—工业 4.0 论坛""工博情结大家庭""南极熊金属 3D 打印和中国智能网联产业创新联盟"五个人数接近 500 的微信群）。由于调查时间长达 8 个月，共获得有效调查问卷 295 份。因为设置了有效的奖励机制（通过回答问卷可以领取红包），在线调查的效果较好，初步筛选获得有效问卷 283 份。

2. 问卷回收和整理

（1）剔除无效问卷。在问卷筛选过程中，对于明显随意作答的问卷、回答不完整的问卷以及不按照要求进行作答的问卷全部做无效处理。对于问卷的发放范围也进行了严格的筛选，凡是不满足本书界定为参与全球创新网络的 3D 打印企业的调查问卷一律进行剔除。

（2）数据整合。由于回收的调查问卷分为纸质版和电子版，不便于统计，因此，要将两类问卷先整合为电子版的数据，方便输入软件进行分析。

通过问卷筛选和问卷整合，共整理出有效调查问卷 347 份。表 6-6 对样本的基本情况进行了统计，从企业所有制类型来看，回收问卷中民营企业最多，占比为 71.76%；从企业规模来看，回收问卷中中型企业占比最多，占比为 65.42%；从企业发展阶段来看，回收问卷中企业大部分处于成长阶段。由表6-6可知，样本分布较为合理，可进行回归分析。

表6-6 样本统计分布

	类型	样本量	百分比（%）
企业所有制类型	国有独资	7	2.02
	国有控股	20	5.76
	民营企业	249	71.76
	合资企业	20	5.76
	外资企业	37	10.66
	其他类型企业	14	4.04
企业规模	微型企业	8	2.31
	小型企业	22	6.34
	中型企业	227	65.42
	大型企业	86	24.78
	特大企业	4	1.15
企业发展阶段	初创阶段	6	1.73
	投入阶段	45	12.97
	成长阶段	235	67.72
	成熟阶段	58	16.71
	衰退阶段	3	0.87

注：根据笔者对国内3D打印企业的初步调研，将企业规模分为微型企业（50人以下）、小型企业（51-100人）、中型企业（101-300人）、大型企业（301-500人）、特大企业（500人以上）。

第三节 模型检验与回归分析

一 信度和效度检验

信度检验，本书采用统计软件SPSS 19.0计算问卷中各变量的

Cronbach's α 系数。测度结果表明全球创新网络结构特征、网络关系特征、融网意愿、融网能力两个企业统计因素企业规模（C1）、企业发展阶段（C2）及问卷整体的 α 值都在 0.7 以上，这说明本书所设计的测量项目比较合理。

效度（Validity）就是问卷有效性（包括内容效度和结果效度），主要表明问卷反映测量变量的有效性程度。由于本问卷部分内容沿用前人相关问题量表，且在进行问卷设计时征求多位相关专家建议，因此保证了问卷的内容效度，研究的测度量表不仅包括内容效度，还包括结构效度，本问卷中内容效度满足研究需要，但仍需对结构效度进行检验。现有研究中，因子分析法是对结构效度检验最为广泛的研究方法。进行因子分析的主要目的是分析不同题项之间的相关性，常用的判断标准是 KMO 统计量和 Bartlett 球体检验，本研究采用这两个指标对调查问卷的结构效度进行测量。

本书先对量表的效度进行检验，如前文所述，量表内容效度已得到保证，因此，无须再对内容效度进行检验。主要对量表的结构效度进行检验。进行因子分析的标准是 KMO 统计量达到 0.6 及以上，另一个指标 Bartlett 球体检验则需满足 0.05 的显著水平。研究采用统计软件 SPSS 19.0 计算 KMO 统计量并进行 Bartlett 球体检验，计算结果满足因子分析标准。根据表 6-7 所得结果，全球创新网络结构特征、全球创新网络关系特征、融网意愿和融网能力以及网络中心性、网络规模、网络关系强度、网络关系稳定性、互惠性、融网意识、国际化创新战略、组织国际化、人员国际化、资本国际化和市场国际化 11 个子变量的 KMO 统计量的测度值均明显大于 0.7，另一个指标 Bartlett 球体检验的检验结果显著性概率值亦满足要求，概率值均为 0.000，说明能够对本研究所选取的变量相关矩阵进行因子分析。

1. 全球创新网络结构特征因子分析及信度检验

对全球创新网络结构特征量表进行因子分析，共包括 8 个题项，删除在对应因素上因子负荷小于 0.3 的题项 JGTZ7，得到全球创新

表 6-7　　　　　　　　　　　量表效度检验

变量		KMO	Bartlett 检验显著性
全球创新网络结构特征	中心性	0.845	0.000
	规模	0.869	0.000
全球创新网络关系特征	关系强度	0.842	0.000
	关系稳定性	0.758	0.000
	互惠性	0.762	0.000
融网意愿	融网意识	0.835	0.000
	国际化创新战略	0.878	0.000
融网能力	组织国际化	0.841	0.000
	人员国际化	0.822	0.000
	资本国际化	0.775	0.000
	市场国际化	0.812	0.000

网络的中心性、规模两个共同因素，共包含 7 个测量题项。表 6-8 显示了因子分析的结果，预测变量的变异量解释程度可以由量表的累计解释度来反映，累计解释度达到 72.596%，表明全球创新网络的中心性和规模至少能解释预测变量变异量的 72.596%；因子负荷量介于 0.611 和 0.856 之间。网络的中心性、规模两个因素的 Cronbach's α 系数值均大于 0.7，且总的 α 数值大于对应题项（删除因子负荷小于 0.3 的题项后的题项）的 α 值。通常情况下，相关水平大于 0.7 则表明相关性水平较高，量表内部一致性很强，相关水平在 0.4—0.6 则表明相关性处于中等水平，量表内部一致性较好，本研究修正后不同题项总相关水平大于 0.5，表明量表内部一致性较好。

2. 全球创新网络关系特征因子分析及信度检验

对全球创新网络关系特征量表进行因子分析，共包括 13 个题项，删除在对应因素上因子负荷小于 0.3 的题项 GXTZ12、GXTZ17，得到全球创新网络的网络关系强度、关系稳定性和互惠性三个共同因素，包含 11 个测量题项。表 6-9 显示了因子分析的结果，预测变量的变异量解释程度可以由量表的累计解释度来反映，累计解释

表6-8　　　全球创新网络结构特征因子分析及信度检验

变量	操作变量	因子分析			信度检验		
		删除题	特征值	累计解释变异量(%)	因子负荷	Cronbach's α	项已删除的α	修正的项目总相关
中心性(X1)	JGTZ1				0.811		0.701	0.692
	JGTZ2	0	3.021	25.661	0.856	0.792	0.725	0.755
	JGTZ3				0.844		0.703	0.523
规模(X2)	JGTZ4				0.774		0.615	0.564
	JGTZ5	1	2.152	72.596	0.722		0.608	0.587
	JGTZ6				0.685	0.787	0.712	0.522
	JGTZ8				0.611		0.711	0.574

度达到73.005%，表明全球创新网络的关系强度、关系稳定性和互惠性三个因素至少能解释预测变量变异量的73.005%；因子负荷量介于0.655和0.781之间。网络关系强度、关系稳定性和互惠性三个因素的Cronbach's α系数值均大于0.7，且5个变量总的α数值大于对应题项（删除因子负荷小于0.3的题项后的题项）的α值。

表6-9　　　全球创新网络关系特征因子分析及信度检验

变量	操作变量	因子分析			信度检验		
		删除题	特征值	累计解释变异量（%）	因子负荷	Cronbach's α	项已删除的α	修正的项目总相关
关系强度(X3)	GXTZ9				0.725		0.638	0.582
	GXTZ10	1	2.024	26.511	0.702		0.720	0.538
	GXTZ11				0.672	0.732	0.651	0.551
	GXTZ13				0.655		0.645	0.625
关系稳定性(X4)	GXTZ14				0.755		0.646	0.557
	GXTZ15	1	2.025	51.388	0.735		0.642	0.613
	GXTZ16				0.708	0.711	0.625	0.500
	GXTZ18				0.712		0.685	0.662

续表

变量	操作变量	因子分析				信度检验		
^	^	删除题	特征值	累计解释变异量（%）	因子负荷	Cronbach's α	项已删除的 α	修正的项目总相关
互惠性（X5）	GXTZ19				0.736		0.609	0.501
^	GXTZ20	0	2.011	73.005	0.781	0.745	0.728	0.598
^	GXTZ21				0.722		0.697	0.601

3. 融网意愿因子分析及信度检验

对融网意愿的 7 个题项进行因子分析，得到两个共同因素，分别为融网意识和国际化创新战略，删除在融网意识中负荷量小于 0.3 的题项 RWYY4 进行二次因子分析，仍为两个共同因素，因子分析及信度检验结果如表 6-10 所示。因素负荷量介于 0.645 和 0.787 之间。融网意识和国际化创新战略两个因素的 Cronbach's 系数值均大于 0.7，且变量知识复杂性总的 α 数值大于相对应题项（删除因子负荷小于 0.3 的题项后的题项）的 α 值。修正后不同题项总相关水平大于 0.5，表明量表内部一致性较好。

表 6-10 融网意愿因子分析及信度检验

变量	操作变量	因子分析				信度检验		
^	^	删除题	特征值	累计解释变异量（%）	因子负荷	Cronbach's α	项已删除的 α	修正的项目总相关
融网意识（X6）	RWYY1				0.723		0.874	0.612
^	RWYY2	1	3.856	35.281	0.645	0.802	0.854	0.548
^	RWYY3				0.767		0.846	0.623
国际化创新战略（X7）	RWYY5				0.787		0.838	0.654
^	RWYY6	0	3.742	67.152	0.724	0.864	0.851	0.625
^	RWYY7				0.762		0.846	0.657

4. 融网能力因子分析及信度检验

对融网能力的 14 个题项进行因子分析，得到四个共同因素，分别为组织国际化、人员国际化、资本国际化和市场国际化，删除在融网意识中负荷量小于 0.3 的 2 个题项 RWNL10 和 RWNL13 进行二次因子分析，仍为四个共同因素，因子分析及信度检验结果如表 6 - 11 所示。特征量表的累计解释度达到 72.983%，说明知识接收方因素两个变量至少能解释预测变量变异量的 72.983%；因子负荷量介于 0.564 和 0.845 之间。知识接受意愿和知识接受能力两个因素的 Cronbach's 系数值均大于 0.7，说明量表可信度高。

表 6 - 11　　　　　融网能力因子分析及信度检验

名义变量	操作变量	因子分析				信度检验		
		删除题	特征值	累计解释变异量（%）	因子负荷	Cronbach's α	项已删除的 α	修正的项目总相关
组织国际化（X8）	RWNL1				0.801		0.803	0.576
	RWNL2	0	2.982	15.642	0.748	0.825	0.776	0.645
	RWNL3				0.845		0.766	0.752
人员国际化（X9）	RWNL4				0.564		0.845	0.563
	RWNL5	0	3.956	36.747	0.742	0.854	0.748	0.656
	RWNL6				0.693		0.856	0.525
资本国际化（X10）	RWNL7				0.682		0.733	0.674
	RWNL8	1	3.854	52.446	0.647	0.741	0.721	0.614
	RWNL9				0.625		0.719	0.658
市场国际化（X11）	RWNL11				0.743		0.798	0.634
	RWNL12	1	3.649	72.983	0.718	0.809	0.726	0.647
	RWNL14				0.762		0.775	0.618

5. 企业绩效因子分析及信度检验

如表 6 - 12 所示，将企业绩效量表的 4 个题项进行因子分析，对于因子负荷量小于 0.3 的题项采取删除的处理方式，因此企业绩效的题项 CXJX4 被删除，同时进行二次因子分析，第二次因子分析后成功抽取一个共同因素，分析结果如表 6-12 所示，企业绩效的累计解释变异量为 59.642%。根据上文所述，本研究因变量各题项相关水平均超过 0.5，题项一致性较高。

表 6-12　　　　　　　企业绩效因子分析及信度检验

名义变量	操作变量	因子分析				信度检验		
		删除题	特征值	累计解释变异量/%	因子负荷	Cronbach's α	项已删除的 α	修正的项目总相关
企业绩效（Y）	CXJX1				0.785		0.758	0.725
	CXJX2	1	2.905	59.642	0.855	0.825	0.771	0.669
	CXJX3				0.625		0.813	0.586

二　变量共线性与相关性分析

1. 共线性分析

是否可以进行经济计量的回归分析需要满足一系列前提条件，自变量能够相互独立是必要的前提条件之一。而实际情况中自变量间很有可能会出现共线性。回归分析中经常遇到的共线性问题是在回归设计过程中选择的变量存在一定的线性相关（选择的变量可以是两两线性相关也可以是多个线性相关），变量间存在相关性导致的后果是某些变量对因变量的影响效果被另外一些变量所替代，同时也会存在不同变量的影响相互抵减，从而干扰对原有模型中不同变量影响因变量作用效果的判断。

基于上文的分析，本书需要对全球创新网络结构特征、全球创新网络关系特征、融网意愿和融网能力所包含的网络中心性特征、网络规模、网络关系强度、网络关系稳定性、互惠性、融网意识、国际化创新战略、组织国际化、人员国际化、资本国际化和市场国际化 11 个子变量和两个控制变量进行共线性分析。现有文献中关于在回归分析中变量共线性的判断主要选取可由容许度（TOL）和方差膨胀因子（VIF）两个指标进行判断。计算得出的 TOL 值通常大于 0 小于 1，变量的 TOL 值越接近 1 则表明该变量与其他变量不存在共线性问题；VIF 指标是 TOL 的倒数，因此，计算得出的变量 VIF 值越小则表明变量和其他变量不存在共线性问题。常用的判断标准中，若变量的 VIF 指标小于 10，则可以判断该变量与其他变量不存在共线性问题。本研究设定的 11 个自变量的共线性判断结果如表 6-13 所示，从分析结果可以看到，所有变量包括控制变量的容许度都在 0.5 以上，所有变量的 VIF 值中最小的为 1.143，最大的是 1.809，远远小于临界值 10。因此，本研究所设定的 11 个子变量和两个控制变量无须考虑共线性问题。

表 6-13　　　　　　　　回归分析的自变量共线性诊断

因变量	自变量	容许度（TOL）	方差膨胀因子（VIF）
企业绩效（Y）	网络中心度（X1）	0.627	1.576
	网络规模（X2）	0.589	1.681
	关系强度（X3）	0.728	1.358
	关系稳定性（X4）	0.623	1.605
	互惠性（X5）	0.634	1.143
	融网意识（X6）	0.595	1.809
	国际化创新战略（X7）	0.736	1.207
	组织国际化（X8）	0.623	1.229
	人员国际化（X9）	0.875	1.664
	资本国际化（X10）	0.829	1.588
	市场国际化（X11）	0.741	1.327
	企业规模（C1）	0.695	1.277
	企业发展阶段（C2）	0.706	1.305

2. 相关性分析

在进行回归分析之前，通常要对不同的变量进行相关性分析，通过相关性分析，把自变量和因变量都视为平等的变量，测度变量

第六章 全球创新网络对我国3D打印企业绩效影响研究

表6-14 各变量相关性分析

变量	X1	X2	X3	X4	X5	X6	X7	X8	X9	X10	X11	C1	C2	Y
X1	1	0.107	0.373**	0.231*	0.098	0.531	0.378	0.442	0.098	0.222	0.150	0.227	0.424	0.546*
X2	0.107	1	0.243	0.559*	0.326	0.217	0.153*	0.499	0.130	0.058	0.281*	0.384	0.297	0.435*
X3	0.373**	0.243	1	0.530*	0.386*	0.310*	0.087	0.153*	0.431	0.499*	0.226	0.114	0.139	0.501**
X4	0.231*	0.559*	0.530*	1	0.104*	0.281	0.150	0.043	0.004	0.132*	0.266	0.227	0.176	0.655*
X5	0.098	0.326	0.386*	0.104*	1	0.343	0.072	0.524*	0.087	0.074	0.541*	0.196	0.154	0.528*
X6	0.531	0.217	0.310*	0.281	0.343	1	0.310*	0.299	0.478	0.081*	0.235	0.346	0.329	0.657**
X7	0.378	0.153*	0.087	0.150	0.072	0.310*	1	0.009	0.087	0.072	0.142	0.184	0.165	0.255
X8	0.442	0.499	0.153*	0.043	0.524*	0.299	0.009	1	0.106*	0.452	0.524*	0.221	0.209	0.345*
X9	0.098	0.130	0.431	0.004	0.087	0.478	0.087	0.106*	1	0.153	0.217	0.113	0.246	0.487*
X10	0.222	0.058	0.499*	0.132*	0.074	0.081	0.072	0.452	0.153	1	0.386	0.181	0.176	0.544**
X11	0.150	0.281*	0.226	0.266	0.541*	0.235	0.142	0.524*	0.217	0.386	1	0.122	0.128	0.666*
C1	0.227	0.384	0.114	0.227	0.196	0.346	0.184	0.221	0.113	0.181	0.122	1	0.352	0.112
C2	0.424	0.297	0.139	0.176	0.154	0.329	0.165	0.209	0.246	0.176	0.128	0.352	1	0.118
Y	0.546*	0.435*	0.501**	0.655*	0.528*	0.657**	0.255	0.345*	0.487*	0.544**	0.666*	0.112	0.118	1

注：**表示在0.05水平上显著相关；*表示在0.1水平上显著相关。

间的相关系数。本节采用 SPSS 19.0 软件对全球创新网络结构特征、全球创新网络关系特征、融网意愿和融网能力所包含的网络中心性特征、网络规模、网络关系强度、网络关系稳定性、互惠性、融网意识、国际化创新战略、组织国际化、人员国际化、资本国际化和市场国际化11个子变量、两个控制变量和因变量企业绩效进行相关分析,从表6-14可以看出,各变量间存在相关性,但无法表明因变量企业绩效是11个自变量及控制变量的因果关系,也无法表明哪些变量对因变量的影响程度更大,因此,下文我们对各变量进行回归分析。

三 回归结果

根据上文所构建的3D打印产业全球创新网络对中国企业绩效影响模型,本书分别对一个基线模型和五个模型进行估计。基线模型代表了控制变量企业规模和企业发展阶段对企业绩效的影响,从表6-15可以看出,企业规模和企业发展阶段和企业绩效无明显相关性,说明企业规模和企业发展阶段对企业绩效没有显著性影响。

表6-15　　　　　　　　　　回归结果分析

变量	基线模型	模型1	模型2	模型3	模型4	模型5
$C1$	0.092	0.055	0.049	0.047	0.059	0.037
$C2$	0.011	0.001	0.002	0.001	0.002	0.001
$X1$		0.428***				0.387***
$X2$		0.456***				0.389***
$X3$			0.465***			0.366***
$X4$			0.411***			0.342***
$X5$			0.022			0.001
$X6$				0.421***		0.396***
$X7$				0.419***		0.341***
$X8$					0.415***	0.221*
$X9$					0.458***	0.205*

续表

变量	基线模型	模型1	模型2	模型3	模型4	模型5
X10					0.436***	0.263*
X11					0.427***	0.194*
R^2	0.021	0.796	0.725	0.726	0.536	0.822
调整的R^2	0.004	0.725	0.688	0.651	0.511	0.796
F	2.431	26.54***	23.42***	32.374***	26.664***	36.577***

注：*表示 $P<0.05$；**表示 $P<0.01$；***表示 $P<0.001$。

模型1表示3D打印产业全球创新网络结构特征与企业绩效的回归分析，通过对创新网络结构特征与企业绩效进行回归分析，回归结果如表6-15所示，网络结构特征包括网络中心性X1、网络规模X2两个要素，从回归结果可以看出，网络中心性和网络规模对企业绩效的影响显著，回归方程解释的因变量变异性的百分比较高（调整后的 $R^2=0.725$），说明本研究所选取的回归直线对研究数据的拟合程度较好。因此，在仅考虑创新网络特征对因变量企业绩效影响的情况下，模型中假设H1a和H1b得到验证，即3D打印产业网络中心性、网络规模与组织间企业绩效正相关得到验证。

模型2表示3D打印产业全球创新网络关系特征与企业绩效的回归分析，通过对创新网络关系特征与企业绩效进行回归分析，回归结果如表6-15所示，网络关系特征包括关系强度X3、关系稳定性X4和互惠性X5这三个要素，从回归结果可以看出，关系强度、关系稳定性对企业绩效的影响显著，而互惠性不能显著影响企业绩效，未通过显著性检验。回归方程解释的因变量变异性的百分比较高（调整后的 $R^2=0.688$），说明本研究所选取的回归直线对研究数据的拟合程度较好。因此，在仅考虑创新网络关系特征对因变量企业绩效影响的情况下，模型中假设H2a和H2b得到验证，假设H2c未得到验证。即3D打印产业全球创新网络中组织关系强度、关系稳定性与组织间企业绩效正相关得到验证，而互惠性与组织企业绩效正相关这一假设没有得到验证。

模型 3 表示融网意愿与企业绩效之间的回归分析，通过对融网意愿与企业绩效进行回归分析，回归结果如表 6 – 15 所示，融网意愿包括两个因素，融网意识与国际化创新战略，变量 X6 融网意识和变量 X7 国际化创新战略均是显著的预测变量。回归方程解释的因变量变异性的百分比较高（调整的 R^2 = 0.511），说明本研究所选取的回归直线对研究数据的拟合程度较好。因此，在仅考虑知识特性对因变量企业绩效影响的情况下，模型中假设 H3 得到验证，即 3D 打印产业全球创新网络中企业融网意识和国际化创新战略与企业绩效正相关得到验证。

模型 4 表示融网能力与企业绩效之间的回归分析，通过对融网能力与企业绩效进行回归分析，回归结果如表 6 – 15 所示，融网能力包括四个变量，组织国际化、人员国际化、资本国际化和市场国际化，变量 X8 组织国际化、变量 X9 人员国际化、变量 X10 资本国际化、变量 X11 市场国际化都是显著的预测变量。回归方程解释的因变量变异性的百分比较高（调整后的 R^2 = 0.651），说明本研究所选取的回归直线对研究数据的拟合程度越好。因此，在仅考虑知识接收方对因变量企业绩效影响的情况下，模型中假设 H4a、H4b、H4c 和 H4d 在表示 $P < 0.01$ 的显著性水平下均得到验证，即 3D 打印产业全球创新网络中融网能力与企业绩效正相关得到验证。

本研究按变量特性将 11 个解释变量分为创新网络结构特征、创新网络关系特征、融网意愿和融网能力四类，通过对各类变量进行类别内部的回归分析，探讨不同类别中的解释变量和控制变量对因变量的影响。每个类别内部的解释变量完整，四个分类回归中不存在关键变量缺失的问题。回归结果如表 6 – 16 所示，在 11 个假设中有 10 个假设得到现有数据支持（显著性水平为 1%），只有假设 H2c 没有获得现有数据支持。控制变量 C1 和 C2 没有通过假设性检验，因此假设 H5 和 H6 没有获得现有数据的支持。

表 6-16　　　　　　　　假设检验结果分析

假设	相关内容	验证结果
H1	3D打印产业创新网络结构特征与企业绩效正相关	通过
H1a	3D打印产业创新网络中心性与企业绩效正相关	通过
H1b	3D打印产业创新网络规模与企业绩效正相关	通过
H2	3D打印产业创新网络关系特征与企业绩效正相关	部分通过
H2a	3D打印产业创新网络关系强度与企业绩效正相关	通过
H2b	3D打印产业创新网络关系稳定性与企业绩效正相关	通过
H2c	3D打印产业创新网络互惠性与企业绩效正相关	没有通过
H3	融网意愿与企业绩效正相关	通过
H3a	融网意识与企业绩效正相关	通过
H3b	国际化创新战略与企业绩效正相关	通过
H4	融网能力与企业绩效正相关	通过
H4a	组织国际化程度与企业绩效正相关	通过
H4b	人员国际化程度与企业绩效正相关	通过
H4c	资本国际化程度与企业绩效正相关	通过
H4d	市场国际化程度与企业绩效正相关	通过

资料来源：作者整理。

第四节　实证研究结果分析

本章通过因子分析，信度和效度检验，多重共线性分析，SPSS回归分析等过程，对提出的假设进行检验，本节对得出的实证研究结果进行分析。其中控制变量企业规模和企业发展阶段均为通过假设检验，其他解释变量只有互惠性未能通过假设性检验。

一　全球创新网络结构特征对企业绩效影响的回归结果讨论

回归结果表明全球创新网络结构特征中的网络中心性和网络规模与企业绩效之间存在正相关关系，说明网络主体的中心性地位和网络规模对 3D 打印企业绩效有显著正向影响。

（1）网络主体的中心性特征与企业绩效之间的关系：从模型 1 中可以看到，企业网络中心性特征与企业绩效之间的回归系数为 0.428（P<0.000），模型 5（四组因素同时作为解释变量）中企业网络中心性特征与企业绩效之间的回归系数为 0.387（P<0.000），这说明企业中心性特征对企业绩效的作用显著且正相关。企业在网络中支配权越大，在网络信息传递中的地位越重要，吸收的新知识越多，企业绩效越好。在 3D 打印产业全球创新网络中，企业是进行知识转移、共享的主要网络主体，因此融入全球创新网络并在网络中占有主体地位是中国 3D 打印企业高速发展和应对变化的必由之路，而提高网络主体地位的主要途径则主要是通过提高技术水平，加强自主研发。

（2）全球创新网络的网络规模与企业绩效之间的关系：从模型 1 结果中可以看到，网络规模与企业绩效之间的回归系数为 0.456（P<0.000），模型 5 中四组因素同时作为解释变量中网络规模与企业绩效之间的回归系数为 0.389（P<0.000），这说明网络规模对企业绩效的作用显著且正相关。具体来看，如果 3D 打印产业全球创新网络规模越大，说明整个网络中囊括的网络主体越多，大量的网络主体蕴藏了大量的研发技术知识，进而形成网络知识共享平台，基于互通有无的利益原则，网络主体间发生知识转移的概率则更大，知识接收方获取新知识的内容更加丰富，相应的转移知识绩效更好，进而提高企业绩效。

二 全球创新网络关系特征对企业绩效影响的回归结果讨论

回归结果表明全球创新网络关系特征中的关系强度和关系稳定性与企业绩效之间存在正相关关系，互惠性在回归结果中未通过检验，说明互惠性和企业绩效直接没有显著的相关性。

1. 全球创新网络的网络主体间关系强度与企业绩效之间的关系

从模型 2 回归结果中可以看到，网络关系强度与企业绩效之间的回归系数为 0.465（P<0.001），模型 5（四组因素同时作为解释变量）中网络关系强度与企业绩效之间的回归系数为 0.366（P<0.001），这说明网络关系强度对企业绩效的作用显著且正相关。潘松挺（2011）认为，强网络关系有利于促进企业渐进性技术创新绩效，由于中国 3D 打印企业尚未在关键技术领域取得较大突破，因此我国 3D 打印企业在网络中属于探索式学习主体，通过保持较强的网络关系可以使我国 3D 打印企业获得知识进行探索式学习，进而帮助我国企业掌握新的 3D 打印技术，或进入新的 3D 打印市场，提高企业绩效。较强的网络关系可使我国 3D 打印企业采取"干中学"的方式学习，拓展市场份额，提高企业绩效。

2. 全球创新网络的网络主体间关系稳定性与企业绩效之间的关系

从模型 2 回归的分析结果中可以看到，网络关系稳定性与企业绩效之间的回归系数为 0.411（P<0.001），模型 5（四组因素同时作为解释变量）中网络关系稳定性与企业绩效之间的回归系数为 0.342（P<0.001），这说明网络关系稳定性对企业绩效的提高有显著影响，以上研究结果形成的原因为在全球创新网络中我国 3D 打印企业由于长期的技术或贸易合作与某些国外 3D 打印企业形成了彼此的信任，进而演化为固定的网络团体，彼此互通信息和资源，能够使我国企业掌握新的技术，提高企业绩效。

3. 全球创新网络的网络主体间互惠性与企业绩效之间的关系

从模型 2 回归和模型 5 回归的分析结果中可以看到，企业间互惠性与企业绩效之间的回归系数为 0.022（P<0.152）和 0.001（P<0.245），这说明网络互惠性对企业绩效的作用没有显著关系。国内多数研究认为互惠性对于企业提高绩效有正向影响，但本书研究结果是，互惠性对我国 3D 打印企业绩效没有显著影响，这一结论虽与国内其他研究结果不符，但与我国 3D 打印企业发展阶段有一定的契合性。我国 3D 打印企业在全球创新网络中属于技术弱势群体，在网络中处于边缘位置，与其他网络主体间基本不存在平等的利益

关系（不存在互惠性），因此互惠性对我国 3D 打印企业绩效影响并不显著。

4.3D 打印企业融网意愿对企业绩效影响的回归结果讨论

回归结果表明融网意识和国际化创新战略与企业绩效之间存在正相关关系，说明融网意识和国际化创新战略对 3D 打印企业绩效有显著正向影响。从模型 3 的分析结果中可以看到，融网意识与企业绩效之间的回归系数为 0.421（P<0.001），模型 5 回归结果（四组因素同时作为解释变量）中融网意识与企业绩效之间的回归系数为 0.396（P<0.001），说明融网意识显著影响了企业绩效。模型 3 的回归结果表明，国际化创新战略与企业绩效之间的回归系数为 0.419（P<0.001），模型 5 回归结果（四组因素同时作为解释变量）中国际化创新战略与企业绩效之间的回归系数为 0.341（P<0.001），这说明国际化创新战略对企业绩效的作用显著且正相关。

综上所述，回归结果表明融网意愿对于提高企业绩效有显著的正向影响。融网意愿体现了中国 3D 打印企业领导和员工对于融入全球创新网络的支持态度，对 3D 打印产业全球创新网络的认知程度，这些因素构成了中国企业融入网络并实现有效资源共享和知识吸收的先决条件，也决定了中国 3D 打印企业在全球创新网络中对于先进技术吸收消化的质量。中国 3D 打印企业领导能够用战略的眼光看待融入全球创新网络，员工在融入全球创新网络过程中加强对先进知识技术的学习，无形中增强了企业的永续创新能力，进而提高企业绩效。

三 3D 打印企业融网能力对企业绩效影响的回归结果讨论

回归结果表明融网能力的四个因素组织国际化、人员国际化、资本国际化和市场国际化与企业绩效之间存在正相关关系，说明融网能力对 3D 打印企业绩效有显著正向影响。具体来看，组织国际化与企业绩效之间的关系：模型 4 的回归结果表明，组织国际化与企业绩效之间的回归系数为 0.415（P<0.001），模型 5 回归结果（四

组因素同时作为解释变量）中组织国际化与企业绩效之间的回归系数为 0.221（P＜0.05），这说明只存在融网能力因素的情况下，组织国际化对企业绩效的作用显著，而加入网络结构特征、网络关系特征和融网意愿因素后，组织国际化对企业绩效有一定影响，但并不及其他三个因素对企业绩效的影响显著。人员国际化与企业绩效之间的关系：模型4的回归结果表明，人员国际化与企业绩效之间的回归系数为 0.458（P＜0.001），模型5回归结果（四组因素同时作为解释变量）中人员国际化与企业绩效之间的回归系数为 0.205（P＜0.05），这说明只存在融网能力因素的情况下，人员国际化对企业绩效的作用显著，而加入网络结构特征、网络关系特征和融网意愿因素后，人员国际化对企业绩效有一定影响，但并不及其他三个因素对企业绩效的影响显著。资本国际化与企业绩效之间的关系：模型4的回归结果表明，资本国际化与企业绩效之间的回归系数为 0.436（P＜0.001），模型5回归结果（四组因素同时作为解释变量）中资本国际化与企业绩效之间的回归系数为 0.263（P＜0.05），这说明只存在融网能力因素的情况下，资本国际化对企业绩效的作用显著，而加入网络结构特征、网络关系特征和融网意愿因素后，资本国际化对企业绩效有一定影响，但并不及其他三个因素对企业绩效的影响显著。市场国际化与企业绩效之间的关系：模型4的回归结果表明，市场国际化与企业绩效之间的回归系数为 0.427（P＜0.001），模型5回归结果（四组因素同时作为解释变量）中市场国际化与企业绩效之间的回归系数为 0.194（P＜0.05），这说明只存在融网能力因素的情况下，市场国际化对企业绩效的作用显著，而加入网络结构特征、网络关系特征和融网意愿因素后，市场国际化对企业绩效有一定影响，但并不及其他三个因素对企业绩效的影响显著。

综上所述，回归结果表明融网能力对企业绩效有一定影响，但不及3D打印产业全球创新网络结构特征、网络关系特征和融网意愿对企业绩效影响显著。中国3D打印企业通过组织、人员、资本和市场的国际化过程，加强与国际 3D 打印一流企业合作，利用全球优秀科技人力和财力资源提升自身创新能力，从而提升企业绩效。由于中国 3D 打印企业在关键技术仍未有较大突破，在 3D 打印产业全球创新网络中处于边缘地位，所以在网络中的主要角色为共享网络中先进技术资源和宝贵信息资源，因此在融入 3D 打印产业全球创新网络后企业绩效得到的提升与自身融入全球创新网络能力有一定关系，但影响程度不及我国 3D 打印企业在全球创新网络中地位、与其他网络主体关系和融网意愿三个要素。

第五节 本章小结

本文综合运用因子分析、回归分析等研究方法对 3D 打印产业全球创新网络企业绩效影响进行实证研究。具体来看，首先构建 3D 打印产业全球创新网络对中国企业绩效影响模型并提出研究假设，通过向加入 3D 打印产业全球创新网络的国内 3D 打印企业发放问卷来收集数据，共发放调查问卷 1919 份，经过筛查、整理后的有效调查问卷 347 份，然后用实证分析全球创新网络结构特征、关系特征、融网意愿和融网能力各因素对企业绩效的影响，验证了概念模型提出的假设，研究结论如下。

全球创新网络结构特征和融网意愿对于中国 3D 打印企业绩效提升有显著影响，全球创新网络关系特征中的互惠性因素对于中国 3D 打印企业绩效提升没有影响，融网能力对于中国 3D 打印企业绩效提升有一定影响，但不及全球创新网络结构特征和融网意愿两个因素影响显著。

第七章

推进我国3D打印企业融入全球创新网络对策建议

我国是发展中国家为数不多鼓励企业走出去的国家之一，近些年企业国际化实践带来很多切实的益处，例如在国际市场竞争中增强市场经验、接触到国际先进技术、增加国家外汇储备等。随着全球创新模式发生深刻变化，大国之间的博弈更加激烈，中国企业的创新发展面临重大挑战。全球创新网络可以帮助企业用相对低成本的方式来提高技术创新能力。我国3D打印中小企业技术基础较差，因而需要政府制定相关的政策措施推动企业融入全球创新网络。通过第三章的分析可知，我国部分3D打印企业已经于第三阶段融入全球创新网络，因此，本章立足于我国3D打印产业发展所处阶段，首先基于本书在第三章至第六章研究中所发现的问题，提炼出我国3D打印企业融入全球创新网络进程中存在的主要问题；然后根据所得研究结论，提出推进我国3D打印产业融入全球创新网络的对策建议。

第一节 我国 3D 打印企业融入全球创新网络进程中存在的主要问题

我国 3D 打印企业融入全球创新网络时间较晚，尚处于网络边缘位置。具体来看，基于第三章第三节对 3D 打印产业全球研发合作创新网络特征分析可知，我国 3D 打印产业专利授权数量在 2013—2017 年已居于世界前列，但我国 3D 打印企业融入全球创新网络较晚，融入全球创新网络的企业较少，且现阶段尚无中国 3D 打印企业占据全球创新网络核心地位，在 3D 打印产业全球创新网络演化的第三阶段（2013—2017 年），才有两个中国企业先临三维和铂力特公司的专利数量排名跻身前五十，处于全球创新网络的边缘位置。综上所述，我国 3D 打印企业并没有深入地融入全球创新网络，因此本节对我国 3D 打印企业融入全球创新网络进程中存在的主要问题归纳如下。

1. 我国 3D 打印产业核心技术研发水平较低

现阶段我国多数 3D 打印企业对于基础性、前沿性研究的关注度还不够，产业核心技术研发水平较低。基于前文第三章第二节对我国 3D 打印产业发展现状的第三部分相对优势指标分析可知，我国 3D 打印技术整体发展水平较好，在大部分子技术领域都具有一定的相对优势，但在固化技术等核心技术领域方面仍存在较大的发展空间；基于前文第三章第四节对辅助支撑创新网络特征分析可知，我国 3D 打印产业链中扫描设备和 CAD 软件环节力量薄弱，在 3D 打印机中的激光器等一些关键器件上，仍然对国外依赖较大。因而，在全球创新网络中，我国 3D 打印企业的角色是技术接收方，在全球创新网络中未占有核心网络主体位置。第五章第四节网络中心性水平对产业绩效影响的实证研究结果表明，处于网络的核心位置，即拥有较高的网络中心性水平，对于一个网络主体获得信息来源、有效地形成知识产出、提高企业绩效是十分重要的。因此，我国3D打印企业在全球创新网络中提高主体地位，即提高网络中心性水平并拥有丰富的结构洞是十分迫切的，而提高主体地位的主要途径是通过提高科技创新能力和竞争力，加强核心技术的自主研发。

2. 我国3D打印产业研发和领军人才匮乏

人才是重要的创新资源，而现阶段我国3D打印产业研发和创新领军人才都极度匮乏。第三章第三节中的相关统计数据表明，我国3D打印产业的研发人才缺口约为800万人，尤其是对于3D打印这个新兴行业来说，研发人才问题更是关键，是3D打印产业发展核心驱动力。基于第三章第三节对EOS公司进行案例分析所得启示可知，产业创新领军人才对于产业创新、综合竞争力提高等方面的作用十分重要，是提升网络主体在全球创新网络重要地位的关键。而我国对3D打印产业综合型和专业型人才培养力度不够，仅有少数高校和科研院所开设与3D打印技术相关的学科，促进学科交叉融合的平台或研究中心也较少。在全球创新网络中，人才是知识共享得以实现的关键，我国3D打印产业领军人才匮乏、研发人才存在较大缺口，对我国3D打印企业融入全球创新网络是十分不利的。

3. 我国中小型3D打印企业融资较为困难

据前文第五章第二节分析可知，我国大型3D打印企业融资情况相对较好，中小企业进行融资较为困难，企业通过境内外上市、发行非金融企业债务融资工具等方式进行直接融资情况较少，国家针对3D打印产业的贷款公司进行政策性金融支持较少，知识产权质押融资等信贷产品创新也较为少见。通过提高金融服务可获性水平，促进金融机构参与到企业研发过程中与企业共同承担风险，3D打印企业可以更容易获取研发资金提高创新能力进而有效融入全球创新网络，本书第五章第四节金融服务可获性对产业绩效影响的实证研究结果验证了以上观点。因而，改善我国中小型3D打印企业融资困难局面，并提高3D打印产业金融服务可获性水平，是我国3D打印企业融入全球创新网络的重要保障。

4. 我国对 3D 打印产业基础性研究的研发投入相对较小，政府采购扶持力度不够

从笔者对 3D 打印产业研发投入数据采集过程可以发现，现阶段，我国对 3D 打印产业基础性研究的支持仍相对较少，如 2017 年科技部发布"增材制造与激光制造"重点专项 2018 年度项目申报指南建议中明确提出支持 3D 打印前沿基础研究只有一项（"基于增材制造的智能仿生结构设计技术"），而支持 3D 打印技术示范应用类研究多达十几项。可见，我国仍需加强对 3D 打印基础研究的重视。同时，基于第三章第三节对 3D SYSTEMS 公司进行案例分析所得启示可知，政府采购支持的稳定的销售收入能够保证企业加大创新投资并提升技术创新能力，对于 3D SYSTEMS 公司融入全球创新网络并实现技术提升有一定的促进作用。而我国政府采购方面对 3D 打印企业的支持非常少，仅有的支持主要集中于学校采购一些实验室设备等，规模相对较小，缺乏像美国政府对 3D SYSTEMS 公司这类长期稳定的采购支持。因此，我国对 3D 打印产业基础性研究的研发投入相对较小，政府采购扶持力度较弱对于我国 3D 打印企业提高创新能力并有效融入全球创新网络是十分不利的。

5. 美国对我国制造业技术交流设限、对全球化技术网络阻隔不利于我国 3D 打印企业融入全球创新网络

科技的发展既利于国家经济发展，又可巩固国家的安全地位。因而，便出现以往中美经贸关系中技术交流与合作频繁进行，而今美国对华技术进出口呈现步步紧逼的态势。近年来，美国总统唐纳德·特朗普反对全球化并称要把制造业移回美国，美国对全球化制造业技术网络进行阻隔，导致现有 3D 打印产业全球创新网络的格局逐渐被打破，同时，新的创新网络格局也逐渐形成。现有的国际形势不利于我国 3D 打印企业融入已有的 3D 打印产业全球创新网络，进行技术合作，与网络企业优势互补，实现互利共赢并发挥协同效应。

第二节　推进我国 3D 打印企业融入全球创新网络对策建议

根据本书第七章第一节中我国 3D 打印企业融入全球创新网络进程中所存在的问题，本书因地制宜地提出以下对策建议。

一　大力推进 3D 打印产业技术创新

大力推进 3D 打印产业技术创新，实现技术高端突破，是我国 3D 打印产业融入全球创新网络的关键所在。《中国制造 2025》是我国实施制造强国战略的第一个行动纲领，在《中国制造 2025》规划中，智能制造作为主攻方向和突破口（3D 打印被列为关键技术之一），是解决我国制造业由大变强的根本路径。[①] 基于第三章第三节对全球 3D 打印产业发展现状分析发现，我国在 3D 打印核心技术领域方面仍存在较大的发展空间，在 3D 打印机中的激光器等关键器件上，仍然对国外依赖较大。同时，基于本书第七章第一节分析可知，我国对 3D 打印产业基础性、前沿性研究的关注度还不够，产业核心技术研发水平较低，激光器、振镜、软件系统等核心部件大部分还需从国外采购，这说明我国自主创新能力不足，亟须大力推进 3D 打印产业技术创新。核心技术是一个产业存在和发展的根本，没有核心技术，即使融入全球创新网络中，企业也是处于边缘位置，无法获得网络主导地位企业所获取的资源和信息。因此，真正的核心技术不应通过引进或购买获取，我国 3D 打印企业应通过自主发展，致力于核心技术攻关，实现真正深入地融入全球创新网络并占据核心网络位置。同时，也需注重通过加强示范推广应用将先进的科技成

[①] 周济：《智能制造——"中国制造 2025"的主攻方向》，《中国机械工程》2015 年第 26 期。

果进行转化,这样才能提高产业发展的总体水平。加强核心技术研发具体包括对关键共性技术（如突破高性能材料研发与制备、产品设计优化等）、专用装备（如激光/电子束高效选区熔化装备等）、核心器件（如高光束质量激光器及光束整形系统等）及软件和专用材料（如金属材料、生物材料等）等方面的技术研发。

加强我国3D打印产业的核心技术研发,推进科技成果转化,提升产业创新能力,加强创新研发平台建设并形成完善的3D打印产业创新体系尤为重要,是前提也是基础。通过加强创新研发平台建设,吸引高端专家团队,完善实验条件,可有效提高核心技术研发水平,成为自主创新的重要引擎。完善的产业创新体系可以推动产、学、研合作,使高校、科研机构开展的研究与企业需求有机结合,使高校科研机构的前瞻性科研成果有效应用到企业中。因此,搭建有效的3D打印产业创新研发平台和建设完善的3D打印产业创新体系,是加强3D打印产业核心技术研发,进行科技成果转化,提升产业创新能力的有效手段。综上所述,本书提出以下对策建议。

第一,完善国家3D打印创新研发中心运行机制,建设省级3D打印创新研发中心。

基于本书第二章第三节研究结论,3D打印研究院所,如创新研发中心等是3D打印产业全球创新网络中重要的组成部分。因此,我国应借鉴美国产学研融合的先进制造创新研究中心运行机制[1],不断完善3D打印创新研发中心的运行机制和发展模式。在融资方式上,早期由政府出资一部分,后期由创新研发中心自己持续发展;在治理模式上,实行以董事会为核心的商业治理模式;在项目运作上,聚焦3D打印技术前沿,贴近产业要求,按照市场需求来决定项目支持。同时,积极推进有产业基础、技术条件的地区协同规划,建设省级3D打印产业创新研发中心,并支持和推动国家3D打印创新研

---

[1] 马骏、张文魁:《美国制造业创新中心的运作模式与启示》,《发展研究》2017年第32期。

发中心在有条件的省份设立分中心。

第二，鼓励我国有实力的 3D 打印企业建立海外研发中心。

基于本书第六章第四节研究结论，组织、人员和市场的国际化均对提高企业绩效有正向影响。因此，应鼓励我国具有优势的 3D 打印企业建立海外研发中心，在全球范围内优化配置创新资源。政府应给予简化相关审批手续、加强海关物流等配套支持、健全完善知识产权境外维权援助体系和便利科技人员进出交流机制等相关政策支持。同时，我国 3D 打印企业在建立海外研发中心时，要兼顾企业内部条件（自身的技术实力、国际化经验、东道国经验）和外部环境（东道国的法律法规、东道国和企业母国之间的文化差异）两方面因素，合理选择海外研发中心的建立方式，构建全球研发体系，提升自主创新能力。

第三，有效利用全球创新链和产业链。

有效地融入 3D 打印产业全球创新链和产业链，可使全球 3D 打印供应商的技术纳入我国 3D 打印产业的技术体系中，补充企业技术缺口，形成技术协同效应和技术组合优势，促进企业突破性创新。基于本书第三章第四节研究结论，3D 打印产业全球产业链和价值链的分析，发现我国部分 3D 打印企业仍处在产业链网络的边缘位置。因此，我国政府应有效引导 3D 打印企业融入全球创新链和产业链，可出台如下政策：打造 3D 打印企业国际化发展信息服务平台（提供境外投资解读、产业动态等信息）、优化金融服务（开设跨国并购基金、国际风险投资基金等）和开展 3D 打印产业跨境撮合活动（赴境外走访洽谈、对接国外知名 3D 打印企业）等。通过深入地融入全球创新链和产业链，我国 3D 打印企业可提升在全球价值链中的竞争力。

第四，对接全球网络中的价值链，推进我国 3D 打印企业向价值链高端转型。

基于本书第三章第三节研究中对国际领先 3D 打印企业的案例分析结论，本书提出推动我国 3D 打印企业同全球网络中的价值链对接，并逐步推进我国3D打印企业向价值链高端转型。首先，我国3D打印企业应积极扩展全球联系，并与全球3D打印产业网络衔接。积极与国际领先公司如3D SYSTEMS、EOS等合作，在合作过程中，通过提供、收获信息、知识和技术，提高本企业的技术能力。其次，我国3D打印企业可利用良好的产业基础，形成产业配套条件，吸引国际价值链的顶尖企业进入我国3D打印产业创新网络中。在此过程中，我国3D打印企业可积极为先进公司提供相应的技术和资金支持，并与先进公司联系与互动，承接先进技术并拓展国际销售渠道。再次，我国3D打印企业应提升自身价值创造能力。可通过不断调整企业在国际市场的技术战略、市场战略、产品战略，对国际市场的新需求快速进行反馈，提升价值创造能力。最后，要多维度提升企业创新能力，多渠道提升企业技术水平，避免受到领先公司对我国3D打印企业价值链升级的打压和阻碍，着力推进我国3D打印企业向价值链高端转型。

二 加快培养和引进产业研发和领军人才

加快培养和引进产业研发和领军人才，是我国3D打印企业融入全球创新网络的根本保障。基于前文分析可知，我国3D打印产业研发和领军人才匮乏。因此，针对加快培养和引进产业研发和领军人才的相关举措，本书提出两个方面的政策建议：一是培养和引进产业研发和领军人才的政策建议；二是推进我国3D打印产业研发人员融入全球创新网络的对策建议，具体内容如下。

1. 加快培养和引进产业研发和领军人才

产业创新领军人才对于产业创新和综合竞争力提高等方面的作用十分重要，优秀的国际创新领军人才对于3D打印公司嵌入全球创新网络具有重要的推动作用。3D打印制造时代，全球制造业呈现分布式、网络化和扁平化的特征，需要加快对3D打印制造产业发展领军人才、复合型人才和研发人员的培养和引进，提高产业的自主创新能力。在这种背景下，对培养3D打印产业领军人才以及专业性人才的教育体系提出了更高的要求。据此本书提出培养3D打印人才相关建议。

第一，扩大3D打印产业相关专业人才培养规模，推进产学合作协同育才。依托已有的3D打印优势高校和科研机构，建立健全3D打印人才培养体系，积极开展高校教师的3D打印知识培训，支持在有条件的高校设立3D打印课程、学科或专业，鼓励院校与企业联合办学或建立3D打印人才培训基地。具体来看，应加强对师资队伍、课程设计、实验室等相关硬件设施等方面的配套支持，如将3D打印技术应用正式编入大学、科研院所、技术院校等相关专业等。同时，还应深化校企合作，培育人才。促进3D打印企业与高校建立产学研教学实习基地，与众多学校合作，为3D打印行业人才培养输送大批3D打印设备以及提供强有力的技术服务支持，形成产、学、研、用为一体的解决方案，为学生提供理论和实践新型教学模式。建立与3D打印产业发展需求相适应的人力资源管理体系。

第二，加大海外3D打印技术、经营领军人才引进力度，建立和完善人才评审和激励机制。利用国家千人计划，从海外引进一批3D打印高端领军人才和专业团队。在引入海外3D打印技术或经营方面领军人才和专业团队时，应当注重其本人在国际3D打印领域的声誉等，在3D打印领域是否有过重大贡献，同时还应该考量其是否具有特殊专长和解决实际问题的能力。对于3D打印技术或经营方面的领军人才评审，应由国内一流专家组成国家级的评审委员会，下面设置多门类专家组，对拟引进人才严格把关。同时，相关部门应落实3D打印领域领军人才或高层次科研人员科技成果转化的股权、期权激励和奖励等收益分配政策。

第三，鼓励国内外3D打印人才自由流动，为国内中青年技术人才提供到海外学习深造的机会。3D打印产业全球创新网络影响因素的实证研究结果表明，人才流动对3D打印企业创新合作、有效融入全球创新网络并带领企业走向成功具有一定促进作用，尤其是领军人才、专业人才对于企业竞争力的提升作用更为显著。因此，应鼓励国内外3D打印人才自由流动,通过筛选合格的3D打印技术人才派驻合作方学习,派驻人员除了具备较高的技术能力,还必须熟练掌握外语,只有这样才能将各类知识有效传递给我国企业。3D打印企业可根据不同的学习内容派遣不同的技术人员保证学习效果,定期调换派遣人员,使企业内更多技术人员有学习的机会,加强企业技术储备。

2. 推进我国3D打印产业研发人员融入全球创新网络

3D打印企业融网意愿对企业绩效影响的实证研究结果表明,企业融网意愿对企业绩效有一定的促进作用。企业融入全球创新网络是希望通过获取外部知识来提高自身的创新能力,获取资源仅仅是手段,对于知识的学习消化才是关键,融入全球创新网络的主观意愿是中国企业融入全球创新网络并实现有效资源共享和知识吸收的先决条件,也决定了中国3D打印企业在全球创新网络中对于先进技术吸收消化的质量,因此,推进我国3D打印产业研发人员融入全球创新网络首先应提高我国3D打印产业研发人员融入全球创新网络的意愿,提高对经济科技全球化的支持态度。

同时,我国3D打印产业研发人员在融入全球创新网络时,发生国际技术转移或创新合作时,还需建立真正开放的合作意识,加强信任。全球创新网络的良好运行需要各网络主体加强相互信任。笔者在参加国内举办的3D打印技术领域学术研讨会进行问卷调查期间,与被调查者交流的过程中,发现国内外创新企业为了保护自己的技术优势,还存在封闭的创新思想,仅将非核心的、少量的技术进行共享,这必然会影响合作方合作的积极性,从而损害到网络主体获取知识资源的效率。因此,我国3D打印企业在合作初期应该明确哪些技术可以共享,哪些技术需要保密。企业明确了合作的目的,对于自己希望保有的细分市场,可以严格防止技术外泄;而对于那些虽然有些成果,但营利性不高的技术,或已经达到技术瓶颈的知识则应进行完全合作。消除企业顾虑,给予合作企业一定的信任,才能够做到开放合作。企业可以采取定期交流、及时沟通等方式,提高透明度，及时解决出现的问题，消除误会与隔阂，良好的信誉可使合作进入良性循环，带来更多的信任，更有利于全球创新网络发展运行。

三 提高金融服务可获性水平

提高金融服务可获性水平，是我国3D打印企业融入全球创新网络的有效途径。我国大型3D打印企业融资情况相对较好，中小企业进行融资较为困难，应提高金融服务可获性水平满足企业融资需要，即通过大力拓宽3D打印企业的融资渠道，引导社会相关资金投向3D打印产业。本书实证分析结果表明，提高金融服务可获性水平对于我国提高3D打印产业绩效，促进3D打印企业快速融入全球创新网络并占据网络中心地位有着十分重要的作用。综上，对于提高金融服务可获性水平，本书提出以下对策建议。

第一，我国政府应配合金融机构建立和谐的国际金融环境。

通过吸引更多的国际金融机构进驻本地，提供更多的产品创新和金融服务，将为我国3D打印企业更好地融入全球创新网络提供有力保障。而吸引国际金融机构进驻本地的前提是需要建立和谐的国际金融环境。首先，我国政府应逐渐放开过度管制与干预，运用市场规律对金融市场进行调节。严格的金融监管必不可少，但金融的发展还需要在此基础上创造宽松的自由金融环境。其次，我国政府应当营造透明的法治环境。最后，应提高金融市场的国际化程度。我国金融市场需完善其结构和层次，丰富和扩大金融市场体系，具备较高程度的国际化，即人才的国际化、机构的国际化和制度的国际化。总体来看，我国政府和中央银行需合理引导投资者的投资行为，保证金融市场的稳定发展，同时应强化金融危机的预警机制，提高危机处理能力。要加强金融监管的国际协作，关注国际金融体系监管的改革和创新，为我国3D打印企业融入全球创新网络建立和谐的国际金融投资环境。

第二，引导国际金融机构支持3D打印产业的发展。

采取政策引导和市场化运作相结合的方式，引导金融机构支持3D打印产业。对于处在种子期的3D打印企业，政府可以给予一定的优惠政策，如设立专门的针对3D打印产业的贷款公司进行政策性金融支持。对于处在成长期的3D打印企业，资金需求量较大，政府可通过一定程度上降低准入创业板或者中小板的门槛，使其实现融资。对于处在成熟期的3D打印企业，金融机构可设计出相应的金融产品和提供相应的金融服务，如积极推进知识产权质押融资等信贷产品的创新等。

第三，鼓励符合条件的3D打印企业通过境内外上市，发行非金融企业债务融资工具等方式进行直接融资。

加大对企业的金融扶持和监管力度，支持符合条件的企业在中小板、创业板及境外公开发行并上市。同时，政府还应积极引导风险投资的发展。成熟的风险投资行业能够为3D打印企业提供稳定的资金来源，保证3D打印企业加大创新投资并提升技术创新能力。风险投资可以盘活3D打印中小企业或大公司流出的闲置项目，也有助于中小企业降低风险。

四 加大基础研究的财政扶持力度

加大对3D打印产业基础研究的财政支持力度和政府采购的扶持力度，是我国3D打印企业融入全球创新网络的重要支撑。我国对3D打印产业基础性研究的研发投入相对较小，政府采购扶持力度不够。因此，针对加大政府对3D打印产业基础研究的财政支持和政府采购的扶持力度，本书提出以下对策建议。

1. 加大对3D打印产业基础研究的财政投入力度

第一，协同国家科研计划开展3D打印技术的基础研究。增强3D打印产业基础研究投入力度的措施，可通过配合国家科研计划开展3D打印技术的基础研究。通过相关部门牵头制定3D打印基础研究科技战略，并细化开展基础研究的科研计划，推动国家实验室、企业研究中心等机构进行3D打印技术的基础性研究。通过产学研合作，加强科研机构的基础理论和企业等产业化部门在应用服务方面的有机结合。

第二，加大基础性研究的稳定性、持续性投入力度。针对3D打印技术中重点和核心领域的基础研究，鼓励3D打印科研院所和企业研发部门进行长期研究，加大基础性研究的稳定性、持续性投入力度。对于在3D打印技术领域有重大影响的、开展原创性自由探索的科研团队不仅给予长期稳定性支持，还需放开经费使用权的管制，使经费使用更加灵活。

2. 加大政府采购支持力度

实证分析结果表明增强政府采购先进技术产品力度是3D打印产业全球创新网络发展的有效途径，对于我国提高3D打印产业绩效有着十分重要的作用。将符合条件的3D打印技术或产品纳入"科技创新2030重大项目"支持范围，并纳入首台（套）重大技术装备保险补偿等政策，加大扶持力度。同时，我国政府应在3D打印产业相关产品采购时鼓励国内企业参与竞标，为国内企业创造更多盈利空间，现阶段我国3D打印企业技术实力较弱，政府可以鼓励企业与国外企业合作竞标。对于有些采购项目，可以着重购买一些中等技术水平产品，既降低了政府支出，又为比国外企业技术弱、成本低的国内企业创造机会，在客观上推动国外企业积极与国内企业合作，对国内3D打印企业融入全球创新网络也有一定的促进作用。

五 其他对策建议

1. 强化3D打印行业安全监管，发挥行业组织作用

知识保护指数对产业绩效影响的实证研究结果表明，提高对3D打印知识产权保护可提高产业绩效，知识产权保护代表了研发力度的一个方面，通过加大研究开发立法力度，3D打印企业可在安全的环境中健康快速发展，提高创新水平。同时，3D打印行业组织在国际顶尖3D打印企业融入全球创新网络进行研发合作过程中发挥较大的作用。行业组织进行标准体系、行业规则的制定和安全监管促进

了 3D 打印企业健康快速的发展，没有统一的标准规则和安全的行业环境，企业的创新发展在很大程度上受到制约，较低的企业竞争力谈不上与国际 3D 打印企业的研发合作，融入 3D 打印产业全球创新网络更是纸上谈兵。因此，良好的 3D 打印市场环境是我国 3D 打印企业融入全球创新网络的前提条件。对此，本书提出以下对策建议。

第一，强化 3D 打印行业安全监管。

第二，加强 3D 打印重大问题研究，编制年度产业发展报告，加强行业自律。

第三，建立健全 3D 打印计量体系、3D 打印标准体系和 3D 打印检测和认证体系。

2. 加强我国科技中介行业的国际化程度

中介结构对于 3D 打印公司嵌入全球创新网络具有重要的推动作用。中介机构在 3D 打印产业全球创新网络中起到重要的桥梁作用，因此，应促进我国中介机构的国际化发展，提高中介机构的国际化服务水平，使我国中介机构快速走向专业化、规模化、国际化的发展道路。中介机构加强自身的基础设施和能力建设，与我国 3D 打印企业搭建多种形式的交流平台，将为我国 3D 打印企业融入全球创新网络提供更有效的创新服务。

3. 建立 3D 打印产业专利联盟，健全其市场化运营机制

3D 打印产业专利联盟的建立，有助于形成 3D 打印企业单独研发所不具备的更多功能的专利并可以解决行业发展中如维权诉讼等诸多问题。[①] 因此，我国 3D 打印产业应建立专利联盟并健全其市场化运营机制。首先根据我国 3D 打印产业的特点和需求，找准产业专利联盟的定位并制定战略目标、组织体系和运营机制，促进行业知识产权更加有序、有效地发展。同时提升行业知识产权的创造、管

---

① 刘云、桂秉修、冉奥博等：《中国专利联盟组建模式与运行机制研究——基于案例调查》，《中国科学院院刊》2018 年第 33 期。

理和运营能力，并实现稳定收益，增强行业的国际知识产权竞争力。

4. 拓展国际市场内替代伙伴，重新布局3D打印产业全球创新网络

加大国内3D打印市场开拓力度。如前所述，我国3D打印企业必须加强自主创新，而自主创新需要一个庞大且自主的市场来支撑。依托大的市场，我国3D打印企业可以建立复杂的技术专业化模式，当国际经济交往受困时，有效应对国际市场波动带来的影响。积极拓展国际市场范围内的3D打印替代伙伴。我国广阔的3D打印市场可以为世界范围内更多的合作伙伴提供经济激励，通过与替代伙伴之间建立创新合作网络，实现技术合作，互利共赢。在替代伙伴的协作下重新布局3D打印产业全球创新网络，面对当前国际形势，我国3D打印企业应与联系密切的替代伙伴重新通过全球消费链、产业链与价值链布局全球创新网络。

结论与展望

本书首先对国内外全球创新网络的理论研究进行梳理，通过对 3D 打印产业全球创新网络进行概念界定，研究其要素构成、特征、形成动因和影响因素，以此为基础构建 3D 打印产业全球创新网络分析框架；以 EPO（Worldwide）数据库 3D 打印专利数据为研究对象，采用专利计量方法分析 3D 打印产业发展现状，采用社会网络和可视化方法研究 3D 打印产业全球创新网络特征；借鉴现有模型，构建 3D 打印产业全球创新网络影响因素理论分析模型，采用结构方程模型对研究假设进行验证；通过基于数据包络分析（DEA）的 Malmquist 指数模型测度不同经济体 3D 打印产业研发效率，再采用面板数据模型研究全球创新网络特征与 3D 打印产业研发效率和产业主营业务收入之间的关系；通过对融入全球创新网络的国内 3D 打印企业发放调查问卷，探讨 3D 打印产业全球创新网络特征对我国企业绩效的影响。在前述研究的基础之上，提出推进我国企业融入 3D 打印产业全球创新网络的对策及建议。主要研究结论与成果有以下几点。

1. 3D 打印产业全球创新网络分析框架

首先界定了 3D 打印产业全球创新网络的概念，基于创新生态系统理论，分析了 3D 打印产业全球创新网络的构成要素，全球创新网络构成要素主要包括国内外 3D 打印企业、国内外科研院所、国际中介机构、国际金融机构和国际非政府组织等；结合社会网络关系视角，将 3D 打印产业全球创新网络特征分为开放性、动态性、耦合性、价值性、协同性；系统研究 3D 打印产业全球创新网络形成动因，归纳如下：各国 3D 打印产业国际化发展政策和制度环境的引导作用；3D 打印企业应对研发风险、获取互补资源和实现互利共赢战略目标的推动作用；3D 打印创新资源的国际化流动的支持作用；全球经济科技一体化的趋势的促进作用和多边国际规则的促进作用；基于复杂系统、资源观和自组织理论，结合 3D 打印产业全球创新网络的特征对影响 3D 打印产业全球创新网络形成和发展的因素进行分析，从主体需求、资源流动和外部环境三个方面进行归纳，具体包括降低研发风险、获取互补资源、提升竞争力、实现协同发展、知识流动、人才流动、资本流动、经济全球化、稳定的政治环境和全球科技治理等影响因素，并以此为基础，构建 3D 打印产业全球创新网络 CIP 分析框架，该模型阐释了 3D 打印产业全球创新网络的理论基础，概括了三个分析维度，分别是 3D 打印产业全球创新网络特征研究（C）、3D 打印产业全球创新网络影响因素研究（I）及 3D 打印产业全球创新网络对产业绩效影响研究和对我国 3D 打印企业绩效影响研究（P），即"创新网络特征—网络影响因素—网络对绩效影响"（Characteristic - Influencing Factor - Performance，CIP）分析框架，为后续章节的研究工作提供理论和方法论指导。基于对 3D 打印产业全球创新网络相关理论的分析，本书将 3D 打印产业拓展为更宽泛的新兴产业，将新兴产业全球创新网络的内涵拓展为新兴产业全球创新网络是围绕新兴产业创新发展形成的全球范围的新兴产业创新主体、新兴产业创新要素、新兴产业创新制度之间建立的各类正式和非正式的跨国关联关系的总体结构。

2. 3D 打印产业全球创新网络特征

通过检索策略制定、数据库构建和分析方法选择，本书研究了 3D 打印产业全球创新网络特征。具体来看，首先对 3D 打印全球研发合作创新网络特征进行了分析，主要从整体网络特征、各网络主体网络地位分析、核心网络主体网络地位案例分析三个方面进行分析，然后对 3D 打印全球产业链和价值链网络特征进行分析，通过对网络发展模式分类后对主要企业网络地位进行研究，对产业链不同环节（上中下游）的网络特征进行分析，以把握不同国家在产业链上中下游网络中的位置。主要研究结论为以下七个方面：一是从全球3D打印产业的发展情况来看，全球3D打印产业规模呈快速增长态势，全球3D打印产业格局已基本形成了美、欧等发达国家和地区主导，亚洲国家和地区后起追赶的发展态势；3D打印产业专利的申请数量和国际合作数量均呈现出快速增长的趋势。二是从3D打印分技术领域发展情况来看，一些发达经济体在3D打印某些技术领域中仍面临重大技术难题；在快速发展的技术领域，以色列和意大利处于非常有利的地位；只有美国在3D打印的每个技术领域都具有一定的优势地位（除3D食品打印技术外），其他经济体在不同的子技术领域中都有较大的提升空间。三是从3D打印产业全球创新网络整体网络特征来看，3D打印产业全球创新网络密度逐渐增大，网络主体间联系增强且重要控制主体增多，网络向心趋势逐渐减小。四是从各网络主体在3D打印产业全球创新网络地位来看，随着时间的推移，直接合作广度在不断加深，间接合作广度先增强后减弱；网络主体3D SYSTEMS，STRATASYS LTD和EOS在3D打印产业全球创新网络中占有重要位置，但与其他网络主体的差距在不断缩小。五是通过对核心网络主体案例研究得到关键节点企业融入创新网络实现技术提升的创新举措，主要举措包括加大创新投资、政府采购支持、促进风险投资行业建立开放的产权交易市场、集中力量发展核心竞争力、构建全球性研发网络、提高科技中介行业的国际化程度和聘用优秀的国际创新领军人才等，这些举措为中国3D打印企业融入全球创新网络实现技术追赶提供参考。六是从3D打印全球产业链和价值链创新网络来看，发展模式分为两种——垄断企业主导的产业链和价值链网络模式，以及竞争企业共生的产业链和价值链网络模式。不同发展模式的网络特征存在差异。前者的主导企业在3D打印产业链创新网络中具有最大的度数中心性和中介中心性、最小的接近中心性，表明其是各企业的中介者和协调人，它通过设立行业标准、控制核心技术等多种方式，组织和协调各节点企业完成整个产业链的协同创新。后者大部分企业的中心性指标数值相差较小，每个网络节点企业都为整个网络的创新贡献力量。七是通过对产业链不同环节（上中下游）的网络特征进行分析，发现我国在耗材研发制造创新网络层创新网络和设备研发制造层创新网络中，网络地位相对较好，虽不处在网络核心支配位置，但具有一定的技术中介桥梁作用。而在辅助支撑层网络中，我国由于软件和扫描仪研发力量薄弱，尚无国际合作专利，因而没有在合作网络中出现。

3. 3D打印产业全球创新网络影响因素研究

首先基于复杂系统理论等多个理论视角，对3D打印产业全球创新网络的影响因素进行识别；然后借鉴现有模型，构建3D打印产业全球创新网络影响因素理论分析模型，基于271份有效调查问卷数据，采用结构方程模型对研究假设进行验证；最后根据研究结果分析3D打印产业全球创新网络形成和演化的影响机制。主要研究结论如下：一是识别出影响3D打印产业全球创新网络形成和演进的影响因素：基于复杂系统等理论研究视角，结合预调研结果，本书识别出降低研发风险、获取互补资源、提升竞争力、知识流动、人才流动、资本流动、经济全球化、全球科技治理等影响因素；二是构建了3D打印产业全球创新网络影响因素理论分析模型：在3D打印产业全球创新网络形成与演进影响因素理论模型中，共包含三个部分：第一部分主要从主体需求、资源流动和外部环境三个主要变量整合分析3D打印产业全球创新网络形成和演进的影响因素，并探究三个主要变量各构成维度之间的关系。第二部分主要探究主体需求、资源流动、外部环境三个主要变量各构成维度对创新合作的影响作用关系，以及创新合作在三个主要变量的各构成维度与3D打印产业全球创新网络之间的中介作用。第三部分主要探讨主体需求、资源流动和外部环境三个主要变量各构成维度对3D打印产业全球创新网络的直接影响关系，研究3D打印产业全球创新网络形成与演进影响因素的作用机理。三是揭示了3D打印产业全球创新网络形成与演进影响因素的作用机理：外部环境因素（经济全球化和全球科技治理）是网络形成和演进的前提条件，通过影响网络主体需求和资源流动来影响3D打印企业的创新合作，进而影响3D打印产业全球创新网络的构建；网络主体需求因素（降低研发风险、获取互补资源和提升竞争力）对3D打印产业全球创新网络形成和演进影响最大，是网络形成和演进的根本动力；资源流动因素（知识流动、人才流动和资本流动）是网络形成和演进的推动因素。三类影响因素通过直接影响网络主体创新合作，进而影响3D打印企业间的创新合作关系，最终促使具有不同形态特性的3D打印产业全球创新网络形成。随着时间的推移，3D打印产业全球创新网络内网络主体合作和交流次数的增加，通过组织学习、知识转移、知识溢出等多种途径提高3D打印产业全球创新网络整体创新能力，推动创新资源丰富和高创新水平的3D打印产业全球创新网络不断演进。

4. 全球创新网络对不同经济体3D打印产业绩效影响

以前文下载的3D打印授权专利为数据基础，构建了3D打印产业34个主要经济体2009—2014年的合作创新网络，基于该合作网络计算出各个经济体的度数中心性、中介中心性、接近中心性、结构洞和聚类系数并作为网络特征指标，以3D打印产业主营业务收入和研发效率作为3D打印产业绩效的衡量指标，研究和测度了3D打印产业全球创新网络特征对主要经济体3D打印产业绩效的影响。研究引入研发效率作为产业绩效的主要衡量指标之一，这个指标的提出更能从根本上体现研发活动的管理和运行绩效，有助于揭示网络特征对于研发产出改善的根本原因。在此基础上，采用面板数据固定效应最小二乘模型来研究全球创新网络特征与研发效率和产业主营业务收入之间的关系，同时，本书使用了 SYS – GMM 回归模型检验前文模型估计的稳健性。实证研究结果验证了研究假设，研究结果表明一个处于高中心性水平的经济体意味着这个经济体的科学家们容易接触到新的知识，往往更容易形成较好的研究效果；同时，拥有丰富结构洞和较高聚类系数的经济体可以从其创新网络关系中获取和控制关键资源；全球创新网络度数中心性、中介中心性、结构洞和聚类系数对产业研发效率均有显著的相关性，可以认为，增强经济体在全球创新网络中的合作地位对于提高经济体产业绩效有促进作用；另外，提高金融服务可获性水平、加大知识产权保护力度和增强政府采购先进技术产品力度，是3D打印企业融入全球创新网络的有效途径，对于提高3D打印产业绩效有一定的促进作用。

5. 全球创新网络对我国3D打印企业绩效影响

综合运用因子分析、回归分析等研究方法对3D打印产业全球创新网络对中国企业绩效的影响进行实证研究。具体来看，首先构建3D打印产业全球创新网络对中国企业绩效影响模型并提出研究假设，通过向加入3D打印产业全球创新网络的国内3D打印企业发放问卷来收集数据，共发放调查问卷1919份，经过筛查、整理后的有效调查问卷347份，然后用实证分析全球创新网络结构特征、关系特征、融网意愿和融网能力各因素对企业绩效的影响，验证了概念模型提出的假设，研究结论表明：全球创新网络结构特征和融网意愿对于中国3D打印企业绩效提升有显著影响，全球创新网络关系特征中的互惠性因素对于中国3D打印企业绩效提升没有影响，而融网能力对于中国3D打印企业绩效提升有一定影响，但不及全球创新网络结构特征和融网意愿两个因素影响显著。

6. 推进我国3D打印企业融入全球创新网络的政策建议

基于上述研究结论，本书提出了推进我国3D打印企业融入全球创新网络的对策及建议。主要包括大力推进3D打印产业技术创新、加快培养和引进产业研发和领军人才、提高金融服务可获性水平、加大基础研究的财政扶持力度和发挥行业组织作用等几个方面的政策建议，以期为我国3D打印企业更快更好地融入全球创新网络提供政策建议。在大力推进3D打印产业技术创新方面包括完善国家3D打印创新研发中心运行机制，建设省级3D打印创新研发中心和建立政、产、学、研、用协同的3D打印创新体系，推进3D打印领域前瞻性、共性技术研究和先进科技成果转化两个方面建议。在加快培养和引进产业研发和领军人才方面包括扩大3D打印产业相关专业人才培养规模,推进产学合作协同育才,加大海外3D打印技术、经营领军人才引进力度,建立和完善人才评审和激励机制,鼓励国内外3D打印人才自由流动,为国内中青年技术人才提供到海外学习深造的机会;推进我国3D打印产业技术研发人员融入全球创新网络等建议;在促进金融机构的参与和中介机构的发展方面包括我国政府应配合金融机构建立和谐的国际金融环境,引导国际金融机构支持3D打印产业的发展,鼓励符合条件的3D打印企业通过境内外上市、发行非金融企业债务融资工具等方式进行直接融资,加强我国科技中介行业的国际化程度等建议;在加大基础研究的财政扶持力度方面包括加大政府稳定性、持续性投入力度,加大税收扶持力度,加大政府采购支持力度三个方面的建议;在发挥行业组织作用方面包括强化3D打印行业安全监管、加强3D打印重大问题研究,编制年度产业发展报告,加强行业自律、建立健全3D打印计量体系、3D打印标准体系和3D打印检测和认证体系三个方面的建议。

综上所述,本书构建了3D打印产业全球创新网络分析框架,对3D打印产业全球创新网络特征、3D打印产业全球创新网络形成与演进影响因素、3D打印产业全球创新网络特征对各经济体产业绩效影响和对我国3D打印企业绩效等问题开展了大量研究,并取得了预期研究成果。但由于研究能力、研究条件及时间限制,还存在不足之处,有待进一步完善。

(1) 技术领域背景知识薄弱,需要依靠专家意见。本书研究的产业为3D打印产业,笔者的学科背景为应用经济学,对制造业相关领域所知甚少,在研究过程中需要进行大量背景知识的学习。除此之外,在进行3D打印技术专利检索过程中,为保证数据的全面可靠性,笔者所在课题组还邀请多位专家对技术领域进行分类并给予相关检索式建议。

(2) 全球创新网络类型较多,笔者在充分进行市场调研和学术探讨后,基于数据的可获取性和产业的发展现状,对在3D打印产业中应用实践较好的两种 3D 打印产业全球创新网络进行了细致的描述。随着 3D 打印企业数量和规模的不断壮大，3D 打印全球创新网络不断发展，应用类型也会不断拓展，笔者将对 3D 打印产业全球创新网络的更多类型进行拓展研究。

（3）案例分析类型需拓展。本书中案例选取主要为 3D 打印国际顶尖企业，如美国的 3D SYSTEMS 公司和 STRATASYS LTD 公司等，大型企业，如德国 EOS 公司及中型企业，如比利时的 Materialise 公司，尚未针对小型 3D 打印企业进行详细分析。主要原因为小型企业很少参与到 3D 打印产业全球创新网络中，根据现有数据无法对其进行全球创新网络特征的描述。随着 3D 打印产业发展，全球创新网络不断发展，越来越多的小型企业加入后，可增加对小型 3D 打印企业全球创新网络特征的描述，这样可以更为准确、全面地刻画 3D 打印产业全球创新网络的发展规律。

附 录

附录一 3D打印产业专利检索策略

本文基于改进的词汇查询方法和确定的3D打印学科分类,综合专家多轮讨论的意见,首先确定分领域的中英文关键词;然后基于Web of Knowledge的逻辑运算规则,利用逻辑连接符(OR、AND)确定各子技术领域的检索策略。

(1) 固化技术子领域的检索策略

中文关键词:3D、打印、快速成型、自由成型、光固化成型、立体光刻成型、树脂涂层技术、立体光固化、数字光处理、光束干涉固化、超声波固结。

英文关键词:3D、three dimensional、rate forming、stereo*、print*、rapid prototyp*、Rapid Manufactur*、freeform fabricat*、Stereo lithigraphy Apparatus、Stereo lithigraphy、stereolithography、Stereo Lithography、Stereo lithography Appearance、Digital Light Processing、Beam Interference Solidification、Ultrasonic Consolidation、SLA、SL。

检索式:TS = (" Stereo lithigraphy Appara*" or " Stereo lithigraphy" or " stereolithography" or " Stereo Lithography" or " Digital Light Processing" or " Beam Interference Solidification" or " Ultrasonic Consolidation" or " SLA" or " SL" and ((" 3D" or " three dimensional" or " stereo*") or (" print*" or " rapid prototyp*" or " rate forming" or " Rapid Manufactur*" or " freeform fabricat*")))。

(2) 激光烧结技术子领域的检索策略

中文关键词：3D、打印、快速成型、选择性激光烧结、金属粉末烧结技术、激光工程化净成形、激光熔覆技术、直接金属激光烧结、直接金属粉末激光烧结、选择性热烧结、电子束熔化成型、电子束烧结快速成型、选区激光熔化成型。

英文关键词：3D、three dimensional、rate forming、Layer* manufactur*、Laser Sinter*、Layered Form*、Laser Rapid Forming、Selective Laser Sintering、SLS、ceramic powder sintering technology、Laser Engineered Net Shaping、laser cladding、LCRM、Direct metal laser sintering、DMLS、SLM、Selective heat sintering、Electron beam melting、Electron beam sintering、EBM、Selective Laser Melting。

检索式：TS = (" Selective Laser Sintering" or " Metal powder sintering technology" or " Laser Engineered Net Shaping" or " laser cladding" or " Direct metal laser sintering" or " Beam Interference Solidification" or " Selective Laser Melting" or " Selective heat sintering" or " Selective Laser Sintering" or " Metal powder sintering technology" or " plastic powder sintering technology" or " ceramic powder sintering" or " Laser Engineered Net Shaping" or " Layer* manufactur*" or " Laser Sinter*" or " Layered Form*" or " Laser Rapid Forming" or SLS or LCRM or DMLS or SLM or EBM and ((" 3D" or " three dimensional" or " stereo*") or (" print*" or " rapid prototyp*" or " rate forming" or " Rapid Manufactur*" or " freeform fabricat*")))。

（3）喷射粘结技术子领域的检索策略

中文关键词：3D、打印、快速成型、三维粉末粘接、粉末层喷头三维打印、直接壳型铸造工艺。

英文关键词：3D、three dimensional、powder、binder、spray headers、sprinkler head、blow head、nozzle、shell、cast*、found*、stereo*、print*、rapid prototyp*、Rapid Manufactur*、freeform fabricat*、rate forming。

检索式：TS = (((powder and (bind* or bond)) or (powder

and ("spray head*" or "sprinkler head*" or "blow head*" or nozzle)) or (shell and (cast* or found*))) and (("3D" or "three dimensional" or "stereo*") or ("print*" or "rapid prototyp*" or "Rapid Manufactur*" or "freeform fabricat*"))).

(4) 线材熔化粘结技术子领域的检索策略

中文关键词：3D、打印、快速成型、线材、熔融沉积快速成型、熔融挤压成形、熔融喷射成形、融化压模、快速反应制造。

英文关键词：3D、three dimensional、stereo*、print*、rapid prototyp*、Rapid Manufactur*、freeform fabricat*、rate forming、fusi*、liquate、melt*、deposit*、sludging、sedimentation、extrasion、extru*、squeeze、mouthpiece pressing、spray、jet、inject*、spurt、eject*、mould*、quick、fast、rapid、response、recation、fabrica*、manufactur*、wire、rod、coil。

检索式：TS = ((((fusi* or liquate or melt*) and (deposit* or sludging or sedimentation or extrasion or extru* or squeeze or "mouthpiece pressing" or spray or jet or inject* or spurt or eject* or mould* or wire or rod or coil)) or ((quick or fast or rapid) and (response or recation) and (fabrica* or manufactur*))) and (("3D" or "three dimensional" or "stereo*") or ("print*" or "rapid prototyp*" or "Rapid Manufactur*" or "rate forming" or "freeform fabricat*"))).

(5) 丝材熔化粘结技术子领域的检索策略

中文关键词：3D、打印、快速成型、熔丝制造、熔丝沉积制造、快速反应制造、丝材、熔融沉积快速成型、熔融挤压成形、熔融喷射成形、融化压模。

英文关键词：3D、three dimensional、stereo*、print*、rapid prototyp*、Rapid Manufactur*、freeform fabricat*、rate forming、fusi*、liquate、melt*、deposit*、sludging、sedimentation、extrasion、extru*、squeeze、mouthpiece pressing、spray、jet、inject*、spurt、eject*、mould*、quick、fast、rapid、response、recation、fabrica*、manufactur*、silk、filum、fila*。

检索式：TS = ((((fusi* or liquate or melt*) and (deposit* or sludging or sedimentation or extrasion or extru* or squeeze or " mouthpiece pressing" or spray or jet or inject* or spurt or eject* or mould* or silk or filum or fila*)) or ((quick or fast or rapid) and (response or recation) and (fabrica* or manufactur*))) and ((" 3D" or " three dimensional" or " stereo* ") or (" print* " or " rapid prototyp* " or " Rapid Manufactur* " or " rate forming" or " freeform fabricat* ")))。

(6) 粉末/粒状材料熔化粘结技术子领域的检索策略

中文关键词：3D、打印、快速成型、粉末、颗粒，熔融沉积快速成型、熔融挤压成形、熔融喷射成形、融化压模、快速反应制造。

英文关键词：3D、three dimensional、stereo*、print*、rapid prototyp*、Rapid Manufactur*、freeform fabricat*、rate forming、fusi*、liquate、melt*、deposit*、sludging、sedimentation、extrasion、extru*、squeeze、mouthpiece pressing、spray、jet、inject*、spurt、eject*、mould*、quick、fast、rapid、response、recation、fabrica*、manufactur*、powder、granule。

检索式：TS = ((((fusi* or liquate or melt*) and (deposit* or sludging or sedimentation or extrasion or extru* or squeeze or " mouthpiece pressing" or spray or jet or inject* or spurt or eject* or mould* or powder or granule)) or ((quick or fast or rapid) and (response or recation) and (fabrica* or manufactur*))) and ((" 3D" or " three dimensional" or " stereo* ") or (" print* " or " rapid prototyp* " or " Rapid Manufactur* " or " rate forming" or " freeform fabricat* ")))。

(7) 板材层合技术子领域的检索策略

中文关键词：3D、打印、快速成型、分层实体制造、气相沉积成型、离散/堆积成形、超声波焊接成型、实体自由成型。

英文关键词：3D、three dimensional、stereo*、print*、rapid prototyp*、Rapid Manufactur*、freeform fabricat*、rate forming、Laminated Object Manufacturing、LOM、selective area laser deposition、SALD、Dispersed Forming、Accumulated Forming、Ultrasonic welding、UW、solid freeform fabrication。

检索式：TS = ("Laminated Object Manufacturing" or " selective area laser deposition" or " Dispersed Forming" or " Accumulated Forming" or " Ultrasonic welding" or " solid freeform fabrication" or(((" 3D" or " three dimensional" or " stereo*") or (" print*" or " rapid prototyp*" or " Rapid Manufactur*" or " rate forming" or " freeform fabricat*")) and (" LOM" or " SALD" or " UW")))。

(8) 3D 生物打印技术子领域的检索策略

中文关键词：3D、打印、快速成型、离散堆积成型、直接制造、快速制造、个性化制造、生物相容性、生物降解性、活细胞堆积成型、器官。

英文关键词：3D、three dimensional、stereo*、print*、rapid prototyp*、Dispersed Forming、Accumulated Forming、Rapid Manufactur*、direct manufactur*、fabricat*、Personalized manufactur*、biocompatibility、biodegradability、Living cells forming、apparatus。

检索式：TS = ((("direct" or" Personalized" or " rapid") and (" manufactur*" or " fabricat*")) and (" biocompatibility" or "biodegradability" or " Living cells forming" or " cells" or " apparatus") and (" 3D" or " three dimensional" or " stereo*" or " print*" or " rapid prototyp*" or" Dispersed forming" or " Accumulated forming")).

(9) 3D 食品打印技术子领域的检索策略

中文关键词：3D、打印、快速成型、液化原料、液体原料、粉末原料、食品打印、喷头注射。

英文关键词：3D、three dimensional、stereo*、print*、rapid prototyp*、Rapid Manufactur*、liquid charging stock、Liquefaction of raw materials、powder raw materials、powder feedstock、food、sprinkler、inject*。

检索式：TS = (((("liquid" or "Liquefaction" or "Liquefaction") and ("stock" or "feedstock" or "raw materials")) or ("food" and "3D")) and ("3D" or "three dimensional" or "stereo*" or "print*" or "rapid prototyp*" or "Rapid Manufactur*" or "sprinkler" or "inject*"))。

附录二　3D 打印产业全球创新网络影响因素调查问卷

尊敬的专家，您好！

非常感谢您在百忙中拨冗填写这份调查问卷。本调查问卷旨在了解 3D 打印产业全球创新网络的影响因素。用于本人论文关于 3D 打印产业全球创新网络形成与演进影响因素的实证研究，请您予以大力支持。本次调查采用匿名填写方式，问卷内容不涉及企业的商业机密问题，所获信息也不会用于任何商业目的，请您放心填写。

注意事项：

为了您更顺利准确地填写问卷，请您仔细阅读以下关于本问卷中主要术语解释，这对确保问卷质量十分重要。

全球创新网络：全球创新网络由全球创新企业、高校科研院所、非政府组织、金融机构、中介机构及其他相关供应商和用户多个主体共同组成，是一种开放型网络。

如果方便的话，请您填写个人信息，以便今后的持续沟通及成果共享！谢谢！

如有任何有关问卷的疑问，请您联系：白旭　联系电话：18811522567

E-mail：BX0723@126.COM

受访者基本信息和联系方式

姓名		工作单位	
职位		职称	
电话		Email	
联系地址与邮编			

题项描述	请在您认为的水平上打√
降低研发风险	非常不同意——非常同意
	1　2　3　4　5
贵企业（您认为3D打印企业）需减少因面临重大技术困难而导致研究工作失败风险	
贵企业（您认为3D打印企业）需减少技术开发尚处在研究过程中，已经由其他人成功研究出同样的技术的研发风险	
贵企业（您认为3D打印企业）需减少所开发的技术变化不可预测风险	
贵企业（您认为3D打印企业）需减少开发的技术是产业前沿所带来的研发风险	
获取互补资源	非常不同意——非常同意
	1　2　3　4　5
贵企业（您认为3D打印企业）需要与全球创新网络中在3D打印材料或技术方面和本企业互补性很强的主体合作	
贵企业（您认为3D打印企业）需要与全球创新网络中在人力资源素质方面和本企业互补性很强的主体合作	
贵企业（您认为3D打印企业）需要与全球创新网络中在资金成本方面和本企业相差悬殊的主体合作	
贵企业（您认为3D打印企业）需要与全球创新网络中在实物设备方面和本企业相差悬殊的主体合作	
提升竞争力	非常不同意——非常同意
	1　2　3　4　5
贵企业（您认为3D打印企业）有拥有具备领先研发能力的研发团队的需求	

续表

提升竞争力	非常不同意——非常同意					
	1	2	3	4	5
贵企业（您认为3D打印企业）有拥有优质供应商网络资源、3D打印原材料成本可控且具备优势的需求					
贵企业（您认为3D打印企业）有拥有潜在客户资源和成熟销售网络的需求					
贵企业（您认为3D打印企业）有具备良好融资平台、资金管理能力强的需求					

知识流动	非常不同意——非常同意				
	1	2	3	4	5
您认为3D打印材料制备方法相关知识可在全球创新网络内流动					
您认为3D打印关键技术相关知识可在全球创新网络内流动					
您认为3D打印生产的工艺流程相关知识可在全球创新网络内流动					
您认为3D打印材料性能相关知识可在全球创新网络内流动					

人才流动	非常不同意——非常同意				
	1	2	3	4	5
您认为3D打印产业领军人才可在全球创新网络内流动					
您认为3D打印企业高层管理者可在全球创新网络内流动					
您认为3D打印产业研发技术人员可在全球创新网络内流动					

资本流动	非常不同意——非常同意				
	1	2	3	4	5
您认为3D打印产业商业资本可在全球创新网络内流动					
您认为3D打印产业借贷资本可在全球创新网络内流动					
您认为3D打印产业银行资本可在全球创新网络内流动					

续表

经济全球化	非常不同意——非常同意				
	1	2	3	4	5
您认为3D打印产业生产国际化程度较高					
您认为3D打印产业国际贸易迅速增长					
您认为3D打印产业国际市场范围扩大					
全球科技治理	非常不同意——非常同意				
	1	2	3	4	5
您认为3D打印材料制备、软件开发和工艺流程方面的科技成果交易具有统一的国际规则					
您认为3D打印知识、人才和资本资源在全球范围内合理配置					
您认为3D打印材料制备、软件开发和工艺流程方面的科技成果全球范围内的科技活动主体间共享					
创新合作	非常不同意——非常同意				
	1	2	3	4	5
您认为3D打印企业与合作伙伴创新合作实现了降低研发风险目标					
您认为3D打印企业与合作伙伴创新合作实现了获取互补资源目标					
您认为3D打印企业与合作伙伴创新合作实现了提升竞争力目标					
3D打印产业全球创新网络形成和演进	非常不同意——非常同意				
	1	2	3	4	5
您认为3D打印产业全球创新网络密度增大					
您认为3D打印产业全球创新网络规模变大					
您认为3D打印产业全球创新网络主体交流频度增强					
您认为3D打印产业全球创新网络主体关系稳定性增强					

附录三　3D打印产业全球创新网络与企业绩效关系调查问卷

尊敬的专家，您好！

非常感谢您在百忙中拨冗填写这份调查问卷。本调查问卷旨在了解贵企业如何利用全球创新网络获取企业所需要的核心资源。用于本人论文关于3D打印产业全球创新网络对企业绩效影响的实证研究，请您予以大力支持。本次调查采用匿名填写方式，问卷内容不涉及企业的商业机密问题，所获信息也不会用于任何商业目的，请您放心填写。

注意事项：

为了您更顺利准确地填写问卷，请您仔细阅读以下关于本问卷中主要术语的解释，这对确保问卷质量十分重要。

全球创新网络：全球创新网络由全球创新企业、高校科研院所、非政府组织、金融机构、中介机构及其他相关供应商和用户多个主体共同组成，是一种开放型网络。

如果方便的话，请您填写个人信息，以便今后的持续沟通及成果共享！谢谢！

如有任何有关问卷的疑问，请您联系：白旭　联系电话：18811522657

E-mail：BX0723@126.COM

受访者基本信息和联系方式

姓名		工作单位	
职位		职称	
电话		Email	
联系地址与邮编			

一　企业一般信息

1. 贵企业所有制类型是（　　　）

　A. 国有独资　　B. 国有控股　　C. 民营企业

　D. 合资企业　　E. 外资企业　　F. 其他类型企业

2. 请根据3D打印产业特征选择贵公司规模（　　　）

　A. 微型企业（50人以下）　　B. 小型企业（51—100人）

　C. 中等企业（101—300人）　　D. 大型企业（301—500人）

　E. 特大企业（500人以上）

3. 贵企业所处的发展阶段（　　　）

　A. 初创阶段　　B. 投入阶段　　C. 成长阶段

　D. 成熟阶段　　E. 衰退阶段

二　测量量表部分

题项描述	请在您认为的水平上打√				
	非常不同意——非常同意				
网络中心性	1	2	3	4	5
企业在全球创新网络中处于支配地位					
在全球创新网络中，不同3D打印企业的合作研发过程都需要本企业参与才能实现					
在全球创新网络中，企业不需要依赖于其他3D打印企业便可以传递信息给其他网络主体					

续表

题项描述	请在您认为的水平上打√				
网络规模	少——多				
	1	2	3	4	5
全球创新网络中3D打印企业数量					
全球创新网络中高校科研院所数量					
全球创新网络中非政府组织数量					
全球创新网络中金融机构数量					
全球创新网络中咨询公司等中介机构数量					
关系强度	不频繁——频繁				
	1	2	3	4	5
贵企业与全球创新网络中其他3D打印企业交流频度					
贵企业与全球创新网络中高校科研院所交流频度					
贵企业与全球创新网络中非政府组织交流频度					
贵企业与全球创新网络中金融机构交流频度					
贵企业与全球创新网络中中介机构交流频度					
关系稳定性	短——长				
	1	2	3	4	5
贵企业与全球创新网络中其他3D打印企业的合作时间长度					
贵企业与全球创新网络中高校科研院所的合作时间长度					
贵企业与全球创新网络中非政府组织的合作时间长度					
贵企业与全球创新网络中金融机构的合作时间长度					
贵企业与全球创新网络中中介机构的合作时间长度					
互惠性	非常不同意——非常同意				
	1	2	3	4	5
企业与全球创新网络中其他3D打印企业之间是否相互交换本单位机密信息					
企业与全球创新网络中其他3D打印企业之间是否相互履行承诺					
即使有机会，企业与全球创新网络中其他3D打印企业之间也不会相互利用对方					
企业与全球创新网络中其他3D打印企业是否相互信任					

续表

题项描述	请在您认为的水平上打√
融网意识	非常不同意——非常同意 1　2　3　4　5
企业领导对于企业融入全球创新网络普遍持支持和理解态度	
企业全体员工对于企业融入全球创新网络普遍持支持和理解态度	
企业非常重视与国外3D打印企业开展实质性的国际合作	
企业领导具有海外工作或留学经历	
国际化创新战略	非常不同意——非常同意 1　2　3　4　5
在企业的整体战略规划中，国际化创新战略是重点考虑因素之一	
企业制定了长期的3D打印国际化创新战略	
企业能够有效执行3D打印国际化创新战略	
组织国际化	非常不同意——非常同意 1　2　3　4　5
企业拥有全球范围内经营的网络结构	
企业设立了较多的海外子公司	
企业设立了较多的海外办事处	
人员国际化	非常不同意——非常同意 1　2　3　4　5
企业外籍员工比例高于3D打印产业其他企业	
企业海外派遣人员比例高于3D打印产业其他企业	
企业高管中外籍人员比例高于3D打印产业其他企业	
资本国际化	非常不同意——非常同意 1　2　3　4　5
企业海外资产比例高于3D打印产业其他企业	
企业海外投资拥有股份比例高于3D打印产业其他企业	
企业外汇现金流量占现金流量比例高于3D打印产业其他企业	
企业开展跨国并购或投资活动	
市场国际化	非常不同意——非常同意 1　2　3　4　5
企业海外市场主营业务收入占总收入比例高于3D打印产业其他企业	

续表

题项描述	请在您认为的水平上打√				
市场国际化	非常不同意——非常同意				
	1	2	3	4	5
企业海外市场的全球分布相较于其他3D打印企业更合理					
企业拥有大量的海外商标					
企业开展有效的国际品牌推广					
企业绩效	非常不同意——非常同意				
	1	2	3	4	5
通过融入全球创新网络，企业申请了更多的3D打印专利					
通过融入全球创新网络，企业提高了新产品销售收入占总销售收入比例					
通过融入全球创新网络，企业提高了销售利润率					
通过融入全球创新网络，企业提高了成本费用率					

参考文献

中文文献

［英］J. D. 贝尔纳：《历史上的科学》，伍况甫等译，科学出版社1959年版。

［加拿大］C. 德布雷森：《技术创新经济分析》，王忆译，辽宁人民出版社1998年版。

［美］Cheng Hsiao：《面板数据分析》（第2版），北京大学出版社2005年版。

［美］Stigler，G. J.：《产业组织和政府管制》，潘振民译，上海人民出版社1996年版。

蔡坚、杜兰英：《协同创新网络嵌入影响企业绩效的机制与路径研究——基于知识协同的中介效应》，《工业技术经济》2013年第15卷第11期。

崔海云、施建军：《论开放式创新对企业创新绩效的影响——基于多维视角的研究综述》，《商业经济研究》2016年第10卷第2期。

崔新建、郭子枫、常燕：《跨国技术转移和扩散与国家创新能力的协整及因果关系检验》，《中国科技论坛》2014年第12卷第4期。

陈劲、童亮、戴凌燕：《中国企业R&D国际化的组织模式研究》，《科学学研究》2003年第21卷第4期。

陈波：《从人才流失到人才环流：一个理论模型》，《国际商务研究》2015年第13卷第5期。

陈武、常燕：《跨国技术转移和扩散对国家创新能力的作用机理及相关关系——来自中国的经验证据》，《科技管理研究》2015年第35卷第1期。

陈鸿鹰：《企业创新网络特征与技术企业绩效关系研究》，硕士学位论文，浙江大学，2010年。

陈燕和：《3D打印产业经济学分析》，《湖北师范学院学报》（哲学社会科学版）2013年第33卷第5期。

陈怡安：《国际智力回流：文献评述与展望》，《科技进步与对策》2014年第21卷第23期。

陈伟、冯志军、姜贺敏、康鑫：《中国区域创新系统创新效率的评价研究——基于链式关联网络DEA模型的新视角》，《情报杂志》2010年第29卷第12期。

成祖松：《国高技术产业转移趋势时空分析——基于1995—2015年中国高技术产业相关数据》，《科技进步与对策》2018年第12卷第2期。

邓丹：《3D打印产业发展探讨》，《中国科技成果》2014年第12卷第11期。

杜德斌、张仁开、祝影等：《上海创建国际产业研发中心的战略研究》，《科学学与科学技术管理》2005年第26卷第4期。

杜德斌、楚天骄：《跨国公司研发机构与本土互动机制研究》，《中国软科学》2006年第20卷第2期。

杜德斌、何舜辉：《全球科技创新中心的内涵、功能与组织结构》，《中国科技论坛》2016年第25卷第2期。

段德忠、杜德斌、谌颖等：《中国城市创新技术转移格局与影响因素》，《地理学报》2018年第12卷第4期。

樊威、谭龙：《企业技术创新国际化能力分析与测评体系的构建》，《科技政策与管理》2012年第15卷第4期。

范兆斌、苏晓艳：《全球研发网络、吸收能力与创新价值链动态升级》，《经济管理》2008年第22卷第11期。

范群林、邵云飞、唐小我：《结构嵌入性对集群企业绩效影响的实证研究》，《科学学研究》2015 年第 28 卷第 12 期。

冯烨、梁立明：《世界科学中心转移的时空特征及学科层次析因（上）》，《科学学与科学技术管理》2000 年第 21 卷第 5 期。

盖文启：《论区域经济发展与区域创新环境》，《学术研究》2002 年第 12 卷第 1 期。

何炳华：《基于社会网络分析的集群供应链资本、知识发展能力与创新绩效研究》，博士学位论文，上海大学，2013 年。

胡晓辉、杜德斌：《科技创新城市的功能内涵，评价体系及判定标准》，《经济地理》2011 年第 31 卷第 10 期。

黄鲁成、李阳：《国际 R&D 中心与北京的现状分析》，《科学学与科学技术管理》2004 年第 12 卷第 7 期。

黄亮、王馨竹、杜德斌等：《国际研发城市：概念、特征与功能内涵》，《城市发展研究》2014 年第 21 卷第 2 期。

黄新亮：《世界科技中心转移的三大动力机制探讨》，《经济地理》2006 年第 26 卷第 3 期。

侯杰泰、温忠麟、成子娟：《结构方程模型及其应用》，经济科学出版社 2004 年版。

纪晓丽：《我国 3D 打印产业的制约因素分析及应对策略探讨》，《经贸实践》2017 年第 18 卷第 1 期。

金玉然、鲁艺、于江楠：《3D 打印产业基地发展环境与对策研究》，《沈阳工业大学学报》（社会科学版）2016 年第 9 卷第 2 期。

金碚：《产业组织经济学》，经济管理出版社 1999 年版。

贾卫峰、楼旭明、党兴华：《技术创新网络内节点间知识流动适应性规则研究——CAS 理论视角》，《科技进步与对策》2017 年第 34 卷第 18 期。

姜黎辉、张朋柱：《跨国公司向其在华合资企业技术转移决策系统分析》，《科研管理》2004 年第 25 卷第 6 期。

蒋翠清、杨善林、梁昌勇等：《发达国家企业知识创新网络连接机制及其启示》,《中国软科学》2014年第8期。

井乐刚、沈丽君:《3D打印技术在食品工业中的应用》,《生物学教学》2016年第41卷第2期。

李健、屠启宇:《全球创新网络视角下的国际城市创新竞争力地理格局》,《社会科学》2016年第9期。

李陶:《工业4.0背景下德国应对3D打印技术的法政策学分析——兼论我国对3D打印技术的法政策路径选择》,《科技与法律》2015年第7卷第2期。

林润辉、谢宗晓、丘东、周常宝:《协同创新网络、法人资格与企业绩效——基于国家工程技术研究中心的实证研究》,《中国软科学》2014年第10期。

刘凤朝、马逸群:《华为、三星研发国际化模式演化比较研究——基于USPTO专利数据的分析》,《科研管理》2015年第36卷第10期。

刘鹤玲:《世界科学活动中心转移的综合环境分析》,《中国软科学》1998年第12卷第6期。

刘丽莉、关士续:《硅谷创新网络形成过程的历史考查》,《自然辩证法研究》2012年第18卷第12期。

刘学元、丁雯婧、赵先德:《企业创新网络中关系强度、吸收能力与企业绩效的关系研究》,《南开管理评论》2016年第19卷第1期。

刘云、桂秉修、冉奥博等:《中国专利联盟组建模式与运行机制研究——基于案例调查》,《中国科学院院刊》2018年第33卷第3期。

刘兰剑:《创新的发生:网络关系特征及其影响》,科学出版社2010年版。

卢艳秋、张公一:《跨国技术联盟创新网络与合作产业绩效的关系研究》,《管理学报》2010年第7卷第7期。

吕萍、杨震宁、王以华:《我国高新技术企业研发国际化的发展与现状》,《中国软科学》2008 年第 22 卷第 4 期。

马琳、吴金希:《全球创新网络相关理论回顾及研究前瞻》,《自然辩证法研究》2011 年第 1 期。

马玥:《中美 3D 打印发展政策对比分析》,《纳税》2018 年第 16 卷第 6 期。

马骏、张文魁:《美国制造业创新中心的运作模式与启示》,《发展研究》2017 年第 32 卷第 2 期。

苗红、宋昱晓、黄鲁成:《基于知识流动网络评价的技术融合趋势研究》,《科技进步与对策》2018 年第 32 卷第 6 期。

纳尔逊:《国家创新体系:比较分析》,知识产权出版社 2011 年版。

倪斌:《探究中国 3D 打印产业的现状及发展思路》,《现代工业经济和信息化》2015 年第 14 卷第 5 期。

欧阳秋珍、陈昭:《创新网络结构对我国高技术产业绩效的影响与区域差异——基于省级动态面板模型 SYS – GMM 方法的实证研究》,《财经理论研究》2016 年第 19 卷第 1 期。

潘秋玥、魏江、黄学:《研发网络节点关系嵌入二元拓展,资源整合与创新能力提升:鸿雁电器 1981—2013 年纵向案例研究》,《管理工程学报》2016 年第 30 卷第 1 期。

潘松挺、郑亚莉:《网络关系强度与企业技术创新绩效——基于探索式学习和利用式学习的实证研究》,《科学学研究》2011 年第 29 卷第 11 期。

彭迪云、许思思、何文靓:《集群企业网络关系特征、吸收能力与企业绩效关系研究——以苏州市制造业集群企业为例》,《南昌大学学报》(理科版)2013 年第 12 卷第 6 期。

丘海雄、徐建牛:《市场转型过程中地方政府角色研究述评》,《社会学研究》2004 年第 4 期。

屈韬:《研发国际化战略对跨国公司自组织及空间组织模式的影响》,《国际贸易》2009 年第 12 卷第 6 期。

芮明杰:《复旦产业评论·第2辑》,格致出版社2008年版。

孙笑明、崔文田、王乐:《结构洞与企业绩效的关系研究综述》,《科学学与科学技术管理》2014年第32卷第11期。

汤云刚:《区域创新网络与企业绩效关系中创新环境作用的路径模型》,《特区经济》2016年第12卷第7期。

田钢、张永安:《集群创新网络演化的动力和合作机制研究》,《软科学》2008年第22卷第8期。

王忠宏、李扬帆、张曼茵:《中国3D打印产业的现状及发展思路》,《经济纵横》2013年第12卷第1期。

王铮、杨念:《我国区域发展政策应充分重视建立创新枢纽城市》,《科学时报》2007年1月8日第B1版。

王全纲、赵永乐:《全球高端人才流动和集聚的影响因素研究》,《科学管理研究》2017年第12卷第1期。

王方红:《基于技术标准的跨国创新网络化战略体系研究》,《科技进步与对策》2008年第25卷第3期。

王梓薇、王大洲:《跨国创新网络中的企业技术学习》,《哈尔滨工业大学学报》(社会科学版)2006年第8卷第2期。

王文亮、黄淑华:《校企合作创新网络特征对企业绩效的影响机制——基于河南省的实证分析》,《技术经济》2012年第31卷第5期。

魏权龄:《数据包络分析(DEA)》,科学出版社2006年版。

魏浩、陈开军:《国际人才流入对中国出口贸易影响的实证分析》,《中国人口科学》2015年第12卷第4期。

魏心镇、史永辉:《我国高新技术产业开发区的区位比较及推进机制分析》,《地理科学》1992年第12卷第2期。

吴煌、刘荣增:《新经济环境下的城市创新模式探讨:以沪宁城市带为例》,《人文地理》2003年第18卷第1期。

吴冰、阎海峰、叶明珠:《国际化动因、经验与进入模式的关系研究》,《科研管理》2016年第37卷第12期。

肖龙阶：《区域创新系统的构建应强化创新网络的功能》，《科技进步与对策》2003 年第 20 卷第 1 期。

肖刚、杜德斌、戴其文：《中国区域创新差异的时空格局演变》，《科研管理》2016 年第 37 卷第 5 期。

许晖、单宇、冯永春：《新兴经济体跨国企业研发国际化过程中技术知识如何流动？——基于华为公司的案例研究》，《案例研究与评论》2017 年第 10 卷第 5 期。

徐红彦、梁茂信：《美国吸引外籍技术人才的政策与实践——以临时技术劳工制度为例》，《美国研究》2015 年第 4 期。

徐荣健、李宗安、朱莉娅：《3D 打印产业及技术发展趋势概述》，《机械设计与制造工程》2016 年第 45 卷第 3 期。

阎帅：《高技能研发人员国际流动网络形成与扩散研究》，硕士学位论文，大连理工大学，2013 年。

杨震宁、李东红、王以华：《中国企业研发国际化：动因、结构和趋势》，《南开管理评论》2010 年第 13 卷第 4 期。

杨春白雪、曹兴、高远：《新兴技术"多核心"创新网络结构形成的影响因素研究》，《中南大学学报》（社会科学版）2018 年第 1 期。

杨海珍、裴学敏、陈晓帆：《技术创新过程中的网络研究》，《西北大学学报》（自然科学版）1999 年第 10 卷第 5 期。

叶选挺：《产业创新国际化机制与知识流动测度研究》，博士学位论文，北京理工大学，2011 年。

应瑛、刘洋、魏江：《开放式创新网络中的价值独占机制：打开"开放性"和"与狼共舞"悖论》，《管理世界》2018 年第 18 卷第 2 期。

袁锋、蔡瑞林、郝中超：《3D 打印产业融合成长的低成本创新驱动模式分析》，《商场现代化》2017 年第 15 卷第 12 期。

［英］约翰．伊特韦尔默里·米尔盖特彼得·纽曼等编：《新帕尔格雷夫经济学大辞典》第一卷（A‐D），陈岱孙等译，经济科学

出版社 1996 年版。

臧旭恒、林平：《现代产业经济学前沿问题研究》，经济科学出版社 2006 年版。

臧海波：《我的第一台玩具级并联臂 3D 打印机》，《无线电》2017 年第 12 卷第 11 期。

张绪英：《基于全球创新网络的张江生物医药产业发展研究》，硕士学位论文，华东师范大学，2013 年。

张鑫、王一鸣：《经济全球化视角下的国外区域经济发展研究综述——基于全球价值链、全产网络和创新网络的比较分析》，《南京理工大学学报》（社会科学版）2014 年第 4 期。

张战仁、杜德斌：《全球研发网络嵌入障碍及升级困境问题研究述评》，《经济地理》2016 年第 36 卷第 8 期。

张莲：《浅析创新人才为全球科技创新中心的动力之源》，《财经界》（学术版）2018 年第 12 卷第 4 期。

张毅、李梅：《跨国公司研发投资的前向关联模式》，《科技进步与对策》2017 年第 24 卷第 2 期。

张经强：《国际性技术外溢对北京高技术产业技术产业绩效影响的实证研究》，《科技管理研究》2013 年第 33 卷第 4 期。

张骁、唐勇、周霞：《创新型产业集群社会网络关系特征对企业绩效的影响——基于广州的实证启示》，《科技管理研究》2016 年第 36 卷第 2 期。

赵婷婷：《战略性新兴产业研发国际化和创新绩效研究》，硕士学位论文，湖北工业大学，2015 年。

曾刚、文嫮：《上海浦东信息产业集群的建设》，《地理学报》2014 年第 59 卷第 2 期。

曾德明、刘珊珊、李健：《企业研发国际化及网络位置对创新绩效影响研究——基于中国汽车产业上市公司的分析》，《软科学》2014 年第 28 卷第 12 期。

曾兰、杜亮：《2012 年度中国企业国际化指数排行榜》，《中国企业家》2012年第8卷第17期。

郑胜华、池仁勇:《核心企业合作能力、创新网络与产业协同演化机理研究》,《科研管理》2017年第38卷第6期。

郑小勇:《集群创新网络形成与演进的动因及其作用机制——以绍兴纺织产业集群为例的质性研究》,《技术经济》2014年第33卷第8期。

周灿、曾刚、王丰龙等:《中国电子信息产业创新网络与企业绩效研究》,《地理科学》2017年第37卷第5期。

周济:《智能制造——"中国制造2025"的主攻方向》,《中国机械工程》2015年第26卷第17期。

祝影:《全球研发网络:跨国公司研发全球化的空间结构研究》,博士学位论文,华东师范大学,2005年。

英文文献

Abbasi A, Chung K S K, Hossain L, "Egocentric Analysis of Co-Authorship Network Structure, Position and Performance", *Information Processing&Management*, Vol. 48, No. 4, 2012.

Acher, O, Persico, D, "Paper Objects Made through Laser Cutting and Scoring: A Smooth Step from Digital Printing to Digital Fabrication", 2*nd International Conference on Digital Fabrication Technologies*, Vol. 22, No. 10, 2006.

Acemoglu D, Akcigit U, Kerr W R, "Innovation network", *Nber Working Papers*, Vol. 113, No. 41, 2016.

Adner R, Kapoor R, "Value Creation in Innovation Ecosystems: How the Structure of Technological Interdependence Affects Firm Performance in New Technology Generations", *Strategic Management Journal*, Vol. 31, No. 3, 2010.

Ai C H, Wu H C, "Benefiting from External Knowledge? A Study of Telecommunications Industry Cluster in Shenzhen, China", *Industrial*

Management & Data Systems, Vol. 116, No. 4, 2016.

Ahuja G, "Collaboration Networks, Structural Holes, and Innovation: A Longitudinal Study", *Administrative Science Quarterly*, Vol. 45, No. 3, 2016.

Akcigit U, Kerr W, "Innovation Network", *Daron Acemoglu*, Vol. 12, No. 3, 2016.

Ale Ebrahim N, Bong Y, "Open Innovation: A Bibliometric Study", *Innovation Study*, Vol. 6, No. 3, 2017.

Alexeeva V, Anger N, "The Globalization of the Carbon Market: Welfare and Competitiveness Effects of Linking Emissions Trading Schemes", *Mitigation & Adaptation Strategies for Global Change*, Vol. 21, No. 6, 2016.

Archibugi D, Iammarino S, "The Policy Implications of the Globalisation of Innovation", *Research Policy*, Vol. 28, No. 3, 1999.

Awate S, Larsen M M, Mudambi R, "Accessing VS Sourcing Knowledge: A Comparative Study of R&D Internationalization between Emerging and Advanced Economy Firms", *Journal of International Business Studies*, Vol. 46, No. 1, 2015.

Atkinson R D, Ezell S J, *Innovation Economics*, London: Yale University Press, 2012.

Baron R, Kenny I, "The Moderator – Mediator Variable Distinction in Social Psychological Research", *Journal of Personality and Social Psychology*, Vol. 12, No. 51, 1986.

Bai X, Liu Y, "Exploring the Asian Innovation Networks (AINs) Characteristics", *Information Development*, No. 3, 2017.

Bai X, Liu Y, "International Collaboration Patterns and Effecting Factors of Emerging Technologies", *PloS One*, Vol. 11, No. 12, 2016.

Bai X, Liu Y, et al, "The Pattern of Technological Accumulation: The Comparative Advantage and Relative Impact of 3D Printing Technology", *Journal of Manufacturing Technology Management*, Vol. 28, No. 11, 2017.

Bai X, Liu Y, "Technology Resources Distribution Characteristics of 3D Printing: Based on Patent Bibliometric Analysis", *International Journal of Technology Transfer and Commercialisation*, Vol. 14, No. 2, 2016.

Bae J K, "The Effects of Technological, Organizational, and People Characteristics on Absorptive Capacity and Innovation Performance in it Industrial Clusters", *International Journal of Multimedia & Ubiquitous Engineering*, Vol. 10, No. 2, 2015.

Balasubramanian A, Bettinger C J, "Shape Recovery Kinetics in Vascularized 3D - Printed Polymeric Actuators", *Advanced Engineering Materials*, Vol. 17, No. 9, 2015.

Bernd Ebersberger, Sverre J, "Herstad. The Relationship between International Innovation Collaboration, Intramural R&D and SMEs' Innovation Performance: A Quantile Regression approach", *Applied Economics Letters*, Vol. 20, No. 7, 2013.

Binz C, Truffer B, Coenen L, "Why Space Matters in Technological Innovation Systems—Mapping Global Knowledge Dynamics of Membrane Bioreactor Technology", *Research Policy*, Vol. 43, No. 1, 2014.

Bouabid H, Paul - Hus A, Larivière V, "Scientific Collaboration and High - Technology Exchanges among BRICS and G - 7 Countries", *Scientometrics*, Vol. 106, No. 3, 2016.

Bozeman B, "Technology Transfer and Public Policy: View of Research and Theory", *Research Policy*, Vol. 29, No. 4, 2014.

Breschi S, Lissoni F, "Knowledge Spillovers and Local Innovation Systems: A Critical Survey", Industrial and Corporate Change, Vol. 10, No. 4, 2016.

Cano - Kollmann M, Hannigan T J, Mudambi R, "Global Innovation Networks – Organizations and People", *Journal of International Management*, Vol. 9, No. 10, 2017.

Camagni R, "Technological Change, Uncertainty and Innovation Networks: Towards a Dynamic Theory of Economic Space", *Regional Science*, Vol. 2, No. 33, 2017.

Cave D, Christensen L, Diewert, "The Ecomomic Theory of Zndex Numbers and the Measurement of Input, Ouput and Producticity", *Econometrica*, Vol. 50, No. 6, 1982.

Chaminade T, Okka M M, "Comparing the Effect of Humanoid and Human Face for the Spatial Orientation of Attention", *Frontiers in Neurorobotics*, Vol. 7, No. 1, 2013.

Chaminade C, Liu J, "Commonalities, Differences, and Interplay between Global Production Networks and Global Innovation Networks in two Multinational Companies", *DRUID*, Vol. 12, No. 3, 2012.

Chen Y, Assimakopoulos D, Xie H, "Evolution of Regional Scientific Collaboration Networks: China – Europe Emerging Collaborations on Nano – Science", *International Journal of Technology Management*, Vol. 63, No. 4, 2013.

Chen Z, Guan J, "The Impact of Small World on Innovation: An Empirical Study of 16 Countries", *Journal of Informetrics*, Vol. 4, No. 1, 2010.

Chetty S K, Stangl L M, "Internationalization and Innovation in a Network Relationship Context", *European Journal of Marketing*, Vol. 44, No. 12, 2010.

Chiu Y T H, "How Network Competence and Network Location Influence Innovation Performance", *Journal of Business & Industrial Marketing*, Vol. 24, No. 1 – 2, 2008.

Cooke P, "Complex Spaces: Global Innovation Networks & Territorial Innovation Systems in Information & Communication Technologies",

Journal of Open Innovation Technology Market & Complexity, Vol. 3, No. 1, 2017.

Danning T, "Study on the Organization Framework of Typical Industrial Network", *Review of Industrial Economics*, Vol. 10, No. 3, 2008.

De Fuentes C, Chaminade C, "Who are the World Leaders in Innovation? The Changing Role of Firms from Emerging Economies", *DRUID*, Vol. 12, No. 5, 2012.

Debresson C, Amesse F, "Networks of Innovators: A Review and Introduction to the Issue", *Research Policy*, Vol. 20, No. 5, 1991.

Deaky B, Parv L, *ERP System for 3D Printing Industry. Therapeutics Conference*, Paris: Transcatheter Cardiovascular, 2017.

Ernst D, "Innovation Offshoring: Asia's Emerging Role in Global Innovation Networks", *Economics Study Area Special Reports*, Vol. 10, No. 7, 2016.

Ernst D, "Innovation Offshoring and Asia's Electronics Industry – The New Dynamics of Global Networks", *International Journal of Technological Learning Innovation & Development*, Vol. 1, No. 4, 2009.

Ernst, D, "Global Production Networks and the Changing Geography of Innovation Systems. Implications for Developing Countries", *Economics of Innovation and New Technology*, Vol. 11, No. 6, 2002.

Ernst, D, "A New Geography of Knowledge in the Electronics Industry? Asia's Role in Global Innovation Networks, East – West Center", *Policy Study*, Vol. 54, No. 2, 2009.

Etzkowitz H, Leydesdorff L, "The Dynamics of Innovation: from National Systems and 'Mode 2' to a Triple Helix of University – Industry – Government Relations", *Research Policy*, Vol. 29, No. 2, 2016.

Eslami H, Ebadi A, Schiffauerova A, "Effect of Collaboration Network Structure on Knowledge Creation and Technological Performance: The Case of Biotechnology in Canada", *Scientometrics*, Vol. 97, No. 1,

2013.

Famili, Mahadevan, Radhakrishnan, "k – Cone Analysis: Determining All Candidate Values for Kinetic Parameters on a Network Scale", *Biophysical Journal*, Vol. 88, No. 3, 2016.

Freeman C, "Networks of Innovators: A Synthesis of Research Issues", *Research Policy*, Vol. 20, No. 5, 1991.

Furukawa T, Shirakawa N, Okuwada K, "International Mobility of Researchers in Robotics, Computer Vision and Electron Devices: A Quantitative and Comparative Analysis", *Scientometrics*, Vol. 91, No. 1, 2012.

Fischer M M, IRIffith D A, "Modeling Spatial Autocorrelation in Spatial Interaction Data: An Application to Patent Citation Data in the European Union", *Journal of Regional Science*, Vol. 48, No. 5, 2016.

Finardi U, Buratti A, "Scientific Collaboration Framework of BRICS Countries: an Analysis of International Coauthorship", *Scientometrics*, Vol. 109, No. 1, 2016.

Finardi U, "Scientific Collaboration between BRICS Countries", *Scientometrics*, Vol. 102, No. 2, 2015.

Freeman, "Visualizing Social Networks", *Social Network Data Analytics*, Vol. 6, No. 4, 2000.

Freeman, "Networks of Innovators: A Synthesis of Research Issues", *Research Policy*, Vol. 20, No. 5, 1991.

Gao, X., Chen, K, "Analysis on the Evolution of Patterns and Network Structure for Industry – University Research Institute Cooperation in the Chinese ICT Industry Based on Sipo Patents", *Biochemistry*, Vol. 42, No. 17, 2016.

Gasparin M, Micheli R, Campana M, "Competing with Networks: A Case Study on the 3D Printing", *International Competitiveness Management Conference*, Vol. 10, No. 22, 2015.

Gerybadze A, Merk S, "Globalisation of R&D and Host – Country Patenting of Multinational Corporations in Emerging Countries", *International Journal of Technology Management*, Vol. 64, No. 4, 2014.

Guan J C, Zuo K R, Chen K H, "Does Country – level R&D Efficiency Benefit from the Collaboration Network Structure?" *Research Policy*, Vol. 45, No. 4, 2016.

Guan J, Zhang J, Yan Y, "The Impact of Multilevel Networks on Innovation", *Research Policy*, Vol. 44, No. 3, 2015.

Guan J, Chen Z, "Patent Collaboration and International Knowledge Flow", *Information Processing & Management*, Vol. 48, No. 1, 2012.

Glass A J, Saggi K, "International Technology Transfer and the Technology Gap", *Journal of Development Economics*, Vol. 55, No. 2, 1998.

Guan J C, Mok C K, Yam R C, "Technology Transfer and Innovation Performance: Evidence from Chinese Firms", *Technological Forecasting and Social Change*, Vol. 73, No. 6, 2006.

Giuliani E, Bell M, "The Micro – Determinants of Meso – Level Learning and Innovation: Evidence from a Chilean Wine Cluster", *Research policy*, Vol. 34, No. 1, 2015.

Gilsing V, Nooteboom B, Vanhaverbeke W, "Network Embeddedness and the Exploration of Novel Technologies: Technological Distance, Betweenness Centrality and Density", *Research policy*, Vol. 37, No. 10, 2015.

Granstrand O, "The Shift towards Intellectual Capitalism – The Role of Infocom Technologies", *Research Policy*, Vol. 29, No. 9, 2000.

Gupta V, "Technological Trends in the Area of Fullerenes Using Bibliometric Analysis of Patents", *Scientometrics*, Vol. 44, No. 1, 1999.

Hassan S U, Haddawy P, "Analyzing Knowledge Flows of Scientific

Literature through Semantic Links: a Case Study in the Field of Energy", *Scientometrics*, Vol. 103, No. 1, 2015.

Hassan S U, Haddawy P, "Measuring International Knowledge Flows and Scholarly Impact of Scientific Research", *Scientometrics*, Vol. 94, No. 1, 2014.

Han W P, Yoon J, Leydesdorff L, "The Normalization of Co – Authorship Networks in the Bibliometric Evaluation: The Government Stimulation ProgrCRP of China and Korea", *Scientometrics*, Vol. 109, No. 2, 2016.

Hiemenz J, *Additive Manufacturing Trends in Aerospace: Leading the Way*, Minnesota state: Springer Singapore, 2013.

Hsu C W, Lien Y C, Chen H, "R&D Internationalization and Innovation Performance", *International Business Review*, Vol. 24, No. 2, 2015.

Hoekman J, Frenken K, Van Oort F, "The Geography of Collaborative Knowledge Production in Europe", *The Annals of Regional Science*, Vol. 43, No. 3, 2015.

Holzmann P, Breitenecker R J, Schwarz E J, "Business Models for DISUuptive Technologies: Findings from the 3D printing Industry". Icsb World Conference, Portland: IEEE, 2015.

Herstad, S. J., Aslesen, H. W., &Ebersberger, B, "On Industrial Knowledge Bases, Commercial Opportunities and Global Innovation Network Linkages", *Research Policy*, Vol. 43, No. 3, 2014.

Hirsch P M, Lounsbury M D, "Book Review Essay: Rediscovering Volition: The Institutional Economics of Douglass C. North", *Academy of Management Review*, Vol. 21, No. 3, 1996.

He J, Fallah M H, "Is Inventor Network Structure a Predictor of Cluster Evolution?", *Technological Forecasting & Social Change*, Vol. 76, No. 1, 2009.

Hsiao Y C, Chen C J, Lin B W, "Resource Alignment, Organizational Distance, and Knowledge Transfer Performance: The Contingency Role of Alliance Form", *Journal of Technology Transfer*, Vol. 12, No. 22, 2017.

Iansiti M, Levien R, "Strategy as Ecology", *Harvard Business Review*, 2004, 34 (3).

IRImes S, Miozzo M, "Big Pharma's Internationalization of R&D to China", *European Planning Studies*, Vol. 23, No. 3, 2015.

Jin J, "Patterns of R&D Internationalization in Developing Countries: China Mainland as a Case", *International Journal of Technology Management*, Vol. 64, No. 2, 2012.

Jeong H S, Park K J, Kil K M, "Minimally Invasive Plate Osteosynthesis Using 3D Printing for Shaft Fractures of Clavicles: Technical Note", *Archives of Orthopaedic & Trauma Surgery*, Vol. 134, No. 11, 2014.

Karapatis N P, Guidoux Y, Gygax P E, "Thermal Behavior of Parts made by Direct Metal Laser Sintering", 9th SFF Symposium, Austin: Springer, 1998.

Kamien M I, Schwartz N L, "Market Structure and Innovation: A Survey", *Journal of Economic Literature*, Vol. 13, No. 1, 1975.

Kenney M, Breznitz D, Murphree M, "Coming back Home after the Sun Rises: Returnee Entrepreneurs and Growth of high Tech Industries", *Research Policy*, Vol. 42, No. 2, 2013.

Koch A, Stahlecker T, "Regional Innovation Systems and the Foundation of Knowledge Intensive Business Services. A Comparative Study in Bremen, Munich, and Stuttgart, Germany", *European Planning Studies*, Vol. 14, No. 2, 2016.

Khayyat N T, Lee J D, "A Measure of Technological Capabilities for Developing Countries", *Technological Forecasting and Social Change*,

Vol. 92, No. 3, 2015.

Kleinknecht A, Reijnen J O N, "Why do Firms Cooperate on R&D? An Empirical Study", *Research Policy*, Vol. 21, No. 4, 1992.

Kumar N, "Intellectual Property Protection, Market Orientation and Location of Overseas R&D Activities by Multinational Enterprises", *World Development*, Vol. 24, No. 4, 1996.

Kwon K S, Park H W, So M, "Has Globalization Strengthened South Korea's National Research System? National and International Dynamics of the Triple Helix of Scientific Co – authorship Relationships in South Korea", *Scientometrics*, Vol. 90, No. 1, 2012.

Latkin C A, Hua W, Forman V L, "The Relationship between Social Network Characteristics and Exchanging Sex", *International Journal of Std & Aids*, Vol. 14, No. 11, 2003.

Liu W, Tang L, Gu M, "Feature Report on China: a Bibliometric Analysis of China – Related Articles", *Scientometrics*, Vol. 102, No. 1, 2015.

Liu X, Buck T, "Innovation Performance and Channels for International Technology Network", *Research Policy*, Vol. 36, No. 3, 2007.

Lee J, "Heterogeneity, Brokerage, and Innovative Performance: Endogenous Formation of Collaborative Inventor Networks", *Organization Science*, Vol. 21, No. 4, 2010.

Liu X, Wang J, Ji D, "Network Characteristics, Absorptive Capacity and Technological Innovation Performance", *International Journal of Technology Policy & Management*, Vol. 11, No. 2, 2011.

Lee J, Kim S J, "Curvilinear Relationship between Corporate Innovation and Environmental Sustainability", *Sustainability*, Vol. 9, No. 7, 2017.

Luo L, Gu X, Wei Q ed., *On Interactive Learning and Mutual Trust within the Innovation Network*, Singapore: Springer, 2017.

Ma T, Li C, "Research on Robustness of Interdependent Innovation Network System Based on Technology Broker", *Science & Technology Progress & Policy*, Vol. 22, No. 9, 2017.

Malecki E J, "Connecting Local Entrepreneurial Ecosystems to Global Innovation Networks: Open Innovation, Double Networks and Knowledge Integration", *International Journal of Entrepreneurship & Innovation Management*, Vol. 14, No. 1, 2017.

Mikhaylova A A, Mikhaylov A S, "Application of the Global Innovation Network Concept for the Russian – European cooperation", *European Journal of Economics Finance & Administrative Sciences*, Vol. 63, No. 10, 2014.

Ma H, Fang C, Pang B, "Structure of Chinese City Network as Driven by Technological Knowledge Flows", *Chinese Geographical Science*, 2015, 25 (4).

Markova Y V, Shmatko N A, Katchanov Y L, "Synchronous International Scientific Mobility in the Space of Affiliations: Evidence from Russia", *SpringerPlus*, Vol. 5, No. 1, 2016.

Maskell P, Bathelt H, Malmberg A, "Building Global Knowledge Pipelines: The Role of Temporary Clusters", *European Planning Studies*, Vol. 14, No. 8, 2013.

Matook S, Cummings J, Bala H, "Are You Feeling Lonely? The Impact of Relationship Characteristics and Online Social Network Features on Loneliness", *Journal of Management Information Systems*, Vol. 31, No. 4, 2015.

Madsen, Kristian L, Helge, "Method, Device and Hand Implement for Separating Limb from a Living Plant", *Journal of Management Information Systems*, Vol. 12, No. 3, 1997.

Mclaren J, "Globalization and Labor Market Dynamics", *Social Science Electronic Publishing*, Vol. 9, No. 1, 2017.

Mortara M, Spagnuolo M, "Semantics – Driven Best View of 3D Shapes", *Computers & Graphics*, Vol. 33, No. 3, 2009.

Morales Cantú K M, WisalchaiJonsson E, "3D Pring for End Products A Case Study of the Industry, its Capabilities and Value Chain", *Economics&Business*, Vol. 34, No. 5, 2012.

Moore J F, "Predators and Prey: A New Ecology of Competition", *Harvard Business Review*, Vol. 71, No. 3, 1993.

Niu F, Qiu J, "Network Structure, Distribution and the Growth of Chinese International Research Collaboration", *Scientometrics*, Vol. 98, No. 2, 2014.

Ogendo J L, "Integral Modes of Knowledge Transfer on Strategy for Sustainable Performance", *Emerging Economy MNEs*, Vol. 12, No. 4, 2017.

Ozman M ed., *Strategic Management of Innovation Networks*, Cambridge: Cambridge University Press, 2017.

Peteraf M A, "The Cornerstones of Competitive Advantage: A Resource – Based View", *Strategic Management Journal*, Vol. 14, No. 3, 2016.

Porter M E, "Technology and Competitive Advantage", *Journal of Business Strategy*, Vol. 5, No. 3, 1985.

Qin C, Wang Y, Ramburuth P, "The Impact of Knowledge Transfer on MNC Subsidiary Performance: Does Cultural Distance Matter?" *Knowledge Management Research & Practice*, Vol. 15, No. 1, 2017.

Ramamurthy R, "Automated System and Method for Knowledge Transfer, Agent Support and Performance Tracking During a Life Cycle of Business Processes in an Outsourcing Environment", 2017.

Rijswijk K, Brazendale R, "Innovation Networks to Stimulate Public and Private Sector Collaboration for Advisory Services Innovation and Coordination", *Journal of AIRIcultural Education & Extension*, Vol. 23,

No. 3, 2017.

Singh J, "Distributed R&D, Cross – Regional Knowledge Integration and Quality of Innovative Output", *Research Policy*, Vol. 37, No. 1, 2008.

Schøtt T, Jensen K W, "Firms' Innovation Benefiting from Networking and Institutional Support: A Global Analysis of National and Firm Effects", *Research Policy*, Vol. 45, No. 6, 2016.

Scherngell T, Barber M J, "Spatial Interaction Modelling of Cross – Region R&D Collaborations: Empirical Evidence from the 5th EU Framework Programme", *Papers in Regional Science*, Vol. 88, No. 3, 2015.

Scott A, "A New Map of Hollywood: The Production and Distribution of American Motion Pictures", *Regional Studies*, Vol. 36, No. 9, 2012.

Sarvan F, Durmuş E, Köksal C D, "Network Based Determinants of Innovation Performance in Yacht Building Clusters", *Social and Behavioral Sciences*, Vol. 24, No. 12, 2011.

Surana S, Kumar N, Vasudeva A, "Awareness and Knowledge among Internal Medicine House – Staff for Dose Adjustment of Commonly Used Medications in Patients with CKD", *Bmc Nephrology*, Vol. 18, No. 1, 2017.

Saatchi M M, Shojaei A, "Effect of Carbon – Based Nanoparticles on the Cure Characteristics and Network Structure of Styrene – Butadiene Rubber Vulcanizate", *Polymer International*, Vol. 61, No. 4, 2012.

Salom I, Šijački D, "On the Estimation of the Cost of Equity in Latin America", *Emerging Markets Review*, Vol. 11, No. 4, 2010.

Tsai Y H, Joe S W, Ding C G, "Modeling Technological Innovation Performance and its Determinants: An Aspect of Buyer – Seller Social Capital", *Technological Forecasting and Social Change*, Vol. 80, No. 6, 2013.

Tsai W, "Knowledge Transfer in Intraorganizational Networks: Effects of Network Position and Absorptive Capacity on Business Unit Innovation and Performance", *Academy of Management Journal*, Vol. 44, No. 5, 2001.

Todo Y, Zhang W, Zhou L A, "Knowledge Spillovers from IPP in China: The Role of Educated Labor in Multinational Enterprises", *Journal of Asian Economics*, Vol. 20, No. 6, 2009.

Vanhaverbeke W, Roijakkers N, Lorenz A, "The Importance of Connecting Open Innovation to Strategy", *Journal of International Management*, Vol. 26, No. 5, 2017.

Ventura V, Ferrazzi G, Frisio D G, "The Patent Analysis as a Tool for the Identification of the Paths of Innovation: The Case of Cocoa – Based Functional Foods", *Industrie Alimentari*, Vol. 53, No. 6, 2016.

Wang J, Liang Z, Xue L, "Multinational R&D in China: Differentiation and Integration of Global R&D Networks", *International Journal of Technology Management*, Vol. 65, No. 7, 2014.

Wang Y, Pan X, Wang X, "Visualizing Knowledge Space: A Case Study of Chinese Licensed Technology, 2000 – 2012", *Scientometrics*, Vol. 28, No. 8, 2014.

Wang X, Zhao Y, Liu R, "Knowledge – Transfer Analysis Based on Co – Citation Clustering", *Scientometrics*, Vol. 97, No. 3, 2013.

Wright F L, "How 3D Printing is Saving a Frank Lloyd Wright Treasure", *Archdaily*, Vol. 12, No. 6, 2000.

Wooldridge J M, "Econometric Analysis of Cross – Section and Panel Data", *Mit Press Books*, Vol. 1, No. 2, 2002.

Wooldridge J M, "Introductory Econometrics: A Modern Approach", *Second Edition Thomson Learning*, Vol. 12, No. 2, 2003.

Xu M, "The Influence of Alliance Innovation Network Structure upon Enterprise Innovation: A Case Study of China's Energy – Saving and Environment – protection Industry", *International Journal of Business & Management*, Vol. 13, No. 2, 2018.

Xu G, Wu Y, Minshall T, "Exploring Innovation Ecosystems across Science, Technology, and Business: A Case of 3D Printing in China", *Technological Forecasting & Social Change*, Vol. 16, No. 25, 2017.

Yan Yongnian, Li Shengjie, "Rapid Prototyping and Manufacturing Technology: Principle, Representative Technics, Applications, and Development Trends", *Tsinghua Science and Technology*, Vol. 14, No. 1, 2009.

Zhao J, Xi X, Yi S, "Resource Allocation under a Strategic Alliance: How a Cooperative Network with Knowledge Flow Spurs Co-Evolution", *Knowledge-Based Systems*, Vol. 89, No. 7, 2015.

Zhang G, Guan J, Liu X, "The Impact of Small World on Patent Productivity in China", *Scientometrics*, Vol. 98, No. 2, 2014.

Zedtwitz M V, Gassmann O, "Market Versus Technology Drive in R&D Internationalization: Four Different Patterns of Managing Research and Development", *Research Policy*, Vol. 31, No. 4, 2002.

Zhou P, Zhong Y, Yu M, "A Bibliometric Investigation on China-UK Collaboration in Food and AIRIculture", *Scientometrics*, Vol. 97, No. 2, 2013.

Zhou P, Lv X, "Academic Publishing and Collaboration between China and Germany in Physics", *Scientometrics*, Vol. 105, No. 3, 2015.

Zonder L, Sella N, "Precision Prototyping, The Role of 3D Printed Molds in the Injection Molding Industry", *White Paper by StratasysInc*, Vol. 36, No. 2, 2013.

Zheng, J., Zhao, Z., Zhang, X., Chen, D., Huang, M., & Lei, X, "International Scientific and Technological Collaboration of China from 2004 to 2008: A Perspective from Paper and Patent Analysis", *Scientometrics*, Vol. 91, No. 1, 2012.

索　引

A

案例分析 29,31,36,40,44,63,107,114,237,238,241,251,257

C

财政扶持力度 246,255,256
参数估计 157,159
产业绩效 4-7,21-25,27,28,30-33,35,40,45,54,56,58,59,62-64,69,97,126,170-178,180,182,184,188,189,194,195,200-204,209,236,237,247,251,254-256
产业链 8,11,12,27,29,32,36,55,61,66,74,105-109,111-114,118,119,241,249,251-253
产业研发和领军人才 242,255
产业研发效率 32,46,62,63,171,175,178,183,186,202,203,255
产业组织 31,34-36,63
创新经济学 5,31,34,39,40,63
创新生态系统 13,26,28,31,34,38,39,63,64,250
创新网络主体 55,133,174,206

D

3D打印产业 3-6,25-29,31-36,38-40,42,44-46,51-64,66-71,73-78,82-88,90,92,93,97-100,102-109,111,112,114,117-145,147,148,153,154,158-166,168-184,186,200-210,212,214,215,226-230,232-258,264,266-269,271

F

分析框架 6,28,31,34,38,51,

59,62,64,205,250,251,256

G

共线性 188,223,224,229

回归结果 188,189,192,194,197,200-202,226-230,232,233

J

基础研究 9,182,238,246,247,255,256

技术创新 4,20,23,26,27,36-40,57,59,69,71,94,97-100,134,136,137,174,176,181,185,202,208,231,235,238,239,246,255

价值链 8,9,11,12,16,26,27,29,32,36,55,61,66,70,105-109,111-114,118,119,171,241,242,249,251,252

结构洞 24,30,42,67,126,172,174,176,182-184,186,188,189,191,192,194-197,199,201,203,237,254

结构方程模型 28,29,31,38,40,44,45,59,64,120,147,160,168,250,253

金融服务可获性 175,176,185,186,189,190,192,194-198,200,202,203,237,245,255

经济计量分析 45

聚类系数 30,42,67,175,176,182,184,186,188,189,191,192,194-197,199,201-203,254,255

K

可视化 28,29,31,32,40,42,44,63,250

M

面板数据模型 28,29,33,40,49,63,64,172,178,189,250

模型构建 121,140,170,176,205,208

模型拟合 45,150-154,157,158,160,161

Q

企业绩效 5,6,19,24,28-33,36,40,44,45,59,62-64,176,178,183,189,190,194,195,200,201,203-209,213,215,222-224,226-234,237,241,244,250,251,254-256,268,272

全球创新网络 2-14,16-18,20,23,25-36,38-40,42,

44,45,51-70,75,78,82,83,86-88,90,92-94,96-100,102-105,111,112,118-132,134-145,147,148,153,154,158-166,168-172,175-178,181-183,186,188,194,200-212,214-216,218-220,223,226-240,242-257,264-272

全球创新网络内涵 6,51

全球创新网络主体 7,14,17-19,53,54,60,87,112,126,135,145,165,173-175,178,206,267

R

融网能力 31,33,40,63,204,205,207-209,211,212,215,218,219,221-223,226,228,229,232-234,255

融网意愿 31,33,40,63,204,205,207-211,215,218,219,221,223,226,228,229,232-234,244,255

S

社会网络分析 29,31,32,40,42,44,59,63

W

网络关系特征 33,54,218,227-229,233

网络结构特征 33,63,227-229,233

网络特征 5,21,23-25,27-29,31-33,36,59,61,63,64,66,67,82-85,105,107,109,113-115,118-120,132,133,138,166,168,170,172,178,182,184,200,203,205,227,236,251-254

网络中心性 97,102,132,172,176,183,192,194,197,199-201,206,208,218,223,226,227,229,230,236,237,269

稳健性分析 188,194

问卷设计 141,142,214,215,218

问卷实施 145,214,215

X

相关性 21,30,31,127,188,201,203,218,219,223,224,226,230,255

效度检验 146,217-219,229

信度检验 146,217-223

形成动因 6,28,34,38,56,59,64,250

Y

要素构成 28,39,51,52,250

影响机制 6,29,32,36,38,63,120,163,164,166,168,253

影响因素 4-6,9,27-29,31,32,34,35,37,38,44,45,58-61,63,64,120,121,123,125,126,129,131-133,139-143,147,148,163-166,168-170,175,202,204,213,243,250,251,253,254,256,264

Z

中介效用 160

专利计量 28,31,40,41,59,63,67,78,82,250

致 谢

时光荏苒，日月如梭。四年前，我选择辞去相对稳定的工作攻读博士学位，至今无悔。除了对学术的热情，做出这个决定，还有向往"恰同学少年，风华正茂，书生意气，挥斥方遒"的情怀。回首自己攻读博士学位的历程，充满了坎坷与辛酸，中间夹杂着痛苦与快乐，挫折与坚持，而使自己一路不断前行的动力是心中的理想与梦想，一直坚持的信念是"天道酬勤"。回忆起博士生活的点点滴滴，涌动的是感谢，感谢所有的感动、关怀和鞭策。

首先，要感谢我的导师刘云教授，刘老师学术精进，思维活跃。我的博士论文从研究的主题到题目和框架的确定，导师一次次提出修改意见，使我的博士论文最终顺利完成，这倾注了导师大量的心血和智慧。四年多来，刘老师始终坚持卓越、精益求精，为我树立了终身学习的典范，让我感悟到严谨做事、踏实做人的道理，鞭策着我更加认真对待研究和工作。值此论文完成之际，特向恩师表示崇高的敬意和衷心的感谢。同时，感谢师母曹老师为研究中心的有效运作付出的辛勤劳动和在生活方面无微不至的关怀和帮助！

感谢夏恩君教授、鞠彦兵教授、叶选挺老师、王刚波老师和祝影老师，他们在我论文写作过程中提出了宝贵的意见和建议；感谢百忙之中抽空参与论文评阅和答辩的所有老师，他们专业、中肯的意见和建议，为论文的完善起到了关键作用！

感谢北京理工大学科技评价与创新管理研究中心的所有兄弟姐妹，大家一起经历的点点滴滴是我人生道路上一笔宝贵的财富。感谢樊威、王文平、漆艳茹、高钰涵、谭龙、侯媛媛、杨芳娟、王小黎、程旖婕、闫哲等师兄师姐，他们在学习和工作中的努力和耐心，让我受益匪浅，一直是我学习的榜样，感谢他们在我论文写作过程中给予我的敦促和鼓励；感谢同门马志云和陈春梅，在博士期间给予我的支持与帮助，让我倍感温暖；感谢于萌、桂秉修、刘璐、黄雨歆、谷今一、王薇、张姣姣、赵志叶、许雅洁、陈佳馨等师弟师妹的陪伴和鼓励。

在我20余年的求学生涯中，家人、朋友的支持一直是我坚实的后盾。在此，感谢我的父母、姐姐，在我求学、写作时对我无微不至的照顾，是你们的陪伴与爱护，让我在学术的道路上一往无前。感谢我的好友徐若溪、黄文艳、戴云姣、彭晓双、王慧梓和高颖，是你们的鼓励与安慰让我在遇到困难与失败时，能够鼓足勇气重新开始。感谢我的先生陈颖鹏，他睿智又充满童心，在我们的婚姻、生活中的关键时刻总是能给我足够的勇气和动力，让我充满力量前行！

感谢母校北京理工大学，您给予我的不只是满园的书香氛围，还有"德以明理、学以精工"的理念，让我在追求梦想的路上有所依靠。您培养了我，我也见证了您的改变，愿您的明天如同搏击长空的雄鹰展翅高飞！

最后，感谢国家社会科学基金博士论文出版项目的资助，这是对我博士研究工作的认可与鼓励。感谢中国社会科学出版社的支持，特别感谢责任编辑李庆红对本书进行的认真细致的工作。

白　旭

2021年3月于北京